卢翠亭 著

新时代高职学生
思想政治教育应用对策研究

山东人民出版社·济南

国家一级出版社 全国百佳图书出版单位

图书在版编目（CIP）数据

新时代高职学生思想政治教育应用对策研究／卢翠
亭著．—济南：山东人民出版社，2023.8
ISBN 978－7－209－14749－1

Ⅰ.①新… Ⅱ.①卢… Ⅲ.①高等职业教育—思想政
治教育—研究—中国 Ⅳ.①G711

中国国家版本馆 CIP 数据核字（2023）第 167098 号

新时代高职学生思想政治教育应用对策研究
XINSHIDAI GAOZHI XUESHENG SIXIANGZHENGZHI JIAOYU YINGYONG DUICE YANJIU
卢翠亭　著

主管单位　山东出版传媒股份有限公司
出版发行　山东人民出版社
出 版 人　胡长青
社　　址　济南市市中区舜耕路 517 号
邮　　编　250003
电　　话　总编室（0531）82098914
　　　　　市场部（0531）82098027
网　　址　http：//www. sd－book. com. cn
印　　装　日照日报印务中心
经　　销　新华书店

规　　格　16 开（169mm×239mm）
印　　张　18. 25
字　　数　280 千字
版　　次　2023 年 8 月第 1 版
印　　次　2023 年 8 月第 1 次
ISBN 978－7－209－14749－1
定　　价　39. 00 元
　　　　　如有印装质量问题，请与出版社总编室联系调换。

序 ◀◀◀

立德树人是新时代高职院校的根本任务，人才培养质量是高职教育的生命线，加强高职院校学生思想政治教育是全面提升人才培养质量的重要任务。因此，研究新时代高职学生思想政治教育的方法和策略显得尤为重要。这是高职院校所有人共同面临且必须解答好的现实问题。能否以马克思主义思想政治教育理论为指导，深入剖析新时代高职学生思想政治教育的特点与问题，用习近平新时代中国特色社会主义思想铸魂育人，是开创新时代高职思想政治教育新局面、增强教育实效性的关键所在。

随着我国进入新的发展阶段，产业结构优化升级不断加快，各行各业对高素质技术技能人才的需求越来越迫切，高等职业教育作为培养大国工匠、能工巧匠的重要方式，对推动经济高质量发展具有重要作用。必须坚持立德树人、德技并修，推动思想政治教育与技术技能培养融合统一，着力培养德智体美劳全面发展的社会主义建设者和接班人，为全面建设社会主义现代化国家、实现中华民族伟大复兴提供有力人才和技能支撑。然而，新时代大学生的思想观念受到西方意识形态前所未有的冲击，高职学生思想政治教育面临着许多新问题和新挑战。

《新时代高职学生思想政治教育应用对策研究》正是在这样的时代需求下，围绕高职学生思想政治教育中的一些重大理论和实践问题开展的研究，是作者在多年的思想政治教育教学改革中的研究和实践成果。

本书作者深入学习贯彻党和国家关于高校思想政治教育的重要指示和精神，以习近平新时代中国特色社会主义思想为指导，聚焦高职院校立德树人根本任务，结合当前高职学生思想政治教育的特点和时代背景，以问题为导向，对新时代高职学生思想政治教育所涉及的一系列问题进行了从宏观到微观、从理论到实践、从历史到现实的深入探讨。本书既融合了自己的研究成果，也吸收了大量的学术研究成果，提供了一系列实用的、可操作性强的、符合教育规律的应用对策。其问题把握之精准，问题分析之到位，应用对策之适用，对于高职院校搞好思想政治教育很有参考价值。这些对策不仅有助于提高学生的思想政治素质，也对教育教学的现代化转型和高职教育的优化发展有积极的促进作用。

全书共有十个章节，前四章从"高职教育的发展及特点""高职学生思想政治教育概述""高职学生的特点及思想状况""高职学生思想政治教育存在的问题及成因"进行了系统的研究分析，旨在以问题为导向，从新时代高职学生思想政治教育存在的问题出发，遵循高职学生的成长成才规律与思想政治教育规律，找到有效的应用对策，增强高职学生思想政治教育的适应性和针对性，从而增强育人实效。

从第五章到第十章，作者深入学习贯彻习近平新时代中国特色社会主义思想以及党和国家关于高校思想政治教育的重要指导，在前四章研究成果的基础上，从宏观到微观，从理论研究到实践应用，对新时代高职学生思想政治教育提出了切实可行的应用对策。

第五章"推进高职院校思想政治教育协同育人建设"，针对高职学生思想政治教育协同育人效应不高的突出问题，提出了新时代高职院校协同育人的有效路径。第六章"推进高职院校思政课程与课程思政协同育人建设"，针对当前高职院校思政课程与课程思政协同育人存在的问题与困难，从工作体系的构建、体制机制的创新、实施规划、推进路线、保障条件等方面，提出了操作性强、实效性高的建设策略和建设方案，很值得学习借鉴。第七章"推进高职院校'大思政'育人体系构建"，对构建"大思政"协同育人体系做了细致可行的研究，其中一些独到的建设思路和路径，对增强新时代高职学生思想政治教育质量具有重要意义。从第八章到第十章，作者重点研究如何讲好思政课。思政课是高职院校落实立德树人根本任务的关键课程和主干渠道，习近平总书记多次强调，要理直气壮办好思政课，坚持开门办思政课，深化新时代学校思政课改革创新，善用"大思政课"，重视思政课的实践性，把思政小课堂同社会大课堂结合起来。第八章"高职院校善用'大思政课'的理念和思路"，对"善用什么""如何善用"以及提高善用的能力和水平，提出了既有一定理论高度又可实践操作的路径和策略。第九章"构建高职院校'大思政课'实践教学体系"，在调查研究的基础上，有针对性地提出了多层次目标体系、结构化内容体系、信息化管理体系、立体化评价体系、多元化资源体系的构建思路，促进实践教学各要素完善成为一个系统的整体，彼此协调，相互影响，达到最佳效果。第十章"高职院校思政课'问题辨析法'教法改革研究"，对"问题辨析法"教法实施过程中三个阶段六大环节的任务、要求、目标等实施策略进行了详细研究，具有很好的借鉴参考价值。

本书旨在提供一些有创意、有前瞻性、实用性强的新时代高职学生思想政治教育应用策略，帮助高职学生增强使命担当，勇于开拓创新，塑造高尚品格，实现全面发展，成为德智体美劳全面发展的社会主义建设者和接班人。作者从内容布局、逻辑结构、理论创新、实践操作等方面都有自己的独到之处。我相信，这本书将对高职学生思想政治教育的有效开展产生很好的借鉴意义，值得广大教育工作者和学生学习和研究。当然，新时代高校学生思想政治教育面临的新问题、新挑战不断发展，本书的研究肯定还有这样或那样的局限与不足，还需要持续不断的研究，如在大中小学一体化教学和思政课课程群建设等方面还需进一步拓展；在一些问题如"大思政课"实践教学资源和内容体系方面、思政课"问题辨析法"教法改革的具体实施等方面还需进一步精确、完善。我们也期待本书作者在上述方面有更细致深入的研究成果。

邵长胜

（日照职业技术学院党委副书记 教授）

目 录 ◂◂◂

导　论 ◀◀◀

一、研究背景及意义

（一）研究背景

1. 高职教育发展的重要性与紧迫性

党中央、国务院高度重视职业教育。改革开放以来，职业教育在促进就业、推动产业升级、培养创业创新能力以及促进劳动者职业发展和社会流动等方面发挥了重要作用，为劳动者知识技能的提升和经济社会的可持续发展作出了重要贡献。随着我国经济的快速发展，高等职业教育（以下简称"高职教育"）已成为我国现代高等教育体系中最主要的两种类型之一。党的十八大以来，习近平总书记多次就发展职业教育作出重要指示，要求"必须高度重视、加快发展"，不断推进职业教育改革发展。在 2014 年 6 月召开的全国职业教育工作会议上，习近平总书记就加快职业教育发展作出重要指示，要求更好支持和帮助职业教育发展，为实现"两个一百年"奋斗目标提供人才保障。会议召开前，国务院印发了《关于加快发展现代职业教育的决定》（国发〔2014〕19 号）。2018 年，职业教育启动大规模改革，《教育部 2018 年工作要点》提出要不断完善职业教育和培训体系，启动中国特色高水平高职学校和专业建设计划，实施职业教育质量发展攻坚战。经中共中央、国务院、教育部、人社部等部门批准的职业教育各类重磅文件相继出台。2019 年 1 月 24 日国务院发布《国家职业教育改革实施方案》（职教 20 条），把职业教育与普通教育摆在同等重要地位，提出要把职业教育摆在教育改革创新和经济社会发展中更加突出的位置，大幅提升新时代职业教育现代化水平，推进高等职业教育高质量发展。在全面建设社会主义现代化国家新征程中，高等职业教育前途广阔、大有可为。高等职业学校要培养服务区域发展的高素质技术技能人才，要加快构建现代职业教育体系，培养更多高素质技术技能人才、能工巧匠、大国工匠，为全面建设社会主义现代化国家、实现中华民族伟大复兴的中国梦提供有力人才和技能支撑。2022 年 12 月 21 日，中共中央办公厅、国务院办公厅印发了《关于推动现代职业教育高质量发展的意见》，提出：要推进高等职业教育提质培优，实施好"双高计划"，集中力量建设一批高水平高等职业学校和专业。到 2025 年职业教育培养质量显著提高，到 2035 年，职业教育整体水平进入世界前列，技能型社会基本建成。技术技能人才社会地位大幅提升，职业教育供给与经济社会发展需求高度匹配，在全面建设社会主义现代化国家中的作用显著增强。[1]

党的二十大明确提出：教育、科技、人才是全面建设社会主义现代化国家的基础性、战略性支撑。[2] 培养造就大批德才兼备的高素质人才，是国家和民族长远发展大计。[3] 实现中国式现代化和中华民族伟大复兴，必须推动高职院校实现高质量发展，为全面建设社会主义现代化提供人才支撑。技术工人在科技创新和产业升级中起到关键作用，中国制造和中国创造都离不开技术工人的支持。高职院校培养的学生是技术技能人才的主要来源，他们对推动经济发

---

[1] 中共中央办公厅、国务院办公厅印发：《关于深化现代职业教育体系建设改革的意见》，《人民日报》，2021 年 10 月 13 日 01 版。

[2] 习近平：《高举中国特色社会主义伟大旗帜　为全面建设社会主义现代化国家而团结奋斗——在中国共产党第二十次全国代表大会上的报告》，人民出版社 2022 年版，第 19 页。

[3] 习近平：《高举中国特色社会主义伟大旗帜　为全面建设社会主义现代化国家而团结奋斗——在中国共产党第二十次全国代表大会上的报告》，人民出版社 2022 年版，第 21 页。

展、促进产业升级和创新发展，塑造技术文化和价值观，解决就业问题和提升劳动者收入水平等做出了重要贡献，他们是推动社会进步和可持续发展的重要力量。"十三五"期间，我国构建起纵向贯通、横向融通的现代职业教育体系。数据显示，各级各类职业院校每年培养毕业生约 1000 万人，在现代制造业、战略性新兴产业和现代服务业等领域，一线新增从业人员 70% 以上来自职业院校。① 在 2020 年这个特殊年份，在突如其来的疫情、国内外经济环境等多重不利因素影响下，我国迅速实现复工复产，这不仅有赖于实体经济的有力支撑，也得益于高职教育的持久贡献。2020 年，高职（专科）招生 483.61 万，占普通本专科的 52.90%。累计培养高等学历继续教育本专科毕业生 5452 万人，开展社区教育培训约 3.2 亿人次。高职院校每年培养千万名高素质技术技能人才，基本覆盖国民经济各领域。②

加快发展高职教育，既是教育改革的战略性问题，又是重大的经济和民生问题，必须摆在更加突出的战略位置。高职教育是国民教育体系和是人力资源开发的重要组成部分，是广大青年打开通往成功成才大门的重要途径，肩负着培养高素质技术技能人才、促进就业创业的重要职责。必须高度重视、加快发展。

2. 高职学生思想政治教育的重要性

"培养什么人、怎样培养人、为谁培养人是教育的根本问题。育人的根本在于立德。"③ 高校立身之本在于立德树人。高职院校要全面贯彻党的教育方针，落实立德树人根本任务，培养德智体美劳全面发展的社会主义建设者和接班人。2019 年 1 月 24 日国务院印发的《国家职业教育改革实施方案》和 2022 年 12 月 21 日中办国办印发的《关于深化现代职业教育体系建设改革的意见》都明确提出要落实好立德树人根本任务，推进高等职业教育高质量发展，培养服务区域发展的高素质技术技能人才。教师既要培养学生的专业技术能力，又

---

① 丁雅诵：《推进职业教育高质量发展》，《人民日报》2021 年 2 月 26 日 07 版。

② 教育部：《目前我国高职招生占普通本专科的 52.90%》，https://www.360kuai.com/pc/947b91196cc244197? cota = 3&kuai_so = 1&tj_url = so_vip&sign = 360_57c3bbd1&refer_scene = so_1。

③ 习近平：《高举中国特色社会主义伟大旗帜　为全面建设社会主义现代化国家而团结奋斗——在中国共产党第二十次全国代表大会上的报告》，人民出版社 2022 年版，第 34 页。

要培养他们坚定理想信念，培养爱国情怀，加强品德修养，增长知识见识，培养奋斗精神，增强综合素质。高职教育的高质量发展必须坚持以立德树人为根本，推进"三全育人"综合改革，全面推进习近平新时代中国特色社会主义思想进教材、进课堂、进头脑，把思想政治工作贯穿学校教育管理全过程，实现思想政治教育与技术技能培养融合统一。上好思政课，提高思政课的质量和实效。强化德技并修、工学结合，使各类课程与思想政治理论课同向同行，把提高职业技能和培养职业精神高度融合，弘扬劳动光荣、技能宝贵、创造伟大的时代风尚，激励更多劳动者特别是青年一代走技能成才、技能报国之路，努力培养德智体美劳全面发展的社会主义建设者和接班人。加强和改进高职院校思想政治教育工作势在必行。

思想政治工作是党的一切工作的生命线，加强和改进思想政治工作，事关党的前途命运，事关国家长治久安，事关民族凝聚力和向心力，党和国家历来重视高校思想政治教育工作。进入新时代，世界正处于百年未有之大变局，国际局势风云变幻，在各种思想观念相互激荡、多种意识形态相互影响、多种文化相互融合的信息化时代，大学生的思想观念面临着西方意识形态的全面渗透和前所未有的冲击，以习近平同志为核心的党中央高度重视高校思想政治教育问题。2014 年，中共中央办公厅、国务院办公厅发布了《关于进一步加强和改进新形势下高校宣传思想工作的意见》，2016 年，中共中央、国务院再次发布《关于加强和改进新形势下高校思想政治工作的意见》，这些文件的发布都体现了党和国家对大学生思想政治工作的重视。在 2016 年的全国高校思想政治工作会议上，习近平总书记强调高校思想政治工作关系高校培养什么样的人、如何培养人以及为谁培养人这个根本问题，事关党和人民事业后继有人这个根本大计。强调"其他各门课都要守好一段渠、种好责任田，使各类课程与思想政治理论课同向同行，形成协同效应"①，实现全员全程全方位育人，要求从思政课程向课程思政转变。教育部于 2017 年 12 月 4 日颁发《高校思想政治工作质量提升工程实施纲要》（以下简称《实施纲要》）。《实施纲要》

---

① 《习近平谈治国理政》第二卷，外文出版社 2017 年版，第 378 页。

提出了思想政治工作质量提升的目标、内容和原则，为高校学生思想政治教育工作指明了方向，且规划出合理的路线，为高校思想政治工作的高质量发展提供了可靠的理论指导。为全面贯彻党的教育方针，深化新时代学校思政课改革创新，推进习近平新时代中国特色社会主义思想铸魂育人，着力解决好培养什么人、怎样培养人、为谁培养人这个根本问题，2019 年 8 月 14 日，中共中央办公厅、国务院办公厅印发《关于深化新时代学校思想政治理论课改革创新的若干意见》，从完善思政课课程教材体系、加强思政课教师队伍建设、提高思政课教学质量、加强党对思政课建设的领导等方面提出了总体要求和具体指导。2019 年 9 月 2 日，中共教育部党组印发《"新时代高校思想政治理论课创优行动"工作方案》，深入推进思政课思路创优、师资创优、教材创优、教法创优、机制创优、环境创优，全面推进"课程思政"建设，构建完善"思政课程+课程思政"大格局，全面提升思政课质量和水平。为把思想政治教育贯穿人才培养体系，全面推进高校课程思政建设，发挥好每门课程的育人作用，提高高校人才培养质量，2020 年 5 月 28 日，中共教育部党组印发《高等学校课程思政建设指导纲要》，要求所有高校、所有教师、所有课程都承担好育人责任，守好一段渠、种好责任田，全面推进课程思政建设，构建全员全程全方位育人大格局。对课程思政建设的目标要求、内容重点和教学体系设计、分类推进、全过程融入等提出了明确要求，从教师的能力素质、评价激励机制、组织实施和条件保障等方面做出了具体科学的建设指导。2021 年 7 月 12 日，在中国共产党成立 100 周年之际，中共中央、国务院印发了《关于新时代加强和改进思想政治工作的意见》。要求深入开展思想政治教育，推动新时代思想政治工作守正创新发展，构建共同推进思想政治工作的大格局。2022 年 8 月 24 日，教育部等十部门印发《全面推进"大思政课"建设的工作方案》，要求充分调动全社会力量和资源，全面推进"大思政课"建设，推动思政小课堂与社会大课堂相结合，推动各类课程与思政课同向同行，教育引导学生坚定"四个自信"，成为堪当民族复兴重任的时代新人。

高职院校作为高校的重要组成部分，同样要以提高思想政治教育质量为目标，抓好各个环节，贯彻落实党和国家关于高校思想政治工作的系列指示精神，为全国高校思想政治工作质量提升贡献自身力量。相对普通高校而言，高职院校在生源、人才培养的模式、手段、途径、方法以及目的等诸多方面存在巨大差异，高职学生思想政治教育也必然有职业教育特征。2020年12月，中共中央宣传部、教育部印发《新时代学校思想政治理论课改革创新实施方案》的通知指出：要坚持用习近平新时代中国特色社会主义思想铸魂育人，加强"四个自信"教育。本科及高等职业学校专科课程重在加强理论教育和学习，高等职业学校课程还要体现职业教育特色。① 这为高职院校学生的思想政治教育工作提出了特色要求。在推进新时代高校思想政治理论课创优行动、全面推进课程思政建设过程中，高职院校要结合高职专业分类和课程设置情况，落实好分类推进相关要求，使各类课程与思政课同向同行，努力实现职业技能和职业精神培养的高度融合，为中国特色社会主义事业培养德智体美劳全面发展的合格建设者和接班人。

正确分析认识高职院校学生思想政治教育存在的问题，研究解决对策，有效促进思想政治教育质量提升成为高职院校的首要任务。长期以来，高校思想政治教育存在"孤岛"困境格局未能根本改变，思想政治教育与专业教学协同育人的格局未能有效形成，"两张皮"现象仍然存在，三全育人还未见明显成效。笔者长期从事高职院校思想政治理论课主讲工作，担任了《思想道德修养与法律基础》（现在改为《思想道德与法治》）《毛泽东思想和中国特色社会主义理论体系概论》《形势与政策》《军事理论》《国防教育》等课程的教学工作，工作中也经常被学生思想政治教育中的问题所困扰，工作中也经常在思考，如何才能让学生尽快地成长、成才、成熟、成功，如何才能让学生带着高尚的职业道德、过硬的专业技能、积极的就业心态，去迎接未来就业市场中的激烈竞争，这也是我研究这一问题的初衷和工作需要。中国特色社会主义进入新时代，经济条件、教育环境发生了根本转变，人力竞争越来越成为国家未来发展的核心力量，高职院校要不断创新大学生思想政治教育的路径，增强思想政治教育实效性，使教育改革在创新中适应新常态，在适应新常态中实现

---

① 中共中央宣传部、教育部：《新时代学校思想政治理论课改革创新实施方案》，http://www.gov.cn/xinwen/2021-07/12/content_5624392.htm。

价值引领，不断提高学生的思想政治素质，促进学生德技并修、全面发展，培养能够担当民族复兴大任的高素质劳动者和技术技能人才。《新时代高职学生思想政治教育应用对策研究》中，有我理性的思考，教学的实践，也有一种责任和担当，希望能够为切实增强高职院校学生思想政治教育实效，培养更多的高素质劳动者和技术技能人才，尽我的一点绵薄力量。

（二）研究意义

在高职教育提质培优、实现高质量发展的新时代，研究新时代高职学生思想政治教育问题及应用对策，对于办好思政课，推进思政课程与课程思政协同育人，深化"三教"改革，构建"大思政"育人格局，切实增强高职院校思想政治教育实效，提升高职院校办学质量和人才培养质量，更好地服务于经济社会发展，具有重要意义。

1. 理论意义

这项研究对于高职院校思想政治教育教学理论的发展具有积极意义。思想政治教育作为一门理论体系，既要坚持以马克思主义理论为指导，注重运用辩证法的科学观点。同时，又要关注解决现实问题，特别是针对高职学生在成长过程中遇到的各种困惑和难题。通过分析高职教育特点、高职学生特点、高职院校思想政治教育、高职学生思想政治状况等现状、问题及成因，把握高职学生思想政治教育的难点、重点问题，重点研究如何加强和改进高职学生的思想政治教育，这既是推动思想政治教育学科发展的需求，也是实现思想政治理论课学科价值的要求，拓宽了思想政治教育的领域，丰富发展了思想政治教育理论。

2. 实践意义

这一研究有利于处理和解决高职学生思想政治教育中实际存在的问题，推进习近平新时代中国特色社会主义思想进教材进课堂进头脑，提高学生思想道德素质，促进学生全面发展。高职院校学生的思想政治教育需要适应日益复杂多变的国内外环境和高校管理体制的改革。传统的思想政治教育模式已经难以适应高职学生思想政治教育的需求，因此需要在理论和实践方面探索和创新发展模式。加强和改进思想政治教育的方式和方法，培养和提高学生运用马克思主义立场、观点和方法解决实际问题的能力，是深化马克思主义理论教育，提高学生思想政治教育实效性的重要途径之一。研究高职院校学生思想政治教育有利于校风学风建设，有利于学生活动和思想政治教育工作的开展，也有助于解决新时代高职学生思想政治教育面临的现实困境。青年的发展与国家的兴衰是紧密联系在一起的，高职学生是促进社会发展的重要力量，是时代发展的重要贡献者。高职学生思想政治教育质量的提高，对实现中华民族伟大复兴起着重要推动作用。

二、研究思路和方法

新时代高职学生思想政治教育应用对策研究，以新时代高职院校思想政治教育重要性、紧迫性及存在的问题为背景和导向，以马克思主义思想政治教育理论为基础，以习近平新时代中国特色社会主义理论为指导，学习借鉴国内外相关学术研究成果，主要围绕自己多年来的教学改革实践和科研项目展开研究，共有十章内容。

在分析高职院校思想政治教育的过程中，综合运用了文献研究法、调查研究法、系统研究法等。

（1）文献研究法。从高职院校的特殊性和思想政治教育存在的问题出发，收集文献资料，通过对党和国家相关文件研读，尤其是对习近平总书记系列讲话精神的学习，以及关于思想政治教育的相关文献、学术界相关研究成果的研读查阅，为课题研究提供理论指导和思想基础。通过认真阅读分析、学习思考，最终确定研究的基本框架。

（2）调查研究法。通过线上线下的问卷调查、访问调查、文献调查等方式，了解高职学生思想状况，把握思想信息，并运用矛盾分析、系统分析、因果分析、比较分析等方法对调查结果进行分析，把握当前高职学生思想特点，分析高职院校的特殊性。

（3）系统研究法。思想政治教育工作是一个大系统，是主体、客体、环境等多种因素综合作用的结果，不能仅限于某一方面的研究。

（4）历史与现实相结合的方法。马克思主义思想政治工作是我们的优良传统和真正优势。只有在继承的基础上适应新时代要求的改革创新，思想引导的方式方法才是真正有效的。

（5）理论与实践相结合的方法。高职学生思想政治教育工作是人的工作，人都是现实的具体的人。课题研究要从实际出发，运用马克思主义的立场、观点和方法，分析和解决高职学生思想政治教育工作中的实际问题，促进每一个学生全面发展。

第一章 ◀◀◀
高职教育的发展及特点

深入地了解历史，客观地认识历史，不仅有益于当前，也是科学洞察未来和规划未来之必需。研究我国高职院校学生思想政治教育问题，首先要了解把握高职教育发展的概况及其特点。

第一节　我国高职教育的发展概况

一、近代中国职业教育的早期萌芽

在我国教育史学界，有学者把 19 世纪 60 年代初创办的实业教育作为近代职业教育的早期阶段进行研究，认为我国的高等职业技术教育，就其基本的服务面向和所培养的人才类型而论，应该起始于清末创办的"高等农工商实业学堂"。因为其章程中的培养目标和主要授业内容，均与当今的高职教育雷同。顾明远先生曾于 2002 年指出："现代职业教育引入我国已经 130 多年了，其发端比普通教育还早。但步履之艰难，远甚于普通教育。"① 辛亥革命之后，人才培养目标有些许变化，分科更趋多样化，但都具有服务产业行业、崇实务实这两个基本特性。由此可以说，我国职业教育是伴随着工商业产生发展而不断萌芽发展起来的。

二、我国高职教育的发展历程

新中国建立后，百业待举，急需大量服务于工农业的技术和管理人才，相关专业教育大力发展。但改革开放之前，我国并没有真正意义上的高等职业教育。我国高职教育的发展是伴随着改革开放和经济高速发展而发展起来的。

（一）第一阶段：初步建立

1977 年我国恢复高考，一大批高等职业教育学校获得恢复和重建，有力支撑了改革开放的启幕。1980 年高等职业院校正式诞生并不断发展（学界一

---

① 转引自杨金土:《20 世纪我国高职发展历程回顾》,《中国职业技术教育》2017 年第 9 期,第 5—17 页。

般以"金陵职业大学"的成立作为我国高职教育的起点①），逐步建立起高等职业教育体系。同本科教育一样，都是我国普通高等教育体系中不可缺少的重要组成部分。

（二）第二阶段：实现规模发展和跨越式发展

随着 1996 年《中华人民共和国职业教育法》（以下简称"《职业教育法》"）的出台，我国高职教育迈入了一个全新的阶段。1998 年 9 月，国家颁布《中华人民共和国高等教育法》，以法律形式明确了高等职业教育是我国高等教育结构的一个独立类型，进一步夯实了高等职业教育的法律地位。从 1999 年开始，我国实施了高考扩招政策，大大推进了高职教育的发展。2000 年以来高职教育又乘上了职业教育的东风。据统计，2005 年，全国高等职业院校已达 1091 所，招生 268.09 万人，在校生 712.96 万人，毕业生 160.22 万人，专任教师 26.79 万人。经过近 20 年的发展，我国高等职业教育已占据了高等教育的"半壁江山"，实现了规模发展和跨越式发展，为我国高等教育大众化的发展做出了突出贡献，也为经济发展培养了大批技能型人才。

（三）第三阶段：进入内涵发展阶段

从 2006 年至今，我国高等职业教育进入了由注重数量扩张的外延式发展到注重以提高教学质量为中心的内涵式发展的新阶段。"十二五""十三五"中央财政投入百亿加强高职教育，经过几十年的探索和发展，我国高等职业教育成就显著，办学规模不断扩大、改革的步伐不断加快、育人能力不断提高，为国家和社会培养了大批应用型人才。随着高职教育教学改革的不断深入及高职院校自主招生政策的实施，高职院校的招生规模还在不断扩充。2019 年 5 月 8 日，教育部发布了《高职扩招专项工作实施方案》，实施"百万扩招"，高职院校学生又一次大增长。

---

① 曾庆琪：《改革开放以来我国高职教育发展回顾与展望》，《职业技术教育》2014 年第 19 期，第 22—26 页。

三、新时代我国高职教育的发展

改革开放 40 多年来，我国职业教育取得了举世瞩目的伟大成就，为经济社会发展提供了有力的人才和智力支撑，服务经济社会发展能力和社会吸引力不断增强。目前，我国已建成世界上规模最大的职业教育体系，年均向社会输送 1000 万毕业生，年培训量达 1.5 亿人次左右，每年的新增劳动力中，职业院校毕业生占到 70%。随着我国进入新的发展阶段，产业升级和经济结构调整不断加快，各行各业对技术技能人才的需求越来越紧迫，职业教育尤其是高职教育的重要地位和作用越来越凸显。但是，与发达国家相比，与建设现代化经济体系、建设教育强国的要求相比，我国职业教育还存在着体系建设不够完善、职业技能实训基地建设有待加强、制度标准不够健全、企业参与办学的动力不足、有利于技术技能人才成长的配套政策尚待完善、办学和人才培养质量水平参差不齐等问题，到了必须下大力气抓好的时候。因此，习近平总书记一直高度重视，多次对于职业教育作出重要论述和重要指示，亲自推动相关改革，相关部门也相继出台了一系列文件和政策，解决了不少职业教育发展的关键问题，也为高职教育的发展指明了方向、目标和路径。比如，2019 年 1 月 24 日国务院出台的《国家职业教育改革实施方案》（以下简称《方案》或职教 20 条），强调把职业教育摆在教育改革创新和经济社会发展中更加突出的位置。[1] 2022 年国家新修订了《中华人民共和国职业教育法》，这是自 1996 年《职业教育法》颁布实施后，时隔 26 年的首次全面重大修订，以立法的形式明确了"职业教育是与普通教育具有同等重要地位的教育类型"。党的二十大明确提出要办好人民满意的教育，"统筹职业教育、高等教育、继续教育协同创新，推进职普融通、产教融合、科教融汇，优化职业教育类型定位。"[2]

---

[1]　国务院：《国家职业教育改革实施方案》，http://www.gov.cn/zhengce/content/2019-02/13/content_5365341.htm。

[2]　习近平：《高举中国特色社会主义伟大旗帜　为全面建设社会主义现代化国家而团结奋斗——在中国共产党第二十次全国代表大会上的报告》，人民出版社 2022 年版，第 34 页。

四、思想政治教育对我国高职教育发展的重要性

高职教育的发展，是现代经济发展和社会进步的客观需求，是一定历史时期教育发展的必然趋势。高职教育在全民教育体系中扮演着重要角色，为国家富强和社会发展，输送了大量具有产业经济特色的高技能人才。随着我国高等教育思想的不断更新和高等教育制度的不断进步，高等职业教育长期定位不明、发展不稳定、政策支持薄弱、投入不足、办学条件较差等问题不断解决，高等职业教育朝高质量发展轨道不断迈进。可以预见，高职教育的发展必将为全面建设社会主义现代化国家、实现中华民族伟大复兴的中国梦提供有力的人才和技能支撑。

高职院校的立身之本在于立德树人，人才培养是高职院校的中心工作，人才培养质量是高职教育的生命线。思想政治教育工作关系高职院校培养什么样的人、如何培养人以及为谁培养人这个根本问题。实现高职教育高质量发展，必须加强思想政治教育工作，筑牢思想建设阵地，筑牢意识形态阵地，筑牢课堂培养阵地，促进师生共同发展，提高人才培养质量。2019 年国务院出台的《方案》明确提出，在全国范围内，应加强对高职人才的培养，指导职业院校上好思政课，使各类课程与思想政治理论课同向同行，努力实现职业技能和职业精神培养高度融合。要落实立德树人的根本任务，教师既要培养学生的专业技术能力，又要加强在理想信念、价值观念和责任担当等方面的教育引导。

随着党和国家对高校思想政治工作和思政课的高度重视，高职院校学生思想政治教育成效显著，教师队伍规模和素质稳步提升，学生对思政课的认同度不断提高，学生思想政治素质不断提高。同时，我们也看到还存着一些问题亟待解决。从学生特点来说，高职学生学习积极性不高、主动性不强，学习能力相对较低且差异较大，知识基础和文化素质相对较弱，学习自控力和自学能力较差。从教学方式来看，进入新时代，学生的思维方式、行为习惯、价值理念等都发生了深刻变化，思想政治教育中原有枯燥、单一的教育模式，不适应学生身心发展的需求。面对当前复杂的国内外形势和思想政治教育现状，高职学生思想政治教育

应用对策研究，必须得到高度重视。高职院校思想政治教育工作者，必须不断思考和探索更有针对性和实效性的育人模式，切实提高育人效果。

第二节 我国高职教育的特点

同普通高校相比，高职院校在培养目标、培养模式、课程内容、课程模式、教学模式、评价体系等方面都具有自己的特点。高职院校的培养目标是应用性高技能人才，注重学习专业技能和社会实践能力的培养。高职院校为满足企业和社会对高素质技术、技能型人才的需求，主要突出对人才的技术、技能的培养。教学内容上，高职院校更突出对学生技能和操作能力的训练与培养，实训实践类课程占比较大，校外实习、顶岗实习在整个教学中占比较大；教学组织方式上，高职院校侧重于产教融合、任务驱动、项目引领的教学方式，教学组织方式较为灵活；考核方式上，高职院校更注重对学生实践能力的考核。从人才培养目标和办学定位等各方面来分析，高职院校有着它自身的特殊性，即实践性和实用性强。

一、培养目标的实用性特点

高职院校的根本任务是立德树人，培养适应生产、建设、管理、服务一线的高素质劳动者和技术技能人才。2000 年 1 月，教育部出台《关于加强高职高专教育人才培养工作的意见》规定"高职高专教育要培养拥护党的基本路线，适应生产、建设、管理、服务第一线需要的，德、智、体、美等方面全面发展的高等技术应用型专门人才，学生应在具有必备的基础理论知识和专门知识的基础上，重点掌握从事本专业领域实际工作的基本能力和基本技能，具有良好的职业道德和敬业精神。"2019 年出台的《方案》指出，高等职业教育要落实立德树人根本任务，把发展高等职业教育作为优化高等教育结构和培养大国工匠、能工巧匠的重要方式，培养服务区域发展的高素质技术技能人才，重点服务企业特别是中小微企业的技术研发和产品升级。这就对高职教育培养目标提出了更高的要求。简单来说，高职教育要注重德技并修。因而，高职教育首先应重视学生思想政治教育，在平常的课程教学中培养学生的职业精神以及教导他们如何"成才"。相对于理论知识，高职教育实用性强，重视实际操作技能和职业素养的培养，教学以应用为主导，注重培养学生的实践能力以及工作技能的培养。在教育过程中把知识传授、价值引领、技能提升融为一体。

二、培养对象能力要求特点

高职教育对学生的实践动手能力和应用技能有明确的要求，因为高职教育的目标是培养适应生产、经营、服务和管理等第一线岗位的人才。不同的岗位或职业群体对实践能力和应用技能有不同的要求。各个专业针对不同职业岗位或群体的要求，都明确提出了学生需要掌握的实践动手能力和应用技能。同时，高职教育引入了职业资格证书教育（1+X 证书制度），将职业资格证书作为衡量职业技能水平的重要指标，并逐步与国际接轨，采用全球性的职业资格证书，以扩大职业资格证书的权威性。因此，高职教育要求毕业生不仅获得大专毕业证书，还要同时获得多个职业资格证书。相较于普通高校，高职学生普遍具有较强的职业规划和就业倾向。

三、教育内容的职业性特点

高职教育最重要的特征是其职业性，培养的人才主要是为了服务地方部门，设立的专业都是为了地方的经济发展。《方案》要求，职业教育的课程内容要与职业标准对接、教学过程与生产过程对接。校企共同研究制定人才培养方案，及时将新技术、新工艺、新规范纳入教学标准和教学内容，强化学生实习实训。因此，在教学内容上，高职院校更突出对学生职业技能和操作能力的训练与培养，实训实践类课程占比较大，校外实习、顶岗实习在整个教学中占比较大。由于高职学生是在实习、培训和学习理论知识相结合的模式下进行学习，其中相当一部分时间是在社会企业或学校的校办企业中进行实践操作技能的学习，这使得他们相比于普通高校学生拥有更多的职业实践经验，在求职时更具备竞争优势。在企业实习中，他们不知不觉地培养了"爱岗敬业、诚实守信、办事公道、服务群众、奉献社会"的职业道德观念。学校的理论学习也为他们提供了足够的机会进行职业道德教育，提升职业道德素质。这些经历为他们未来真正踏入职业旅程打下了更坚实的基础。

四、培养模式特点

依据《方案》要求，高职院校的办学模式要向企业社会参与、专业特色鲜明的类型教育转变，因此，其培养模式是产教融合的校企"双元"育人模式，其特点是工学结合、校企全面深度合作。在教学组织方式上，高职院校侧重于产教融合、任务驱动、项目引领的教学方式，教学组织方式较为灵活；在课程形式上，加大了实践课程的比重，实行校企合作，工学结合等多种方式的"现场教学"，将课堂搬到模拟实验室、车间等岗位工作环境中，注重对学生的实践动手能力和应用技能的培养；在教学方法手段上，适应"互联网+职业教育"发展需求，运用现代信息技术改进教学方式方法，推进虚拟工厂等网络学习空间建设和普遍应用。在办学模式上，健全多元化办学格局，推动企业深度参与协同育人，扶持鼓励企业和社会力量参与举办各类职业教育。

五、以"社会化""市场化"为标准的评价体系特点

从人才培养目标和办学定位等各方面来分析，高职院校有着它自身的特殊性，即实践性。高职教育面向社会和市场办学，评价其效果主要依赖于社会和市场的判断。其中，毕业生就业率和毕业生从事岗位工作的社会认可度是最重要的指标。高就业率表明专业设置符合社会需求，毕业生的素质得到社会的广

泛认可。而毕业生从事岗位工作的社会认可度高则说明他们的职业精神、岗位技能和实践能力得到社会的认可。在考核方式上，高职院校更注重对学生实践能力的考核。广大高职院校自觉将毕业生就业率和从事岗位工作的社会认可度作为衡量办学成果的标准，努力提高学生的专业技能和综合素质，不断开拓毕业生的就业渠道，以确保他们具有较高的就业率。这样的评价体系使得高职教育更加注重培养学生的实践能力，以适应社会和市场的需求。同时，高职院校也积极拓宽毕业生的就业渠道，以确保他们能够顺利就业。

第二章 ◄◄◄
高职学生思想政治教育概述

　　思想政治教育是人类自有阶级以来就始终存在的，是人类社会实践的重要方面。任何阶级都必然要通过思想政治教育来强化符合本阶级利益的意识形态，教育引导社会成员的思想行为，马克思主义产生以来，更是重视对无产阶级和广大人民群众的思想政治教育。中国共产党成立以来，就高度重视思想政治教育工作，并对我国的革命、建设和改革事业起了巨大的推动和保证作用。

　　高职教育已占据我国高等教育的半壁江山，其人才培养在我国经济社会发展中发挥中重要作用。高职学生思想政治教育是提高人才培养质量的重要保证。高职院校的人才培养目标和办学定位决定了高职学生思想政治教育的特殊性。

第一节　思想政治教育的概念

我国思想政治教育专业创始人之一的张耀灿教授认为："思想政治教育是指一定的阶级、政党、社会群体遵循人们思想品德形成发展规律，用一定的思想观念、政治观点、道德规范，对其成员施加有目的、有计划、有组织的影响，使他们形成符合一定社会、一定阶级所需要的思想品德的社会实践活动。"[1] 思想政治教育是受政治制约的思想教育和侧重于思想理论方面的政治教育的总和，包括思想理论教育、政治方向教育、法纪道德教育、心理健康教育等。任何统治阶级都试想用他们的思想观念、政治观点、道德规范来影响全社会的成员，使社会成员尤其是青年成为统治阶级思想所需求的接班人，从而巩固自己的统治。思想政治教育是人类社会历史上共有的一项社会活动，在不同社会历史发展阶段和不同阶级中都是客观存在的。然而，在不同社会、不同阶级和社会发展阶段，思想政治教育也会呈现出不同的内容和特点。

思想政治教育具有鲜明的政治特性，总是为特定的政治利益而服务。任何国家、任何阶级无论以何种称谓来表述这种教育活动，都抹杀不掉它的政治色彩。马克思、恩格斯曾深刻揭示了阶级社会中社会意识的发展规律，明确指出："统治阶级的思想在每一时代都是占统治地位的思想。这就是说，一个阶级是社会上占统治地位的物质力量，同时也是社会上占统治地位的精神力量。"[2] 我们的指导思想只能是马克思主义，我们的思想政治教育是马克思主义的思想政治教育。在意识形态领域，无产阶级不去占领阵地，资产阶级必然要去占领。马克思主义的减弱，就意味着资产阶级思想的加强。思想政治教育的政治特性，要求思想政治教育工作必须以马列主义、毛泽东思想、邓小平理论、"三个代表"重要思想、科学发展观和习近平新时代中国特色社会主义思想为指导，毫不动摇坚持马克思主义在意识形态领域的指导地位。

---

① 张耀灿：《思想政治教育学科建设研究》，中国人民大学出版社 2017 年版，第 213—214 页。
② 马克思、恩格斯：《马克思恩格斯选集》第一卷，人民出版社 2012 年版，第 178 页。

中国特色社会主义进入新时代，"两个大局"同步交织、相互激荡，我们要充分认识意识形态领域风险挑战的严峻性和复杂性，把思想政治教育摆在更加重要的位置。经济全球化不可能带来政治制度趋同化和文化同质化。在共产主义实现之前，"全人类共同文化价值观"在现实历史条件下是不存在的。一些西方政治家炒作的所谓"政治全球化"和"文化全球化"，只不过是在拼命推销资本主义的意识形态和社会制度，都是为资本主义、霸权主义服务的。我们要清醒认识其本质。改革越深化，开放越扩大，越要坚持马克思主义的指导地位，越要坚持社会主义的政治方向，否则就会迷失方向，走向改旗易帜的邪路，重蹈东欧剧变的覆辙。

新时代高职院校必须加强和改进学生思想政治教育，坚持以习近平新时代中国特色社会主义思想为指导，紧紧围绕统筹推进"五位一体"总体布局和协调推进"四个全面"战略布局，坚持和加强党的全面领导，充分发挥中国特色社会主义教育的育人优势，以立德树人为根本，以理想信念教育为核心，以社会主义核心价值观为引领，以全面提高人才培养能力为关键，充分发挥课程、科研、实践、文化、网络、心理、管理、服务、资助、组织等方面工作的育人功能，挖掘育人要素，完善育人机制，优化评价激励，强化实施保障，切实构建"十大育人"体系。[①] 形成全员全过程全方位育人格局，用科学理论培养人，用正确思想引导人，用主流价值涵育人，培育和造就有理想、有道德、有文化、有纪律的高素质技术技能人才。

第二节　高职学生思想政治教育的地位和作用

高职院校是培育大国工匠、振兴实体经济的前沿阵地，思想政治教育工作对高职院校来说意义重大。在探索现代职业教育发展规律的过程中，高职

---

① 教育部党组：《高校思想政治工作质量提升工程实施纲要》，http://www.moe.gov.cn/src-site/A12/s7060/201712/t20171206_320698.html。

院校应坚持以立德树人为根本，全面推进习近平新时代中国特色社会主义思想"三进"工作，深入推动三全育人，全面提高学生的综合素质和职业能力。

一、高职学生思想政治教育的地位

做好高职院校思想政治教育工作，首先要对它的地位和功能有科学充分的认识。

（一）思想政治教育的战略地位

中国共产党历来高度重视思想政治教育，从我党思想政治教育的发展史来看，思想政治教育是无产阶级及其政党的传家宝，是我们党领导和组织人民取得革命、建设和改革伟大事业成功的重要法宝和有力武器。什么时候思想政治教育得到加强，什么时候党的各项事业就能取得成功，相反则会受到损失。

思想政治教育在中国共产党的历史上始终占据着重要的地位，历届领导人将其地位概括为"生命线"，"中心环节"。1934 年中国工农红军第一次全国政治工作会议，正式提出了"政治工作是红军的生命线"；1938 年周恩来在《抗战政治工作纲领》中提出"政治工作是民族革命的生命线"；1944 年再次重申"政治工作是一切革命军队的生命线"；1955 年毛泽东在《中国农村的社会主义高潮》按语中，明确提出："政治工作是一切经济工作的生命线"。1981 年 6 月《关于建国以来党的若干历史问题的决议》中进行了归纳性的表述："思想政治工作是经济工作和其他一切工作的生命线"。邓小平同志同样强调要把思想政治教育放在重要地位，明确指出在改革开放中要"坚持两手抓，两手都要硬"。江泽民同志多次强调要将思想政治建设摆在党的建设的首位。党的十六大以来，胡锦涛同志以"科学发展观"为指导，提出了一系列关于思想政治教育的思想和论断。习近平总书记高度重视思想政治工作，强调要把思想政治建设放在第一位，指出"经济建设是党的中心环节，意识形态工作是党的一项极端重要的工作。"党的十八大以来，以习近平同志为核心的党中央采取一系列重大举措，切实推进思想政治工作。2021 年 7 月，在中国共产党成立 100 周年之际，中共中央、国务院印发《关于新时代加强和改进思想政治工作的意见》，强调要构建共同推进思想政治工作的大格局，推动新时代思想政治工作守正创新发展。

（二）高职学生思想政治教育的重要地位

改革开放以来，党中央先后出台十多个关于学校思想政治工作的文件，对高校思想政治教育和思政课建设提出明确要求，不断推动思想政治教育质量提高。进入新时代，习近平总书记以高远的历史站位、宽广的国际视野、深邃的战略眼光，高度重视培养社会主义建设者和接班人。2016 年 12 月，习近平总书记在全国高校思想政治工作会议上，指出高校思想政治工作事关"培养什么人，为谁培养人，如何培养人"这一根本性问题，高校立身之本在于立德树人，要坚持把立德树人作为中心环节，把思想政治工作贯穿教育教学全过程，实现全程育人、全方位育人。2018 年 9 月，习近平总书记在全国教育大会上指出思想政治工作是学校各项工作的生命线，坚持把立德树人成效作为检验学校一切工作的根本标准，全力培养德智体美劳全面发展的社会主义建设者和接班人。

加强和改进高校思想政治工作，必须发挥思政课在落实立德树人根本任务的主干渠道和核心课程作用。2018 年 4 月，教育部印发《新时代高校思想政治理论课教学工作基本要求》，2019 年 3 月 18 日，习近平总书记在学校思想政治理论课教师座谈会上强调指出：思政课是落实立德树人根本任务的关键课程，思政课作用不可替代。2019 年，中共中央宣传部、教育部颁布《"新时代高校思想政治理论课创优行动"工作方案》，对办好新时代高校思想政治理论课提出了明确要求和指导，也对新形势下高校思想政治工作提出更高质量要求。为充分发挥思政课在立德树人中的关键课程作用，2020 年 12 月，中共中央宣传部、教育部印发《新时代学校思想政治理论课改革创新实施方案》的通知，进一步明确了思政课改革创新的方向和要求，重点推进习近平新时代中国特色社会主义思想进课程进头脑，培育和践行社会主义核心价值观，培养德智体美劳全面发展的社会主义建设者和接班人。

高职院校办得怎么样？我国高等教育事业发展得怎么样？首先要看培养出来的大学生是不是合格，特别是思想道德素质是不是合格。因此可以说，高职院校学生思想政治教育工作是学校各项工作的生命线。高职院校落实立德树人根本任务，必须把思想政治教育摆在第一重要的位置。习近平总书记指出，从世界大势来看，随着"世界百年未有之大变局"深刻演化，大国博弈愈加复杂激烈，思政课的重要性日益凸显，只能加强不能削弱，而且必须提高水平。

二、高职学生思想政治教育的作用

青年是标志时代的最灵敏的晴雨表，是全社会最富有活力和创造性的群体，青年强，则国家强。高职学生生源多样、整体素质有待进一步提高，加之当前处于社会转型升级时期，学生面临着来自社会多方面的诱惑，如何引导他们全面发展，走向幸福人生显得尤为重要。大学时期，是人生观、价值观和世界观形成的重要时期，因此高职院校要通过系统全面的思想政治教育，引导学生立志做有理想、敢担当、能吃苦、肯奋斗的新时代好青年，树立马克思主义的科学信仰，坚定不移听党话、跟党走，激励他们在全面建设社会主义现代化国家的火热实践中奉献青春力量、绽放绚丽之花。

高职学生思想政治教育在实现高职人才培养目标中居于核心地位，高职院校应该充分利用好这一主要渠道，在对学生进行思想教育时，努力发挥思想政治教育的政治导向作用。在价值多元化、文化多样性、思想多变性的时代，使高职学生在政治、思想、道德等各方面能够适应社会的发展，满足企业的需要，更好地服务经济社会发展。让千千万万拥有较强动手能力和服务能力的人才进入劳动大军，使"中国制造"更多走向"优质制造""精品制造"，使中国服务塑造新优势、迈上新台阶。

高职学生思想政治教育有利于促进人的全面发展。马克思主义思想政治教育观强调以人为本，关注人的需求，促进人的全面发展。高职学生思想政治教育以学生的全面发展为核心，不仅在思想上起到良好的引导作用，也在提升学生个人活动能力方面发挥重要作用。全面发展教育包括德育、智育、体育、美育和劳动教育等方面，这些方面相互联系、不可分割。德育作为思想政治教育的重要组成部分，对其他方面的发展起到重要促进作用。随着社会的变化和发展，思想政治教育的内容也在不断丰富和拓展，这是实现人的全面发展的必要保障。高职院校要实现人才培养目标，培养全面发展的高素质技术技能人才，必须高度重视思想政治教育，制定合理的人才培养方案，结合校企合作和工学结合的特点，把思想政治教育融入学生的专业技能培训中，注重培养学生的职业道德和职业精神，促进高职学生的全面发展。

第三节　高职学生思想政治教育的目标和原则

一、高职学生思想政治教育的目标

思想政治教育目标是思想政治教育实践活动的未来预期结果和价值取向，具体来说就是对教育对象的思想品德、政治观念、行为实践等方面所要达到的理想状态的期望。思想政治教育目标是一个多维目标体系，是由诸多要素所构成的理论体系。思想政治教育既有根本目标也有各具体目标，各具体目标围绕总目标前后相继、相互关联，形成目标链。思想政治教育及其目标是一个动态的历史变化的范畴。不同的历史时期会有不同的历史问题，有不同的工作重心和任务，这就要求思想政治教育相应作出目标调整。

我国的思想政治教育是具有中国特色的思想政治教育，习近平总书记强调指出："高校思想政治工作事关办什么样的大学、怎样办大学的根本问题，事关党对高校的领导，事关中国特色社会主义事业后继有人，是一项重大的政治任务和战略工程。"① 我们党总是根据不同历史时期的中心任务，确定这一时期大学生思想政治教育目标的总体指向，并在这一总体指向的统领下，结合这一历史时期不同发展阶段的具体需要，赋予大学生思想政治教育目标的具体内涵。因而，高职院校思想政治教育要"因时而进、因势而新"，顺应时代变化发展、民族文化进步的要求，符合学生主体价值实现的需要，紧紧围绕当前党和国家的奋斗目标及时进行调整和定位。

《中华人民共和国职业教育法》中规定："实施职业教育必须贯彻国家教育方针，对受教育者进行思想政治教育和职业道德教育，传授职业知识，培养职业技能，进行职业指导，全面提高受教育者的素质。"党的十八大以来，面对新的"世情、国情、党情"，党和国家对高校思想政治工作寄予新要求，对大学生寄予新希望。党的十八大报告明确提出要"把立德树人作为教育的根本任务，培养德智体美全面发展的社会主义建设者和接班人"。习近平总书记在2016年的全国高校思想政治工作会议上，再次提出"要把立德树人作为中心环节"。可见，新时代我们的思想政治教育总目标增添了新表述新要求，那就是"立德树人"，在这一根本任务的指引下，高职学生思想政治教育具体目标也增添了新的时代内容。适应新时代经济和社会发展要求，高职院校要培养服务区域发展的高素质技术技能人才，弘扬劳动光荣、技能宝贵、创造伟大的时代风尚，把提高职业技能和培养职业精神高度融合，牢固树立敬业守信、精益求精等职业精神。正如习近平总书记一直强调的，我们的教育必须把培养社会主义建设者和接班人作为根本任务，培养一代又一代拥护中国共产党领导和我国社会主义制度、立志为中国特色社会主义奋斗终身的有用人才。这是教育工作的根本任务，也是教育现代化的方向目标。高职学生思想政治教育要在坚定理想信念上下功夫、要在厚植爱国主义情怀上下功夫、要在加强品德修养上下功夫、要在增长知识见识上下功夫、要在培养奋斗精神上下功夫、要在增强综合素质上下功夫。习近平总书记关于教育的重要思想和论述，都是高职学生思想政治教育的具体目标。

---

① 《十八大以来重要文献选编》下，中央文献出版社2018年版，第478—479页。

二、高职学生思想政治教育的原则

在我国，思想政治教育是党密切联系人民群众的纽带，是党实现其领导作用的重要条件和有力工具。这一鲜明的政治性决定了思想政治教育原则的确立必须以党的路线方针政策为依据。习近平总书记在 2016 年的全国高校思想政治工作会议上发表重要讲话，科学回答了高校思想政治工作一系列方向性、根本性问题，是指导做好新时代高职学生思想政治教育工作的纲领性文献。习近平总书记强调指出：我们的高校是党领导下的高校，是中国特色社会主义高校。办好我们的高校，必须坚持以马克思主义为指导，全面贯彻党的教育方针。① 高职学生思想政治教育必须要坚持党的领导，这是中国特色社会主义大学的本质特征，也是中国特色社会主义大学的最大政治优势。

办好高职学生思想政治教育，最根本的是要全面贯彻党的教育方针，解决好培养什么人、怎样培养人、为谁培养人这个根本问题。新时代贯彻党的教育方针，要坚持马克思主义指导地位，贯彻新时代中国特色社会主义思想，坚持社会主义办学方向，落实立德树人的根本任务，坚持教育为人民服务、为中国共产党治国理政服务、为巩固和发展中国特色社会主义制度服务、为改革开放和社会主义现代化建设服务，扎根中国大地办教育，同生产劳动和社会实践相结合，加快推进教育现代化、建设教育强国、办好人民满意的教育，努力培养担当民族复兴大任的时代新人，培养德智体美劳全面发展的社会主义建设者和接班人。

习近平总书记运用马克思主义立场、观点和方法，胸怀两个大局，贯通历史、现实和未来，对办好思政课科学把脉，为高职学生思想政治教育指明了政治方向和原则。从高校思想政治教育承担的历史责任看，习近平总书记强调："当前形势下，办好思政课，要放在世界百年未有之大变局、党和国家事业发展全局中来看待，要从坚持和发展中国特色社会主义、建设社会主义现代化强

---

① 习近平：《习近平谈治国理政》第二卷，外文出版社 2017 年版，第 377 页。

国、实现中华民族伟大复兴的高度来对待。我们正在为实现'两个一百年'奋斗目标而努力。未来30年，我们培养的人要能够完成'两个一百年'的伟业。这就是教育的历史责任。"① 高职学生思想政治教育要切实承担起这一历史使命。从现实情况看，随着我国日益扩大开放、日益走近世界舞台中央，我国同世界的联系更趋紧密、相互影响更趋深刻，意识形态领域面临的形势和斗争也更加复杂。学校是意识形态工作的前沿阵地，可不是一个象牙之塔，也不是一个桃花源。要成为社会主义建设者和接班人，必须树立正确的世界观、人生观、价值观，把实现个人价值同党和国家前途命运紧紧联系在一起。

第四节　高职学生思想政治教育的功能

思想政治教育的"生命线"地位，既表现在对人的思想政治道德发展的功能，也确证其服务于经济和社会发展、保证精神文明建设乃至整个社会性质的"生命线"意义，二者是统一的，不可分割的。

一、导向功能

思想政治教育的导向功能，是指按照社会发展规律和既定政治方向标准，对人们进行思想认识的启发、教育、引导，使人们身心健康成长，合乎社会发展的要求。高职学生思想政治教育的导向功能主要有以下几种：

（一）政治方向导向

毛泽东同志曾经深刻指出："没有正确的政治观点，就等于没有灵魂。"② 习近平总书记强调："我们的高校是党领导下的高校，是中国特色社会主义高

---

① 习近平:《思政课是落实立德树人根本任务的关键课程》,人民出版社2020年版,第5页。
② 毛泽东:《毛泽东文集》第七卷,人民出版社1999年版,第226页。

校。"① 要使高校成为坚持党的领导的坚强阵地；要不断增强意识形态领域主导权和话语权，注意区分政治原则问题。在 2019 年 3 月 18 日学校思想政治理论课教师座谈会上，习近平总书记明确指出："政治引导是思政课的基本功能。强调思政课的政治引导功能，并不是要把课讲成简单的政治宣传，而要以透彻的学理分析回应学生，以彻底的思想理论说服学生，用真理的强大力量引导学生。"② 所以高职院校学生思想政治教育一定要坚持以政治教育为主导，始终不忘高举中国特色社会主义伟大旗帜，以习近平新时代中国特色社会主义思想为指导，引导学生对中国共产党在新时代坚持的基本理论、基本路线、基本方略有透彻的理解，从而引导学生坚定中国共产党的领导，坚定四个自信，成为合格的社会主义建设者和接班人。

（二）利益价值导向

马克思曾说："它正确地猜测到了人们为之奋斗的一切，都同他们的利益有关"③。人生有两件事：做人和做事，两件事都很重要，但学做人是带有根本性、导向性的，只有先做好人，才能做好事，做有益于人民的事。《论语·学而》云："君子务本，本立而道生。"习近平总书记指出："思政课重在塑造学生的价值观，这一点必须牢牢抓住。"④ 强调思政课的价值性，不是要忽视知识性，而是要通过满足学生对知识的渴求加强价值观教育；也不能只强调思政课的知识性，而是要寓价值观引导于知识传授之中。没有科学的知识作支撑，价值观教育的效果也会大打折扣。知识是载体，价值是目的，要寓价值观引导于知识传授之中。高职学生思想政治教育的导向作用，需要发挥各科教学和各部门的合力作用。高职院校要培养德技并修的高素质技术技能人才，各专业课都要挖掘思政元素，实现知识传授、价值引领、能力培养三者的有机融

---

① 习近平：《习近平谈治国理政》第二卷,外文出版社 2017 年版,第 377 页。

② 习近平：《思政课是落实立德树人根本任务的关键课程》,人民出版社 2020 年版,第 17—18 页。

③ 《马克思恩格斯全集》第一卷,人民出版社 1995 年版,第 187 页。

④ 习近平：《思政课是落实立德树人根本任务的关键课程》,人民出版社 2020 年版,第 18—19 页。

合，实现由思政课程向课程思政的转变。

学校工作千头万绪，但立德树人是根本任务。青年的价值取向决定了未来社会的价值取向，对于高职大学生的价值观教育，决定了国家和民族的未来。高职学生思想政治教育，要把价值引导渗透到学校教育教学中，体现在学校日常管理中，让社会主义核心价值观在大学生心田中生根发芽。并由此引导形成正确的利益观，从而使学生把个人利益与社会利益、当前利益和长远利益、局部利益和整体利益协调起来，引导学生在社会主义奋斗实践中实现自己的人生价值。

（三）理想目标导向

"功崇惟志，业广惟勤。"[1] 理想是人生的导航，信念决定一个人事业的成败。缺乏理想信念，必然会导致导致精神上"缺钙"。理想信念是我们党和国家事业的胜利之"钥"，"志不立，天下无可成之事。"[2] 广大青年一定要坚定理想信念。高职学生的思想政治教育，既要关注个人理想和目标的引导，又要从根本上引导大学生树立共产主义远大理想和中国特色社会主义共同理想。自鸦片战争以来，中国人民最伟大的梦想就是实现现代化和中华民族伟大复兴，这也是中华民族的最高利益和根本利益。要激发学生为实现中华民族的伟大复兴和中国式现代化而努力奋斗。今天，我们 14 亿多人的一切奋斗归根到底都是为了实现这一伟大目标。习近平新时代中国特色社会主义思想，为我们做好了建成现代化强国的战略安排，规划好了时间表和路线图，每一步都代表了人民对未来美好生活的向往。实现中国梦是国家的梦、民族的梦，也是每一个中国人的梦，每个人都是"梦之队"的一员。要引导学生把个人理想融入国家和民族的伟大梦想之中，汇聚成实现中国梦的强大力量。

（四）思想舆论导向

随着全球化和我国经济社会发展，会不可避免地出现价值多元化和思想多

---

① 《十八大以来重要文献选编》上，中央文献出版社 2014 年版，第 278 页。
② 习近平：《在北京大学师生座谈会上的讲话》，人民出版社 2018 年版，第 12 页。

样化，高职院校思想政治教育必须坚持正确的政治站位，坚持不懈传播马克思主义科学理论、培育和弘扬社会主义核心价值观。习近平总书记明确指出："思政课的任务是传导主流意识形态，建设性是其根本。"[①] 高职思政课教师要在传播马克思主义立场、观点、方法的基础上用好批判的武器，旗帜鲜明地剖析和批判各种错误观点和思潮；要教育引导学生正确看待、辩证认识、理性分析现实问题，在对社会假恶丑现象的批判中弘扬真善美；要坚持问题导向，把学生关注、疑惑的问题掰开、揉碎、深入研究解答。所以，高职院校思想政治教育要用党的科学理论武装学生，引导学生掌握马克思主义的立场、观点和方法这个思想武器，给学生"望远镜"和"显微镜"，给他们一双慧眼，让他们在纷繁复杂的世事中明辨是非。要把建设性和批判性结合起来，在搞好正面教育引导的同时，发挥好自己的批判功能，帮助学生抵御错误思潮的影响。同时，高职院校思想政治教育既要用正确舆论引导学生，又要引导形成正确的舆论，有效促进学生自我教育。

二、动力功能

思想政治教育动力功能，是指运用多种方法与手段，调动人们的积极性、主动性和创造性，以形成人们内在的自我动力机制的过程。有才能有成就的人总是那些常年锲而不舍、精益求精的人。古语云：小胜靠智，大胜靠德。在成功的道路上，当代心理学家越来越重视非智力因素，包括人们的兴趣爱好、情感态度、性格意志、价值观等。这些非智力因素与思想政治教育内容有交叉之处，能影响制约人的认知过程，具有动力作用、定向和影响作用、维持和调节作用以及弥补作用。思想意识决定行动，高职院校要通过思想政治教育，帮助学生树立正确的世界观、人生观、价值观，引导其在社会生活中准确的定向定位，增强自律能力，自觉地修身养性、踔厉奋发。引导学生追求远大理想，坚定崇高信念，锤炼坚强意志，用党的初心使命感召青年，用中国梦激扬青春梦，点亮理想的灯、照亮前

---

① 习近平：《思政课是落实立德树人根本任务的关键课程》，人民出版社 2020 年版，第 19—20 页。

行的路，激励学生勇做奋进者、开拓者，不断增强学生成长、成才、成功的动力。

三、调节功能

思想政治教育的调节功能是指通过教育和引导，对人们的思想观念、价值取向和行为规范进行调节和引导，从而促进个人的思想行为得到积极健康的发展和提高，促进社会的和谐稳定与发展。

人的心理是产生思想的基础，世界卫生组织认为健康应包括四个方面：躯体健康、心理健康、社会适应良好、道德健康。随着社会的急剧变化与发展，人们越来越重视精神卫生与人的和谐。许多国家历史发展的实践表明，生活条件优越并不能使人自发的形成良好的心理素质，相反，随着社会的快速发展与急剧变化，社会焦虑症、人际关系紧张、不适应症、狂躁病等频频出现。如果教育引导不力，就会导致人的心理素质下降，影响社会的和谐稳定。高职大学生由于学习、生活环境的改变，往往容易出现矛盾、困惑心理，出现一些心理不和谐的问题。思想政治教育可以调节学生的心理、稳定学生的情绪、帮助他们构建和谐的人际关系，而和谐的人际关系既可以减少人的思想情绪问题，也可以消解人的思想烦恼。

习近平总书记高度重视心理健康教育工作，党的二十大报告明确提出，要"重视心理健康和精神卫生"①。高职院校要加强学生的思想政治教育，关注学生的情感需求，提供情感支持和关怀，涵养学生的情感世界，培育理性平和的健康心态，培养情感表达和交流能力，帮助他们建立积极的人际关系。以社会主义核心价值观引领学生的精神世界塑造，使他们树立正确的价值观，形成正确的道德观念和健康的心理状态，具备积极向上的人生态度和正确的行为准则，并在实践中不断提升自己的科学文化素养，不断增强他们在社会中的责任担当和适应能力。

---

① 习近平：《高举中国特色社会主义伟大旗帜 为全面建设社会主义现代化国家而团结奋斗——在中国共产党第二十次全国代表大会上的报告》，人民出版社 2022 年版，第 49 页。

第五节　高职学生思想政治教育的要素

高职学生思想政治教育的要素是指组成思想政治教育运行系统或实际活动的基本元素，是高职学生思想政治教育的基本组成部分，各要素的有机结合和相互作用，能够促进学生的思想道德素质和综合素养的全面提升。高职学生思想政治教育要素有很多，教育者（主要是教师）、教育对象（学生）、教材、教学内容、教学方法、教学目的、教学评价、教学情境都是不可或缺的要素，这些要素对于如何提高教学质量和教育效果具有很重要的意义。在思想政治教育活动中，不同的要素担负着不同的功能，因而其作用的发挥也有着各自不同的体现。思想政治教育活动有效开展，依赖于各要素的有效运行并相互协调。结合多年的思想政治教育实践，谈谈对几个要素的认识和把握。

一、高职思想政治教育者（主要是教师）

高职思想政治教育者是指在高职院校从事思想政治教育工作的教师和专业人员，其主要职责是负责组织和开展高职学生的思想政治教育活动，引导学生形成正确的思想观念、政治素养和道德品质。在整个教育活动中占主导地位，起主导作用，是思想政治教育活动得以有效开展的基本条件。

（一）主要职责

高职思想政治教育者的主要职责有五个方面。一是制订和实施思想政治教育方案：根据高职院校的实际情况，制订符合学生特点、专业特色的思想政治教育方案，组织实施相关教育活动。二是用好课堂教学：课堂教学是高职学生思想政治教育的主渠道和主阵地，作为思想政治教育的重要组成部分，高职思想政治教育者需通过丰富的案例分析、讲座、小组讨论等方式，深化课堂教学改革，提高课堂教学质量。三是指导学生参与社会实践：高职思想政治教育者需要积极组织和指导学生参与社会实践活动，让学生走出校园，深入社会，增强社会责任感和社会适应能力。四是安排开展主题教育活动：高职思想政治教育者要与时俱进，针对学生当前面临的问题和时代要求，策划和开展与实际情况相符合的主题教育活动，从而加深学生的思想政治教育。五是建设校园文化：校园文化是学生思想政治教育的重要载体，高职思想政治教育者需要与校园文化建设部门紧密合作，建立积极向上、富有特色的校园文化，增强文化浸润与熏陶对学生思想政治素质的提升影响。

（二）素质和能力

思想政治教育者的素质和能力对于思想政治教育的有效开展至关重要。正如马克思所说："因为我的对象只能是我的一种本质力量的确证……因为任何一个对象对我的意义（它只是对那个与它相适应的感觉来说才有意义）恰好都以我的感觉所及的程度为限。"[①]，"如果你想感化别人，那你就必须是一个实际上能鼓舞和推动别人前进的人"[②]。思想政治教育者的本质力量直接影响着思想政治教育的实效性，而这种力量取决于思想政治教育者所具备的素质和能力。

习近平总书记高度重视思政课教师的素质，2014 年教师节前夕，习近平在北京师范大学师生座谈会上提出，思政课教师"要有理想信念、要有道德情操、要有扎实学识、要有仁爱之心"，做"四有好老师"。2016 年，习近平总书记强调广大教师要做好四个方面的"引路人"：做学生品格锤炼的引路人；做学生学习知识的引路人；做学生创新思维的引路人；做学生奉献祖国的引路人。2019 年 3 月 18 日，习近平总书记在学校思想政治理论课教师座谈会上指出，思政课教师要具备六个方面的素质："政治要强、情怀要深、思维要新、视野要广、自律要严、人格要正"。这些重要讲话，为高职院校思想政治教育者所具备的主体素质指明了方向。担任高职学生思想政治教育的教师必须

---

① 马克思、恩格斯：《马克思恩格斯全集》第三卷，人民出版社 2002 年版，第 305 页。
② 马克思、恩格斯：《马克思恩格斯全集》第三卷，人民出版社 2002 年版，第 364 页。

具有较高的思想政治素质，强烈的使命担当意识，具备扎实的理论知识和教育经验，注重学术研究和能力提升，善于启发和引导学生，注重培养学生的创新精神和创业精神，为高职学生提供优质的思想政治教育服务。概括来说，主要包括政治素质、人格素质、理论素质和能力素质四个方面。

1. 政治素质

思想政治教育是具有鲜明政治特性的教育活动。[①] 任何国家的思想政治教育都无法抹杀它的政治色彩，它总是围绕着特定的政治目标而展开，为特定的政治利益而服务。思想政治教育内容作为由多方面教育内容构成的综合体，又是以政治教育为其核心的[②]。思想政治教育的政治性功能和政治教育在思想政治教育内容体系的核心性，要求思想政治教育者必须具有过硬的政治素质。[③]

习近平总书记提出的"四有"好老师的第一个就是要有理想信念，在学校思想政治理论课教师座谈会上，强调思政课教师"政治要强"，要善于从政治上看问题，在大是大非面前保持政治清醒。这也是对所有高职院校思想政治教育者提出的政治素质要求。

高职院校思想政治教育工作者的政治素质包括扎实的马克思主义理论基础、坚定的政治立场、高度的政治责任感、敏锐的政治辨别力等多个方面，确保"在政治立场、政治方向、政治原则、政治道路上同党中央保持高度一致"[④]。首先要有对马克思主义的科学信仰，对社会主义和共产主义的坚定信念，只有教育者自己信仰坚定，才能把所讲内容讲得有底气，讲深讲透，才能有效引导学生真学、真懂、真信、真用。要善于从政治上看问题，自觉用新时代中国特色社会主义思想武装头脑，在大是大非面前保持政治清醒。

2. 人格素质

思想政治教育与一般教育活动的不同之处在于它是通过教育者向学生传递特定的思想观念，旨在影响学生的思想和行为，起到塑造品德的作用。这种教

---

① 沈壮海：《思想政治教育有效性研究》，武汉大学出版社 2019 年版，第 65 页。
② 王玄武：《政治观教育通论》，高等教育出版社 1999 年版，第 15 页。
③ 沈壮海：《思想政治教育有效性研究》，武汉大学出版社 2019 年版，第 66 页。
④ 习近平：《高举中国特色社会主义伟大旗帜 为全面建设社会主义现代化国家而团结奋斗——在中国共产党第二十次全国代表大会上的报告》，人民出版社 2022 年版，第 64 页。

育活动的有效性在很大程度上取决于教育者的人格形象，以及这种人格形象对其所传授的教育内容的验证和实践程度。因此，教育者是否具有良好的人格品质，直接影响思想政治教育的效果。中国古代先贤视身教重于言教，推崇"其身正，不令而行""学高为师，身正为范"的教化效力和教化境界。人本主义教育学家罗杰斯以"真实的人"来概括教育者应具备的人格素质，认为"当促进者是一个真实的人，坦诚无遗，同学生建立关系时没有一种装腔作势或者一种假面具，这个时候，他总是能富有成效的。"① 教师的一言一行、一举一动都在一定程度上影响着学生的道德观点和行为。

高职院校思想政治教育者应具备的人格素质主要包括良好的思想素质、高尚的道德情操和良好的心理素质。习近平总书记要求思政课教师要有道德情操和仁爱之心，这也是对思想政治教育者人格素质的要求。教师对学生的影响，既来自教师所具有的学识和能力，更来自教师的人格素质。教师应该以身作则，身高为范，引导和帮助学生找到正确的人生方向，特别是在他们塑造人生观的初期阶段，要帮助学生扣好人生的第一粒扣子。要培养学生良好的道德素质，教师首先必须自己具备良好的道德素质，并身体力行地践行所教育倡导的道德规范。在心理素质方面，教师不仅要具备健康人所应有的心理素质，更应该有对学生的仁爱之心和从事思想政治教育的激情。"具有激情的最笨讷的人，也比没有激情的最雄辩的人更能说服人。"②

3. 理论素质

思想政治教育者的理论素质包括与思想政治教育活动的实际组织、实施相关的理论准备及与思想政治教育内容相关的理论准备两个方面。③ 一方面，思想政治教育活动的开展必须遵循教育活动所固有的内在规律，教育者的教育活动中必须有科学的教育理论做指导，这就要求教育者必须具备相应的教育学和社会心理学等方面的理论准备。因此有学者指出："政治教育工作的效果在很

---

① 卡尔·罗杰斯：《促进学习中的人际关系》，转引自沈壮海：《思想政治教育有效性研究》，武汉大学出版社 2019 年版，第 67 页。

② ［法］拉罗什福科：《道德箴言录》，何怀宏译，生活·读书·新知三联书店 1987 年版，第 2 页。

③ 沈壮海：《思想政治教育有效性研究》，武汉大学出版社 2019 年版，第 69 页。

大程度上取决于对社会心理学和教育学理论的通晓以及善于在实际中应用。"① 另一方面，教育者必须有充分的理论准备，才能对现实问题进行深刻而有说服力的理论分析与阐释，思想政治教育才是有效的。如果教育者没有一定程度的理论素养，他们很容易将对思想政治理论的浅薄理解和从各种地方随意搬运的理论观点混合在一起，给学生提供一些更加混乱的观点，这是非常危险的。

高职院校思想政治教育者必须不断学习先进的教育理论和社会科学理论，掌握学生思想政治教育规律，掌握学生的心理特点，尤其是作为思想政治教育主力军的思政课教师，更要具备很高的理论素质。习近平总书记指出："思政课教学涉及马克思主义哲学、政治经济学、科学社会主义，涉及经济、政治、文化、社会、生态文明和党的建设，涉及改革发展稳定、内政外交国防、治党治国治军，涉及党史、国史、改革开放史、社会主义发展史，涉及世界史、国际共运史，涉及世情、国情、党情、民情，等等。这样的特殊性对教师综合素质要求很高。国内外形势、党和国家工作任务发展变化较快，思政课教学内容要跟上时代，只有不断备课、常讲常新才能取得较好教学效果。思政课上学生会提一些尖锐敏感的问题，往往涉及深层次理论和实践问题，把这些问题讲清楚讲透彻并不容易。"② 所以，高职院校思想政治教育者，尤其是思政课教师，要有扎实学识和理论功底，以透彻的学理分析回应学生，以彻底的思想理论说服学生，用真理的强大力量引导学生。

4. 能力素质

思想政治教育者的能力素质是指思想政治教育者将自己的理论准备成功用于教育教学实践，顺利有效开展思想政治教育活动所应具备的能力。主要包括确立思想政治教育关系的能力；激发激活教育对象接受意愿、接受需要的能力；明确教育目的和精选教育内容的能力；组织实施教育活动的能力等多方面。教育者所具备的政治素质、人格素质、理论素质在教育活动中所能发挥的

---

① 苏共中央直属社会科学院心理学和教育学教研组编：《党的工作中的社会心理学和教育学》，史民德、何德霖译，广西人民出版社 1986 年版，第 1 页。

② 习近平：《思政课是落实立德树人根本任务的关键课程》，人民出版社 2020 年版，第 10—11 页。

作用，必须依靠教育者从事思想政治教育的实践能力来实现。正是在这一意义上，列宁指出："如果社会主义者的任务是要做无产阶级的思想领导者，领导无产阶级进行现实斗争，去反对横在一定社会经济发展的现实道路上的真正敌人，"就必须将制定理论的工作和实际的宣传鼓动工作融合为一个工作。① "不做上述理论工作，便不能当思想领导者；不根据事业的需要进行这项工作，不在工人中间宣传这个理论的成果并帮助他们组织起来，也不能当思想领导者。"② 这就要求高职院校思想政治教育者在具备相应的理论素质的前提下，同时具备多方面的从事具体思想政治教育的实际能力。

综上所述，政治素质、人格素质、理论素质和能力素质是构成合格高职院校思想政治教育者主体素质的基本要素。只有准确全面地理解这些基本要素，并建立相应的培养机制，才能构建一支素质高、能力强、结构优化的思想政治教育队伍，切实增强高职学生思想政治教育的实效。

二、思想政治教育对象（学生）

在高职学生思想政治教育活动中，学生是双重身份的统一体。对于教师的教育活动而言，学生是客体，是教师通过教育活动意欲改变的对象。但是在接受、实践思想政治教育内容的过程中，学生则是以主体的身份出现的，其学习动机、学习态度、知识水平、综合素质等对思想政治教育具有深远的影响。在理想的思想政治教育活动中，教育对象应是这种主体和客体的统一体。赫尔巴特将"接受可能"视为有效教育对象的基本条件，视为教育活动得以进行的前提。加涅则将这种"接受可能"概括为学生"先前学习的必备能力"。③ 因此，高职学生思想政治教育工作在实践过程中，必须充分重视学生的学习动机、学习态度、学习能力及相应的知识准备，针对性的采取教育教学策略，促

---

① 沈壮海：《思想政治教育有效性研究》，武汉大学出版社 2019 年版，第 70 页。
② 列宁：《列宁全集》第一卷，人民出版社 2013 年版，第 268 页。
③ 加涅：《学与教的新观点》，转引自瞿葆奎：《教育学文集·教学》上册，人民教育出版社 1989 年版，第 562 页。

进学生综合素质的提升和全面发展。

（一）明确的学习动机和学习意愿

明确的学习动机和学习意愿对学生的学习成果和学习体验具有重要影响。学习动机是学生参与学习活动的内在动力，它可以分为内在动机和外在动机。内在动机是指学生出于兴趣、好奇心、个人成长或自我实现的目标而参与学习。外在动机是指学生出于外部奖励、压力或目标而参与学习，例如获得好成绩、获得奖励或满足他人的期望。内在动机才是学生获得高效学习的关键。学习意愿反映了学生对学习的重要性和价值的认知，学习意愿可以受到多种因素的影响，包括个人兴趣、职业目标、社会影响和学习环境等。学生对自己在思想政治教育活动中的角色、自己的接受行为对整个思想政治教育活动所具意义的深刻而清晰的认识，参与、配合教育者相关活动的自觉意识，以及自主选择、评判、践履思想政治教育内容的自觉意识，是激活其学习动机的内在驱动力。在思想政治教育活动中，"教育的成效如何不仅取决于教育过程的主体的努力，在很大程度上也取决于被教育者，取决于他有无认识周围世界的愿望、有没有学习科学文化成就、掌握社会主义生活规范和准则的积极性和自觉性"。[①] 高职院校思想政治教育有效开展，需要激发学生对美好未来的向往，唤起学生内在的学习动机和学习意愿。这是激发学生全身心投入学习的最强大和最持久的力量，这种力量可以激发学生的学习热情和积极性，增强学习持久性，提升学习自主性和自主学习能力，促进深度学习和知识转移。这些因素共同作用，有助于学生取得更好的学习成果。

（二）相应的知识准备与接受力

学生的知识准备和接受力对于思想政治教育的效果具有重要的影响。学生接受、理解思想政治教育内容必须具备相应的知识条件和接受能力，即对思想政治教育内容理解、判别、选择、内化等方面的能力。如果学生具有较高的知

---

① 苏共中央直属社会科学院心理学和教育学教研组编：《党的工作中的社会心理学和教育学》，史民德、何德霖译，广西人民出版社 1986 年版，第 139 页。

识水平和素质，能够更好地理解和接受思想政治教育，就会对教育教学活动的开展产生积极的推动作用。反之，如果学生知识基础差、素质低，就可能会阻碍思想政治教育的推广和实施。正如马克思指出的，"只有音乐才激起人的音乐感；对于没有音乐感的耳朵来说，最美的音乐也毫无意义。"[①] 一方面，学生对思想政治教育内容的认可和接受程度受限于他们的知识储备情况。另一方面，学生对思想政治教育内容的理解需要多方面的知识支持，而只有真正理解了内容，学生才能深刻体会到思想政治教育内容的真理性、先进性和感染力，也才有可能真正接受和践行思想政治教育的内容。因而，高职学生思想政治教育实效性的提高，必须重视学情，注重因材施教，采取相应的教学策略和方法，以促进学生的思想政治素质提高和全面发展。

三、思想政治教育目的

确立思想政治教育的目的是明确思想政治教育活动的基本方向，并为教育者的具体行动和整个教育过程提供基本依据，同时也为评估思想政治教育实施效果确立标准。因此，确定思想政治教育目的是思想政治教育实施中至关重要的一项工作。

思想政治教育目的的确立要保证目的本身的正确性和可实现性，还要考虑它对思想政治教育其他要素功能发挥的影响力。正如布鲁巴克所说："目标不仅应该供给教育的方向，而且应该推动它。目标就是价值；假如目标有价值，并且人愿意获得它，那么，它便能使学习者付出为达成该目标所需要的力量。只有指导，而不推动的目标，只能说是一半而已。"[②] 因此，思想政治教育目的要有适应性、整体性、实践性和准确清晰性。

（一）适应性

思想政治教育的目的，一方面需要适应社会的需求和反映社会的要求，同

---

① 马克思、恩格斯：《马克思恩格斯文集》第一卷，人民出版社 2009 年版，第 191 页。
② 沈壮海：《思想政治教育有效性研究》，武汉大学出版社 2019 年版，第 77 页。

时也要考虑教育对象的身心发展规律和状态，以及教育内容的内在逻辑。思想政治教育目的的确立，既要体现整个思想政治教育活动的社会价值取向和价值尺度，又要符合教育对象的成长成才规律和需求，以获得他们积极的内在回应。

（二）整体性

思想政治教育目的是促进教育对象相应思想政治素质的形成和发展，而任何思想政治素质总是以有机整体的形态，而不是以单向面的形态出现。因而，有效的思想政治教育目的应该全面涵盖知识、能力、素质、情感、信念、行为等多个方面，具有整体性。否则思想政治教育目的难以真正实现。

（三）准确清晰性

对思想政治教育目的表述的准确清晰性包括目的表述语言的准确清晰和其表述对象的准确清晰。表述对象是指教育者期望通过思想政治教育活动对教育对象所引发的一系列变化，主要是教育对象在思想和行为等方面所应确立的思想政治素质。为了确保教育目的的清晰性，需要具体而非抽象地表述，要明确，要有更强的可操作性与实践可能性。对此问题，泰勒强调指出："人们可能会看到这样陈述的目标：'发展批判性思维'；'培养鉴赏力'；'形成社会态度'；'形成广泛的兴趣'。用这种形式陈述的目标，确实指出了希望通过教育在学生身上引起某些变化……然而……要达到如此高度概括化的目标的努力，是不大可能富有成效的。"[1] 他认为"最为有效的陈述目标的形式"是"既指出要使学生养成的那种行为，又言明这种行为能在其中运用的生活领域或内容"。[2]

高职学生思想政治教育的目的是通过课程和各种教育活动，以培养学生综

---

[1] ［美］拉尔夫·泰勒:《课程与教学的基本原理》,施良方译,人民教育出版社1994年版,第36页。

[2] ［美］拉尔夫·泰勒:《课程与教学的基本原理》,施良方译,人民教育出版社1994年版,第36页。

合素质和专业素质为核心，引导学生形成正确的世界观、人生观、价值观，成为高素质的劳动者和技术技能人才，以便更好地适应社会需要、推动社会发展。具体来说，思想政治教育的目的主要包括培养学生良好的政治素养、健康的心理素质、正确的人生观和价值观、良好的职业精神和创新能力、正确的道德和法治观念等。

四、思想政治教育内容

思想政治教育的内容可划分为两个层面：教材内容和教学内容。第一个层面是教材内容，教材是教育教学的依据，在思想政治教育活动中发挥着至关重要的作用。是特定的社会和阶级所要求、所确定的思想政治教育内容。第二个层面是教学内容，教学内容是思想政治教育的核心，是思想政治教育者根据教育目的，按照教育规律的要求，对第一层面内容进行组织、编制和创造，直接用于思想政治教育活动的内容。第一个层面内容更多表现为一种思想理论体系，是第二层面内容的依据；第二个层面内容是教学体系，是第一个层面的加工转化。思想政治教育的有效运行，既有赖于第一层面教育内容的科学制定，也有赖于向第二层面的科学转换。对此，恩格斯曾有明确的阐述。他在《社会主义从空想到科学的发展》德文版出版序言中指出："这一著作原来根本不是为了直接在群众中进行宣传而写的。这样一种首先是纯学术性的著作怎样才能适用于直接的宣传呢？在形式和内容上需要做些什么修改呢？"[①] 这就是对思想政治教育两个层面内容关系的认识。

高职院校学生思想政治教育内容的第一个层面主要是教材内容以及党和国家相应的文件和讲话精神，第二个层面是教师对教材内容的组织、编制，主要是从教材内容向教学内容的转化。我们主要研究分析第二个层面教育内容，根据具体的思想政治教育情境，按照教育活动的固有逻辑，对第一层面内容进行重组、编制和创造。要求具有精确性、透彻性和契合性。

---

① 马克思、恩格斯:《马克思恩格斯选集》第三卷,人民出版社 1995 年版,第 690 页。

（一）精确性

高职学生思想政治教育第二层面内容的精确性体现在两个方面：一是根据对教材内容的组织、编制而得到的教学内容必须忠实于教材，必须精确表达教材内容的精神实质。二是教学内容语言的表述必须严谨、科学、准确。思想政治教育教学内容的精准性首先体现在政治性上。高职院校思想政治理论课具有明确的意识形态属性，是开展大学生思想政治教育的主渠道和主阵地，是落实立德树人根本任务的关键课程。"办好思想政治理论课，最根本的是要全面贯彻党的教育方针，解决好培养什么人、怎样培养人、为谁培养人这个根本问题。"①。要始终把政治原则放在首位，坚定政治方向，提高政治意识，旗帜鲜明地讲政治。

（二）透彻性

高职学生思想政治教育的教学内容要有高度的透彻性。"而理论只要彻底，就能说服人……所谓彻底，就是抓住事物的根本。"② 教学内容的透彻性首先在于教师对教材内容的深刻剖析和领会。只有通过深入剖析和理解教材内容，教师才能真正把握教材的核心要点和内容体系。这样，他们才能预见到在教授这一内容时可能出现的一系列相关思想理论问题，并能够解决这些问题。只有这样，教学内容才能够周密而深刻地确立。学生对教学内容透彻性的获得，还需要教师对教材内容以及预见到的问题进行深入、有说服力的阐述。仅仅空洞地重复口号，没有进行彻底的分析，只会成为毫无意义和益处的政治说教和教训。

（三）契合性

高职学生思想政治教育内容必须具有契合性。其一，教育教学内容必须与学生的日常生活及利益、需求相契合。一方面，与学生的现实利益和实际需求直接相关的思想政治教育内容通常更具吸引力和感召力。另一方面，学生通过日常

---

① 《习近平谈治国理政》第三卷，北京：外文出版社 2020 年版，第 328 页。
② 马克思、恩格斯：《马克思恩格斯全集》第三卷，人民出版社 2002 年版，第 207 页。

生活中的实践经验获得的直接感性依据，可以帮助他们更好地理解思想政治教育的内容。这些经验中的许多元素，经过适当的引导，可以转化为期望学生具备的思想观念，从而提升思想政治教育的效果。因此，始终围绕学生，为了学生，紧密联系学生生活实际，是教育内容被学生接受的便捷通道。其二，教学内容要循序渐进，与学生对思想信息认识、理解的次序相契合。高职学生生源复杂、知识基础参差不齐，个性特征明显，所以，思想政治教育内容的具体组织要与学生具体的接受特征相适应，注重因材施教，才能增强教育的实效性。

五、思想政治教育方法

思想政治教育方法是教育者进行思想政治教育所运用的手段和工具，用于调动思想政治教育的其他要素，以最大限度地发挥它们的效能，服务于思想政治教育的目的实现。方法的选择对于思想政治教育其他要素的功能发挥至关重要。适当的方法有助于建立教育者与教育对象之间良好的教育、沟通和引导关系，促进思想政治教育其他要素功能的发挥，甚至能增强这些要素的教育功能。正如皮亚杰所指出的："好的教法可以增强学生的效能，甚至加速他们的精神成长而无所损害"[1]。美国学者 P. C. 沃思伯恩在大量调查研究的基础上，曾做出思想政治教育中教师的教学方法远比课程内容重要的结论。[2]

思想政治教育方法在思想政治教育活动中的地位和作用，赋予了思想政治教育教学方法在高职学生思想政治教育研究中极其重要的意义。当前，提高高职学生思想政治教育效果必须探索更加有效的方法，增强其多方面的适应性。

（一）对教育者的适应性

高职学生思想政治教育方法的实际运用成效，与运用这一方法的教师所具有的素质状况密切相关。所以选择什么样的教学方法，要与教师本身的特点和素质相适应，不同的教师运用相同的方法可能会取得截然不同的效果。

---

① 沈壮海：《思想政治教育有效性研究》，武汉大学出版社 2019 年第三版，第 92 页。
② 成有信等：《教育政治学》，江苏教育出版社 1993 年版，第 304 页。

（二）对教育对象的适应性

"确立思想政治教育方法的依据和原则，是由思想政治教育的目的和任务，以及人们思想形成发展规律和思想政治教育规律所决定的。"① 有效的思想政治教育方法对教育对象的适应性表现在对教育对象素质特征的适应。在选择教育方法的时候，"听众的教育水平、他的专业兴趣，甚至成员的智力都是需要考虑的因素。在考虑用最有效的沟通方法将讯息传送给接收者时，要注意他们的知识和情绪差异。"② 有效的思想政治教育方法对教育对象的适应性还表现在对教育对象思想信息接受特性的适应。"我们不知道有任何一种力量能够强制处在健康清醒状态的每一个人接受某种思想"③。但同时也要求教育方法能够调动教育对象的接受能动性。高职学生思想政治教育方法的选用要充分考虑学生的知识水平和接受能力。

（三）对教育目的的适应性

在思想政治教育实践中，任何方法都是为目的服务。思想政治教育方法的选择要以相应的思想政治教育目的为重要依据。在实施思想政治教育时，我们要根据不同的目标和需要，灵活选择适合的教育方法。只有这样，才能确保教育方法与教育目的相匹配，达到更好的教育效果。

六、思想政治教育情境

思想政治教育情境作为思想政治教育系统中的要素之一，是教育者基于一定的教育目的和教育内容，为了优化教育效果，而创设的对受教育者的认知、情感和行为具有激发、优化、调控与促进功能的教育情境。教育情境所具有的一些特点，如可控性、情感性和多样性等，对于协调教育者与受教育者之间的

---

① 王玄武等：《思想政治教育方法论》，高等教育出版社 1992 年版，第 6 页。
② ［美］威廉·F. 斯通：《政治心理学》，胡杰译，黑龙江人民出版社 1997 年版，第 270 页。
③ 马克思、恩格斯：《马克思恩格斯选集》第三卷，人民出版社 2012 年版，第 463 页。

关系，激发受教育者的学习动因和兴趣，熏陶和感化受教育者的情感，规范和引导受教育者的行为，以及培养受教育者良好的思想道德品质等方面，具有重要的价值。有效的思想政治教育情境在实现思想政治教育目的、增强教育效果中发挥着积极作用。高职院校学生思想政治教育的教育情境要体现两个方面的积极特性。

（一）与社会大环境紧密关联

马克思主义认为，人们创造自己的历史，但是并不是随心所欲地创造，而是在直接碰到的、既定的、从过去继承下来的条件下创造。"人创造环境，同样，环境也创造人"①。思想政治教育活动的开展离不开教育环境这一重要因素，人的正确思想或错误思想的形成和发展，都与环境密切相关。"人们自觉地或不自觉地，归根到底总是从他们阶级地位所依据的实际关系中——从他们进行生产和交换的经济关系中，获得自己的伦理观念。"②。"一切以往的道德论归根到底都是当时的社会经济状况的产物。"③。思想政治教育以及为此而创设的教育情境，都是处于相应的社会政治、经济、文化环境之中的。社会大环境对思想政治教育具有重要影响，社会的政治文化、价值观念和道德观念、经济发展水平和结构、社会存在的问题和挑战、传媒和科技的发展等等，对思想政治教育的内容、目标、需求、方式、途径和效果等，产生重要而深远的影响。思想政治教育者和教育对象的思想意识和发展都受到社会大环境的影响和制约。因此，高职学生思想政治教育创设的教育情境必须与社会大环境密切相关，能真实反映社会的现实情况和变化动态，满足社会和学生的需求，倡导主流意识形态。否则，思想政治教育活动将是无效的、苍白无力的，培养出来的学生在复杂多变的社会现实中会茫然不知所措。

（二）与教育目的和教育内容的高度涵容性

科学的思想政治教育情境必须是与教育目的和教育内容的高度涵容，这种

---

① 马克思、恩格斯：《马克思恩格斯选集》第一卷，人民出版社 2012 年版，第 172—173 页。
② 马克思、恩格斯：《马克思恩格斯选集》第三卷，人民出版社 2012 年版，第 470 页。
③ 马克思、恩格斯：《马克思恩格斯选集》第三卷，人民出版社 2012 年版，第 471 页。

涵容性不是情境的某一方面，而是所有方面都对思想政治教育目的和内容相契合。"如果要使学生对这些价值有着一种牢固的信任，那可不是一个简单的制定计划，教导他们懂得关心个人、个人自主、公正和自由探索等品德的问题；他们将需要生活在一种在其任何方面都珍藏和充分地表现了这些价值的机构中。因此，应该相应地制定出整体性的学校政策。学校的全部课程和学校的组织都会反映民主的价值……这是因为组织将依据这些价值在学生的生活中指导学生"①。只有当思想政治教育情境的各个方面都高度一致地涵容着思想政治教育目的和内容时，其对教育对象的潜移默化的作用力才是同向的，才可以耦合为具有一个共同指向的合力，从而推动思想政治教育目的的实现。②

七、思想政治教育评价

思想政治教育评价是依据教育目标，按照评价标准，对思想政治教育过程和效果进行综合评估和判断的一种过程和方法；旨在衡量学生在思想政治教育中的学习成果、思想品质和道德素养等方面的表现，以及教育活动的有效性和质量；目的是确保教育教学活动的有效性，提高人才培养质量。评价主要有诊断性评价、形成性评价和总结性评价等。全面、客观、科学、系统的教学评价，可以帮助教师准确了解自己的教学效果，了解学生思想政治教育的接受程度、学习效果和行为变化的情况，了解教育资源的适用情况等，以便在未来的教学活动中，根据评价结果进行适当的调整改进，进一步提高教育教学质量。科学准确有效的教学评价是教师进行教学反思调整，构建良好教学生态的重要环节。思想政治教育评价可以从对教师教的评价和学生学的评价两方面来进行。

（一）对教师教的评价

对教师"教"的评价主要从教学能力、学科水平、业务素质、教育服务

---

①　[英]帕特丽夏·怀特:《公民品德与公民教育》,朱红文译,科学教育出版社1998年版,第18页。

②　沈壮海:《思想政治教育有效性研究》,武汉大学出版社2019年版,第97页。

水平等方面进行评价。教学能力是教师们最基本的能力，包括授课能力、引导能力和评估能力等方面。教学能力的好坏在很大程度上决定了教育教学的效果。教师的学科水平直接关系到教导学生的程度、教师的专业知识水平、教学方法的更新以及掌握学科内容的深度广度等，对学生成绩的好坏都有着深刻的影响。教师的业务素质不仅包括教学能力和学科水平，还包括辅导学生成长、教育理念的贯彻和实践、对学生有耐心和关怀等方面。这些素质都是评价教师综合素质的重要标准。教师的教育服务水平包括服务态度、沟通能力、创新能力、教学思维等方面。只有教师全面提高教育服务水平，才能更好地服务于广大学生。

对这些指标的评价，最主要的形式是对教师课堂教学的评价，主要从教学目标的达成、授课内容的组织、教学方法的运用、教学效果评价等方面进行评价，以了解教师的教学能力、教学质量和教学效果，并根据评价结果加以调整和改进。通过评价学生在知识、能力、态度和素质等方面的提高情况，以判定教学目标的实现程度；根据学生的学习情况，评价教师授课内容的组织实施是否合理；评价教师的教学方法选择是否科学、合理，能否激发学生的兴趣，提高学生的学习积极性；参考学生的学习成绩、学生对教师的评教、教学效果等方面多角度对教师进行评价。

（二）对学生"学"的评价

对学生"学"的评价主要是指对学生的学习表现和学习成果进行的评估，要从多个方面进行评估，主要评价学生在思想政治和道德水平等方面的知识、能力、态度和素质。

一要评价学生思想政治素质。思想政治教育的目的是提升学生的思想政治素质，通过评价学生的思想政治素质，可以判断思想政治教育对学生思想意识、政治意识、道德意识、法律意识等方面的影响。判断学生是否具备良好的思想品质和精神面貌，是否具备批判和创新的能力等。

二要评价学生的思想政治态度。主要评价学生是否具有正确的政治倾向，是否遵守国家法律和社会公德，是否具备强烈的责任感和荣誉感。

三要评价学生的思想政治防范能力。主要评价学生在社会风险因素面前，是否有足够的警惕性和应对能力，是否能够在大是大非面前有坚定的政治立场，是否能够保持良好的思想状态，更好地参与到社会生活中，以及是否具备处理意识形态风险的能力。

四要评价学生的行为表现。思想政治教育不仅要求学生在思想上有所提高，更重要的是要促进学生良好行为的养成。包括学生在课堂上的学习表现和日常行为表现。评价学生的课堂表现主要有答题表现、课堂互动表现、参与度、合作意识、团队精神、创新精神等方面，有助于发现学生在学习过程中存在的问题，及时加以纠正和改进。评价学生的日常行为表现，可以判断思想政治教育对学生消极行为的抑制和积极行为的促进程度。

高职思想政治教育教学评价需要综合考虑以上多个方面的因素，同时需要遵循科学、公正、客观、准确的原则，确保评价结果的真实有效，为进一步提高思想政治教育教学质量提供重要的指导。高职思想政治教育的教学评价需要综合使用定性和定量的方法，建立多主体多维度考核评价制度，更全面地了解和掌握教学质量的情况，为教育教学改进和提高提供决策支持。

第六节　高职学生思想政治教育的方法

高职学生思想政治教育方法是指教师在教学过程中所采用的教育手段和方式，合理选用教育方法能够最大限度地激发学生的学习兴趣和积极性，达到更好的教育效果。思想政治教育方法的选择应以习近平总书记提出的"因事而化、因时而进、因势而新"为根本遵循，根据教育对象、教学目标、教学环境等因素进行具体分析和选择，坚持"八个相统一"，打好组合拳，着力推进教育教学方法改革创新。

一、准确获取思想信息

及时准确地获取思想信息是思想政治教育的首要环节。马克思说："观念的东西不外乎是移入人的头脑并在人的头脑中改造过的东西而已。"我们要分析认识学生头脑中的思想信息,只能通过人的实践活动和具体言行入手。提高高职院校学生思想政治教育的实效性,着眼要做的事情很多,首要的是要了解学情,有效解决学生所关心的热点难点问题,增强教育的针对性,重要的基本功就是调查研究。

(一)调查学生思想信息的着眼点

结合思想信息在各方面的表现以及影响思想变化的各种因素,概括地说,基本思路有四个要点:

第一,从高职学生物质生活和精神生活的客观条件入手。不同的生活和学习条件,一般会产生不尽相同的思想观念;而当主观要求与客观条件发生矛盾时,就会影响思想情绪。

第二,从学生的学习情况入手。学生以学习为主,其学习态度、学习能力、学习内容、学习方式、学习兴趣等的变化发展反映思想信息及变化。

第三,从学生之间的相互关系及其社会关系入手。思想观念是社会关系的体现。

第四,从分析学生所处的社会环境入手。思想会因时因地发生变化,带有环境影响的烙印。从环境入手可以了解学生思想形成的原因及特点。

只要我们善于把握现实生活的过程,考虑学生的实际行动,经过大量的调查,就能够获得丰富而真实的思想信息,就能够发现其特点和规律,就可能对思想动态做出预测,有针对性地开展教育工作了。

(二)获取学生思想信息的内容

获取的思想信息包括集体的和个人的。一般来说,即使对个体进行思想政治教育也需要了解所在集体的概况,特别是容易引起思想问题的方面。

集体是形成个性的积极的社会领域,集体对个体的思想政治教育起着巨大而有效的影响作用。一个社会集体究竟怎么样,集中地表现在"集体道德"成熟上。我们着重要了解的集体思想信息主要有五个方面,价值观世界观的共同性情况，健康的道德心理氛围，对社会意义的目的和任务的吸引力，自觉的组织纪律性以及对共同活动与交往的满意程度。

获取个体思想信息的内容，除了要了解个体的基本情况（性别、年龄、身体、履历、知识水平等），还要深入了解以下几点，个体气质类型特点，社会价值情感，向往或期望层次，以及知识结构和思维定式等。

（三）调查学生思想信息的方法

第一，直接调查：与对象直接接触进行调查，如个别访问、开调查座谈会等。毛泽东说："开调查会是最简单易行又最忠实可靠的方法，我用这个方法得了很大的益处，这是比较什么大学还要高明的学校。"但要保证效果，必须做到几点具体要求：要有调查提纲；要选好入会人员；做好组织会议工作，避免说套话随大流，要实事求是；做好记录。

第二，间接调查：查阅资料、问卷调查等。做好问卷调查，首要的是问卷的设计，其中难度较大的是思想调查不易设计量化指标。问卷设计要做到以下几点：一是问题明了、概念准确；二是按照由近及远或由远及近、先易后难、先熟后生的顺序排列；三是问卷中不能有暗示、影射作用；四是要使答卷者也感到有一定的调查意义。

二、分类分层进行说服教育

思想政治教育说服教育法，是指以语言方式和适当方法，通过信息符号的传递，以非强制的手段达到影响或者引导他人观点行动的目的。这是高职院校学生思想政治教育的主要方法。一个优秀的思想政治教育者要和缓地触动学生思想上感情上的心弦，刺激之，安慰之，兴奋之，鼓励之。

新时代，高职学生的思想状况越来越呈现出多样性和层次性，思想政治教育要从学生的实际出发，分层分类确定教育目标、教育内容和教育方法。从学生的现实水平和成长需要出发，因势利导进行说服教育，鼓励先进，照顾多数，把先进性要求和广泛性要求结合起来，区分层次，循序渐进。

　　说服教育法大体可分为理论说服和个别说服。理论说服法，就是通过语言交流方式，以科学理论启发人们的思想认识，从而培养科学世界观、人生观、价值观的方法。习近平总书记在全国思政课教师座谈会上指出：要提高思想政治教育的思想性和理论性。理论只要彻底就能说服人。主要包括在课堂面对面讲述讲解学习理论，通过宣传媒介传输理论等。针对高职院校学生特点，对一些复杂的政治原理或道德伦理概念，以及党的路线、方针和政策等进行系统而严密的分析论述，最好结合历史和实践案例，用好中国革命建设和改革的故事，用好历史的现实的比照。所谓"亲其师，信其道"，用好说服教育法，教师自身素质很重要，既要做个"四有好老师"，还要在讲课中做到"六个要"和"八个相统一"。

　　思想政治教育工作的基础是人对人的个别工作，即使有了现代化的传播手段，有了许多的活动舞台，但个别教育工作还是必不可少的。个别说服法在新时代很重要。随着社会快速发展，各种社会思潮涌动，价值观念多种多样，由于社会主义初级阶段的不平衡不充分发展，不可避免地使来自全国各地的学生思想状况呈现出多样性和多层次性，而且每个人思想的特点、成长的规律都不尽相同。所以高职院校学生思想政治教育工作要善于抓住矛盾的特殊性，一把钥匙开一把锁，根据教育对象的思想认识水平和心理特点，了解学生的欲望、心意、感情，因势利导，有针对性地加以教育引导。教育方法要灵活，尽可能地寓教于乐、寓教于文、以事喻理、以情动人，使学生能够接受和乐于接受。

三、激励教育激发内在动力

　　思想政治教育的一个具体任务就是调动人的积极性，所谓激励教育法就是以一定的外在的内容及方法，对人进行激发动机，鼓励行为，形成内在行为动力的过程。每个人都需要激励，可以是外在的激励，也可能是发自内心的自我激励。但外在激励最终的实现也要依靠内在的自我激励。一个人的行为必然是会受到外界的推动力或吸引力影响的，这种影响会被个体自身吸收并转化为一种自发的动力，从而使个体从被动的"要我做"变为主动的"我要做"。激励效果越好，自发动力就越强，而自发动力的增强又会促使行为更积极。

一是期望激励法，通过教育者对受教育者真情实感的期望或适当方式的引导，使受教育者对未来充满憧憬、追求和期待，不断增强向前、向上的动力。这种期望激励必须基于教育者的真挚爱心及其与受教育者的心心交融，主要通过对受教育者有意识地引导，帮助受教育者激发和确立自己的期望追求，从而形成行为动力。有了期望就有了方向，期望更好的发挥激励作用，必须把期望进一步具体量化为一个个目标，督促鞭策受教育者向目标努力，在实现目标的过程中演化为内在自动力。

二是典型激励法，也叫示范教育法，是一种通过典型的人或事进行示范，以激发人们的仿效心理，引领他们提高思想认识的方法。这种方法将抽象的理论转化为具体的典型人物或事件进行教育，从而引发人们情感上的共鸣，引导他们学习、对照和仿效。示范教育法具有形象、具体和生动的特点，是传统的思想政治教育方法，特别适合高职院校学生的特点。典型激励法主要有正面典型激励、反面典型激励和现身示范激励等。

三是感染激励法，就是让受教育者在无意识和不自觉的情况下，受到一定感染源的影响、熏陶、感化而被激励和教育的方法。这种方法可以和任何其他思想政治教育方法结合运用，起到很好的教育效果。感染激励法主要有情境感染、体验感染、模范形象感染、艺术感染等。网络多媒体时代，这种教育方法也很适合高职院校学生。

四是表扬激励法。表扬赞美往往对人产生深刻影响，甚至改变人的一生。莎士比亚说："赞美是照在人心灵上的阳光，没有阳光，我们就不能生长。"美国心理学家威廉·詹姆斯曾说过："人性中最深远的驱动力，就是渴望被人肯定和赏识。"因此，赞美表扬已成为一门独立学问，并不是一件简单的事，要讲究方法技术，要把握好几条原则：第一，要由衷赞赏而不要恭维；第二，要实事求是而不要人为拔高；第三，要适度肯定而不要夸大其词；第四，要热情、认真、具体，而不要随意、敷衍、笼统。

四、注重启发自我教育

著名教育学家叶圣陶先生说过："教育的目的就是为了达到不教育。"思想政治教育必须启发引导受教育者进行积极的自我教育，这才是真正的教育。自我教育建立在发自内心自觉的基础上，能够长期有效。促进自我教育，要注意培养、锻炼受教育者的自律、自立、自强的意识和能力，这是大学生成熟的重要标志，也是在人生中长期起作用的基本素质。研究调查发现，当代大学生不会安排个人生活的、不知道自己的事情自己做的、不会劳动的、不能应对挫折困难的，大有人在。可谓是"抱大的一代"，现实情形令人担忧，迫切需要教育者的帮助。

一是教育者要更新教育理念，转变角色定位，以学生为主体，下苦功夫研究"导"的艺术。

二要引导学生正确地认识自我。具体工作主要有：一是进行理论指导，如开设大学生心理学、生理学、人生哲学等课程和讲座，帮助大学生科学认识自我、理解人生；二是引导学生参加社会活动，广泛参与社会，在交往和比较中认识自我；三是开展咨询服务，如心理咨询、健康咨询、学业咨询、就业咨询等。

三要给学生更多学习研讨的机会。在思想政治教育过程中，要多采用问题辨析法，课上、课下、师生、生生"透彻说理，从容讨论"，引导学生就关心的热点难点问题进行合作探究，鼓励不同意见交锋，在讨论中辨是非、长才干。

四要给学生更多实践锻炼的机会。据调查，实践活动尤其是社会实践，是青年学生最喜欢的教育形式，思想政治教育要积极创设创新实践活动，如青年志愿者活动、社团活动、社会实践活动、劳动实践等，让学生用自己的手去触摸，用自己的思想去分辨，用自己的体验去生活，在实践中实现自我管理，自我教育。

五要引导学生在云端社区提升自我。充分发挥网络社交的吸引力和影响力，建设"网络思政"，以校园融媒体为运行平台，师生共建平等交流的云端社区，以"高价值分享"为原则，共同交流思想、感悟人生、传播正能量，让学生在学思感悟中提升自我。

五、关心指导学生生活

教育的根本任务是立德树人，其本质是通过知识、技能、价值观等方面的传授和培养，促进个体全面发展和自我实现，推动人类文明进步和社会发展。生活是人类最基本的需求和活动，而教师是学生的重要引导者和榜样，关心和指导学生的生活，可以为学生提供更好的成长环境和更全面的成长体验，提高学生的学习积极性和学习效果，促进学生的全面发展和个性特长的展现，对于学生的成长和发展有着非常重要的作用。

（一）注重开展生活教育

生活教育是培养学生全面发展的重要教育环节之一，近代中国教育家陶行知特别重视生活教育的作用，他把生活教育当作改造中国教育、改造中国社会的唯一出路。他在《再别康桥》一文中提出："我以为教育应该在生活中去获得。"教育不是同书本绑着，而是体现在我们的言谈、品行、待人接物上。在他看来，有了生活教育就能打破"死读书、读死书、读书死"的传统旧教育；有了生活教育，就能"随手抓来都是学问，都是本领"，接受了生活教育，就能"增加自己的知识，增加自己的力量，增加自己的信仰"。陶行知把生活教育当作衡量教育、学校、书本，甚至一切的标准。

高职学生思想政治教育必须开展生活教育。高职学生的生活教育，是指为学生提供必要的生活技能和素养的教育，帮助学生建立健康、文明、优美的生活方式和良好的生活习惯。高职学生的生活教育既要多角度、全方位地指导学生的成长和发展，又要针对不同专业特色，开展针对性的生活教育活动，激发学生的专业兴趣和发展潜力，帮助学生尽快成为一个合格的职业人和社会人。

一是良好生活习惯的培养。叶圣陶先生曾说：教育是什么，往简单里说，只需一句话，就是要养成良好的习惯。良好的习惯对于高职学生的发展和成长非常重要，规律的生活作息有助于学生保持健康的身体状况和精神状态，良好的学习习惯，有助于学生自主学习、自我教育、自我提升。教师要在课程设计中渗透生活健康知识和成才榜样，引导帮助学生定时起床、锻炼身体、按时吃饭，自觉学习。要引导学生养成健康饮食的习惯，均衡饮食、保持健康。教师可以为学生树立一个健康的生活方式榜样，引导学生养成良好的饮食和运动习惯，从而提高学生的身体素质和心理健康，做到更健康、更高效地生活。

二是良好心理素质的培养。陶行知强调，健康的身体和精神是人类最基本的需求。教师要特别重视学生的心理健康，注重社交能力和人际交往的培养，引导学生学会如何与人相处，如何与他人发展良好的人际关系，培养健康、自信、独立、乐观的个性，从而帮助学生更好地面对生活和学习的压力。

三是良好生活素质的培养。教师可以引导学生学会自理自己的生活，包括如何照顾自己的卫生、如何打理自己的生活等。学校可以通过开展生活自理技能培训、防范课程、安全教育等活动，帮助学生掌握规范、自信、有效的生活自理技能，使其在生活方式、情趣变化方面获得提高，使其更好地适应社会，改善自身素质，提升生活品质。

四是美好的情感和品德的培养。陶行知认为，情感和品德是人类最基本的素质。教师可以通过引导学生阅读经典文化作品、借助生活实践等方式，进行良好的情感和品德教育，提高学生的道德水平和人文素养，培养具有高尚情操和生活智慧的人。

（二）关心指导学生的课余生活

马克思曾说过，财富就是可以自由支配的时间，随着社会进步，个人自由支配的时间越来越多，这部分时间就是"财富的尺度"，一般来说，休闲时间的多少与使用情况，从一个侧面显示了人的生活质量，对人的思想品德也有重要影响。成功者都是善于利用休闲时间，而赌博、酗酒、违法犯罪活动也大都发生在业余休闲时间。因而，有人认为，工作对所有人的影响是大致相同的，人们成长的差距往往是在业余时间拉开的。

对于高职院校学生而言，进入大学后，独立意识不断增强，自由支配的课余时间多了，但对于这部分时间是"财富的尺度"的观点认识不到位，甚至完全没有意识到。有的同学虽然有一定的认识，但由于应试教育的重压下，中学阶段几乎没有休闲课余时间，所以进入大学后，没有休闲能力，面对多起来的课余时间，甚至不知所措。据调查，高职院校学生的课余生活以娱乐主导型为主，在课余活动中选择率最高的是上网，有人甚至喻手机为"手铐"，一些不会利用课余生活的同学，在宝贵的大学生活里不知不觉把财富丢掉了。近些年，因为痴迷游戏而荒废学业、损害健康的事情时有发生，令人心痛。因此，高职学生思想政治教育工作应全面贴近生活，关心并指导好学生的课余生活。重点做好三个方面的积极引导。

一要注重文化消费的积极引导，提升学生的精神境界。引导学生多一些文化性的休息、知识性的娱乐，培养正确的消费观，教会学生追求真、善、美。据有些调查显示，学生的娱乐性消费成倍上升，文化学习消费却在下降，课余时间阅读优秀文学艺术作品的少，在网上看论坛、贴吧和娱乐新闻的多，很容易受不良文化思想的影响。而文化是思想品德的依托，如果没有怡情养性的好的文化产品的消费，学生就没有美好的追求，精神也无所寄托，怎么会创造美好的人生呢？

二要注重体育健康运动的积极引导。全世界都非常重视体育运动，相关研究数据表明，在世界顶尖名校录取的新生中，近80%的学生都有着丰富的体育运动训练经验。[1] 体育运动不仅是简单的运动，它还可以通过身体运动来改变和提高自身的各项"品质"，如意志品质、合作精神、进取精神、规则意识等。加强体育运动可以提升学生的身体素质和心理健康水平，培养健全的人格，增强免疫力和社会适应能力，树立正确的价值观。体育教育要比我们想象得更加重要和伟大。体育教育可以磨炼一个民族的意志，改变一个民族的基因，是最好的教育之一。

据有些调查显示，在忙碌的学习之余，许多人选择上网等方式放松，很少有人去锻炼身体。偶尔有人想去做健身运动，也会因为找不到志同道合者，或运动技能不够、不善于安排课余生活等原因最终选择放弃。正如世卫组织负责人曾指出的，智能手机普及夺走了人们运动的机会。目前这种现象在高职院校

---

[1] 《为什么全世界都非常重视体育？》，https://www.sohu.com/a/485473448_121124696。

也广泛存在，思想政治教育要倡导健康有益的生活方式，积极引导大学生养成良好的体育生活方式，并组织健康的体育文化活动，丰富他们的课余生活，提高学生的生活品位。这样的教育措施，既有效利用了体育教育中的德育因素，又充分挖掘大学生参加体育运动的潜力，使大学生逐步认识到建立体育生活方式的重要意义，从而有效地引导学生从小说、电脑游戏等走出来，积极主动地参与健身运动，不断实现全面发展。

三要注重网络空间的正能量引导。当今世界正处于大发展大变革大调整时期，各种思想文化相互交流、交融、交锋更加频繁，国内外各种思想文化在碰撞摩擦中不断融合渗透，网络信息鱼龙混杂，良莠不齐，对大学生的人生观带来了巨大冲击和挑战。据中国互联网中心发布的《中国互联网发展状况统计报告》显示，我国网民用户年龄在18—24岁占绝大多数，而以职业划分则大学生分布最多。网络强大的渗透力已影响到学生生活的方方面面，学生对网络的依赖性越来越大，甚至把网络当成了一种精神寄托。网络作为一种重要的文化符号和文化载体，对大学生人生观的双重影响必须引起高度重视。要指导他们学会辨是非、识美丑、抗诱惑、拒腐败、防演变。相关部门要加强网络监管，努力营造清朗的网络空间。学校要主动用马克思主义理论占领网络思想政治教育阵地，培养学生拒腐抗惑防变的意识和能力，利用优秀传统文化和改革开放巨大成果引导学生爱国进取、自尊自信。

关心指导学生的课余生活，开展休闲教育，还涉及对学生的消费指导、社交指导、婚恋指导等多方面，这是一项内容丰富且意义重大的工作，有待于广大的思想政治教育工作者去开拓创新。

第三章 ◀◀◀
高职学生的特点及思想状况

　　了解把握新时代高职学生的特点及思想状况，可以帮助教育者更好地制定教育策略和方法，提高思想政治教育的针对性和有效性。

　　高职学生通常具有明确的职业目标和实际需求，研究其学习生活特点及思想状况，有助于教育者更好地把握学生的思维方式、价值观和认知特点，帮助教育者深入了解学生的成长成才需求，掌握学生对思想政治教育的期望和关注点，从而制定更贴近学生需求的教育策略和教学内容，合理配置教育资源，提供适合学生发展的教育环境和支持，满足学生的个性化需求，激发他们的学习兴趣和参与度，促进学生思想素养和综合能力的全面发展。

第一节　高职学生的特点

高职院校作为一种类型教育，以其职业化教学方式源源不断为社会输送高素质的技术技能人才，在服务社会中得到迅速发展。高职院校的性质和特点，以及高职院校学生入学渠道的多样化和生源结构的多样化，使得高职院校的学生在诸多方面呈现出自己的特点。尤其是近两年的连续扩招，生源结构更趋复杂。2019年的《政府工作报告》首次提出高职扩招100万，2020年再次提出，要两年扩招200万，这充分说明党中央、国务院对职业教育尤其是高等职业教育是非常看好并寄予厚望的。这既是高职教育提升服务社会能力的机遇，也是高职教育改革发展的挑战。

这一庞大数字代表着将有更多类型的生源来扩充高等职业教育，也会从更多方面显现出自身独有的群体特征。例如，高职学生在思想和行为上比较活跃，行为方式比较随意，任性而为，不太愿意服从学校的管理，没有养成良好的生活习惯；高职学生对知识理论兴趣不是很浓厚，但是动手操作能力比较强，感性认识比较强，更愿意通过直观的感觉来认识事物；同时，高职院校学生可谓是"互联网原住民"，在认知习惯、情感特征、行为方式上都有着极其鲜明的时代特征。鉴于高职院校的教育特色及学生特点，高职学生的思想政治教育工作责任更重，压力更大，特色更鲜明。

一、生源结构特点

高职院校扩招以前，学生来源主要分为以下几种：1. 普通高中毕业生；2. 初中毕业的五年制大专生；3. 职业中专和职业高中的对口学生。就目前的高职院校录取的分数线来看，高考200分左右基本上就可以安稳地接受高等职业教育。不仅如此，高职教育还接收除高中生以外的人群。2019年开始高职扩招200万以来，又有了更多类型的生源，其中包括高中毕业生、退役军人、下岗失业人员、农民工、新型职业农民等。因而，高职院校学生的生源结构非常复杂，涵盖了各种不同的情况。学生的年龄参差不齐，知识基础和认知能力存在差异，知识结构、心理素质、生活方式以及学习时间等方面也存在差异。尤其在自我认知、自我意识和自我管理方面，高职院校学生展现出独特的群体特征。全国统一招生考试录取的高中毕业生通常具有较好的基础和学习成绩，他们具备较好的学习习惯，但对高职教育的认知相对较少，对高职学习的准备不充分。通过对口升学单独招生录取的定向生，文化基础相对较薄弱，但他们对职业和行业有较好的认知，技术方面也比较熟练。预科录取的学生一般在成绩方面稍逊一筹，他们的动手能力也较差。这些不同类型的学生构成了高职院校的学生群体，他们各自具有独特的特点和需求。

二、行为与心理特点

（一）高职学生思想和行为上比较活跃

高职学生一般处于成年初期，年龄都在 18 岁左右，其思维富有挑战性和创造性，敢于尝试新奇事物、勇于探索未知事物，具备一定的自主学习能力和知识获取能力，网络技术的发展也为他们提供了获取信息的便利渠道。因此，其心理承受能力和社会适应能力也逐步趋于完善，对新鲜事物的接受能力较强，感情也较为丰富。这一点从所在高校的高职学生表现来说很明显，他们的情感丰富，思维活跃，表现欲望较高，在课外活动和社会实践方面尤其积极。

（二）动手能力强，适应性高

高职院校的学生对理论知识的学习兴趣不是很浓厚，但是动手操作能力比较强，感性认识比较强，更愿意通过直观的感觉来认识事物。高职院校要培养服务区域发展的高素质技术技能人才，要牢牢把握服务发展、促进就业的办学方向，就必须坚持产教融合、校企合作，坚持工学结合、知行合一。这就决定了高职院校不仅要注重学生文化和技能方面的培养，还要重视动手操作能力的培养。与普通高校学生相比，高职学生具有务实和实践特性，这是由他们所接受的教育前提决定的。这样的培养方式和教育前提，提升了高职学生的实际动手能力和适应能力，使他们能够更好地应对学习和工作中的各种问题，也更符合市场对人才的需求，从而使得高职学生的就业状况不断改善。

（三）主体意识强，自我管理和控制能力较差

高职学生关注自身的需求和发展，敢于追求内心理想，勇于捍卫自身权利，追求各个层面的自由，具有很强的主体意识，表现欲也较强，愿意通过参加各种活动来展现自己的优秀才能，学习各方面的技能，但高职学生在自我管理和自我调控方面还需要加强和提高。部分高职学生行为方式比较随意，容易任性而为，不太愿意服从学校的管理制度，良好的学习生活习惯没有养成，对大学生活不能很快很好地适应，课余生活安排不合理，大多数男生主要通过玩游戏消磨时间，女生则通过网络购物、刷视频等方式打发时间，没有更多的获得感。有些高职学生对自己的未来感到困惑和迷茫，导致他们情绪上可能出现一些变化，比如对生活和学习持消极态度，或者通过不正当的方式来释放情绪。这表明部分高职学生在自我情绪调节方面的能力较弱。如果我们能够及时引导学生克服这些弱点，对他们的健康发展将会产生重大的影响。

（四）自尊心强，有自卑感和功利心

部分高职学生个性张扬且爱表现自我，自我意识逐渐增强，希望得到关注与重视，渴望受到尊重与认可。由于大部分高职院校是专科，录取分数较低，对比获得更高教育资源的同学，部分学生内心会产生焦虑、自卑的情结。高职学生与本科生相比，在学校接受教育的时间较短，较早接触社会，这可能导致他们在专业技能上掌握不够熟练，思想熏陶不够深入，价值观的确立不够牢固，行为方式的形成不够持久。作为职业技术人员，由于过早接触社会所带来的不利因素会导致高职学生更易形成功利思想和行为，对思政课的兴趣度较低，思想政治教育工作难度更大。

三、学习特点

（一）学习主动性较弱、自觉性不足

高职院校学生文化课基础相对薄弱，这在一定程度上影响了学生学习的积极性。很多上课老师反馈，高职生文化基础较差，课上要想调动起他们学习的积极性，或者是使学生跟上老师讲课的节奏有一定困难。学生也反映在课堂上学起来有些费劲，尤其是在英语、数学、理工类专业课程中比较吃力，学生害怕这些课程，缺乏学习的积极性。有些学生学习目标不明确，缺乏学习动力。有的学生完全是听从父母的安排来上学，自己缺乏正确规划，对所学专业不感兴趣，被动学习的效果也是可想而知。甚至有些学生沉迷于娱乐、游戏中，得过且过，对于职业规划和长远打算缺乏清醒认识，害怕考虑甚至有意逃避这个问题，缺乏青年人锐意进取的奋斗精神。

（二）乐于接受新鲜事物，易受外界环境影响

在认知需求方面，高职学生乐于接受新鲜事物，渴求获取更丰富的信息。网络以其强大的信息容量和查找便捷性，日益使高职学生习惯"碎片化"的知识阅读，偏爱"图像化"的信息内容，喜欢"即时性"的交流互动，缺乏深度认知。通过网络信息化媒介，学生拓宽了知识面，开阔了视野，同时也促进了心智的超前发展，但这种"快餐式"知识学习，不利于知识的深度拓展和结构完善。现实中，网络的信息优势还衍生出了一种负面的不良影响。一方面，在知识学习上过分依赖于网络信息，不假思索，不假辨析，越来越不利于思辨能力的培养，甚至由于思辨能力不足，会受到网络错误信息的误导。另一方面，学习和生活一味依赖于网络虚拟世界，会相应地造成现实生活中沟通愿望和能力的缺失，容易产生心理失衡等问题。个别自控力差的学生，极易深陷网络虚拟世界，不能正常学习和生活，甚至荒废学业。

第二节 高职学生的思想状况

了解高职院校大学生的思想状况，才能更有效地开展思想政治教育。为了能够走进大学生的内心世界，清晰了解其思想状况，真实反映其内心世界，从教多年来，我们教学团队始终重视调查研究，广泛深入我校高职学生中，通过调查问卷、座谈会、走访学生食堂和教寝室等形式，从学习、生活、情感、校园活动等多方面，对我校大学生的思想行为状况、个人价值观和道德素养状况进行了广泛的调查。2021年4月，选取我校高职新生，通过问卷星随机抽取了各个专业的部分班级进行问卷调查，共收到有效问卷626份，共设计32个问题，其范围涉及理工类、人文类、艺术类、财经类的学生。其中女生占比48.56%，男生占比51.44%。25.72%学生来自城镇，74.28%学生来自农村。总体来看，高职院校学生大部分思想进步、积极乐观，当然，学生思想上也存在着一些困惑和问题。

一、高职学生的思想特点

（一）思想上整体健康向上，积极要求进步

通过广泛访谈调查分析发现，高职学生思想上整体健康向上，爱国情操与政治热情高涨，大多数学生政治上积极要求进步。

对思想政治理论课认同度高，91.05%的同学认为思想政治理论课很重要，只有2.72%的同学认为不重要，2.24%的同学说不清楚思政课对自己人生的意义。88.98%的同学认为自己很需要加强思想政治理论这方面的素质。绝大部分同学思想道德素质比较高，具有良好的社会公德和合作意识。86.9%的同学表示在公共汽车上见到老弱病残幼会主动让座；4.16%的同学表示别人不让，自己也不会让，这部分同学如果受到良好社会公德的影响会不断提高自己的道

德素养；只有8.94%的同学表示不会让，装作看不见。88.34%的同学表示不会闯红灯，会遵守交通规则。83.39%的同学在寝室卫生、内务方面表示会相互配合、共同搞好。

大多数同学政治上积极要求进步。刚入学就积极报名参加学生会、班委会、学生社团干部的竞选，表现出极强的上进心。87.38%的同学想申请加入中国共产党，其中35.79%的大一学生在第二学期就递交了入党申请书，其中男生占比9.27%，女生占比26.52%，女生入党意愿明显高于男生。51.59%的同学有入党意愿但还没递交入党申请书。其中男生占比10.7%，女生占比40.89%，比例也是女生明显高于男生。（有一种可能是随机调研的时候在男女同学性别比上考虑不周）。令人欣喜的是，50.48%的同学选择入党的动机是因为信仰马克思主义，35.05%的学生选择入党是想能够更好发挥自己的作用并早日成才。这不仅反映了高职学生的思想政治面貌，也反映了我校思想政治理论课教学取得了很好的教学效果。

观察调研发现，统招生中的大多数学生在学习成绩上表现出色，或在其他方面展现出特长。他们对各种领域都有广泛的兴趣，例如运动、书法、绘画、舞蹈等，同时他们对我国的社会主义制度表示认同，拥护党的领导，对极少数腐败现象感到非常愤慨，对国家和社会发展问题关注度高，对我国的发展形势和政治局势持乐观态度。对于党的十八大以来的发展，91.54%的同学认为很好，很有成效。59.10%的同学表示了解习近平新时代中国特色社会主义思想；39.46%的同学表示知道，但不是很了解；67.57%的同学了解中国梦和新发展理念，30.83%的同学表示了解，但不是很了解。85.46%的同学高度认同社会主义核心价值观。对于我国抗击新冠肺炎疫情取得的成果，学生普遍能认识到是因为有中国共产党的正确领导、中国特色社会主义制度的优势和中国人民的众志成城。根据艾瑞网2017年的调查显示，大多数高职学生都在积极推进思想政治建设。积极参加入党积极分子党课学习，积极参加党组织工作，表现出很强的上进心、明确的政治方向。

（二）学习生活观念多样化个性化

在全球化、市场化和信息化影响下，高职学生的学习生活方式、思想观念趋向多样化个性化。高职院校学生在业余时间的处理上日趋多样化个性化，据调查：在课余时间的安排上，20.93%的同学参加各种体育运动；自习或听课的占 26.57%，谈恋爱的为 6.64%，27.64%的同学上网或者打游戏，9.11%的同学做志愿服务或社团活动，7.51%的同学阅读课外书籍或杂志；7.51%的同学睡觉；7.35%的同学做兼职赚钱；5.75%的同学选择其他。问及上网做什么的问题，47.6%的同学是查资料或上网课；12.14%的同学玩游戏；15.97%的同学是在网上聊天交友。课余时间带给学生的最大收获是什么呢？调查显示，43.61%的学生认为，课余时间带给他们的最大收获是"开阔眼界，掌握了更多技能"，30.35%的学生认为是"学业上大有进步"，9.27%的学生认为是让他们"结识了更多朋友"，也有少数同学认为是"个人工作能力得到很大提升""赚钱实现个人经济独立，减轻父母负担"等。由此可见，学生的课余生活越来越丰富多元、生活方式和观念越来越多样化个性化。课余生活对学生成长成才的影响越来越深远，必须重视学生课余生活的思想政治教育。

（三）高度关注自身环境与自身发展

大多数高职学生认为市场经济对人才的素质和技能要求越来越高。只有不断地追求知识和掌握新技能，他们才能适应时代的需要。访谈和调查显示，近一半的学生认为高职院校与他们想要的学校有很大的差距。但经过一段时间的学习生活后，41%的同学对所在的高职院校很满意，认为比想象中的好；45.69%的同学比较满意。60.7%的同学选择高职院校就读是自己的兴趣和决定，20.13%的同学是调剂来的，但只有12.46%的同学认为就读高职院校前景比较好。绝大多数的学生并不满意大专文凭，希望继续深造。73.16%的同学有专升本或自考本的打算，希望毕业后能对个人发展有所帮助。11.66%的同学表示还没想好，只有15.18%的同学没有升本的打算。这反映出社会上对高等职业教育存在认识上的误区，大部分同学内心是不愿意上高职院校的，只是由于高考分数不够，才被迫无奈上了高职院校，或者是在高中复习了1—2年，还是没有考上本科，所以考上以后，想通过继续专升本或自考本科完成自己的心愿。访谈中也有同学坦然，不想升本是因为继续求学不太适合自己，如果有能力有条件也还是愿意升到高一级学校深造的。他们关心社会和自身发展，关注那些对自身发展更密切的事情，但对于国际问题和国际局势不太关心。对于"周围同学经常议论的中心话题"，34.4%的同学选择的是毕业分配问题，20.77%的同学选择国内经济问题；11.98%的同学选择医疗卫生收入差距等民生问题；11.98%的同学选择恋爱问题；只有5.43%的同学选择国际话题。关于"大学生活需要哪方面指导"的问题，74.28%的同学认为自己的未来的人生取向需要指导，13.58%的同学在学习上需要指导，选择在人际交往上需要指导的占12.14%，这表明高职院校学生更需要人生发展方向的指导，而不再只是学习问题的指导，他们对自己的个人发展问题高度重视，但缺乏人生指导和规划，这一方面有高职学生自身知识视野等方面的原因，另一方面因为70%多的同学来自农村，父辈们不能给予更多的人生发展规划指导。因此，高职院校要特别关注学生这方面的需求指导，多提供一些社会发展对人才需求的信息和国家对职业教育发展的政策等，帮助学生做好人生规划，更好地成长成才。

（四）择业观念务实且多元化

34.5%的同学经常议论的中心话题是就业问题，由此可见，高职院校的学生就业压力很大，在日常访谈中，一半多的学生在面对社会竞争和就业压力时表现出惆怅和不自信。在激烈的社会竞争中，在市场经济背景下，面对着高等职业院校数以百万计的毕业生和普通高校一些高学历的毕业生，高职院校的学生对他们的专业能力和人际交往能力很重视。在"高职生最应具备的能力"的问题上，49.68%的学生认为是"专业能力"，38.66%的学生认为是交际和处事能力，而对于继续学习能力则不太看重，只有8.63%的同学选择，选择创业能力的只有3.04%。说明高职院校学生更看重当下专业知识和专业技能的习得，对自身的可持续发展能力顾及的少，而且对自身发展相对客观和保守，缺乏自信心，缺乏创业精神。

高职学生大多数有正确的价值观和职业价值观，80.51%的学生认为人生价值主要体现在对社会贡献的大小，13.25%的学生选择在于自我满足的程度。在职业选择上他们更务实，在"选择职业的标准"问题上，33.07%的同学选择"工作条件好，能发挥才干，有利于深造"，30.67%的同学选择"工作稳定，有福利保障"，27%的同学选择"收入高"的职业，仅有3.83%的同学选择"条件艰苦，但大有可为，有创造性"的职业，1.44%的同学选择"收入不高，但有发展机会"的职业。

当前社会整体就业压力较大，这种压力也传导给了高职大一和大二的学生。每年大量的毕业生使他们对就业形势有更加清醒的认识，因此他们在大学教育中会主动更新就业观念，改变就业方式，探索多种就业途径，并更加注重提升自身能力和素质，以适应竞争激烈的就业市场。

二、高职学生思想存在的问题

总的来看，大多数高职学生思想上健康积极，热爱祖国，有较强的公德意识和正确的政治态度，但也发现一部分高职学生的思想上还存在困惑与问题。主要表现为：

（一）对时事政治的关注度不够，政治立场不够坚定

思想政治教育的目的之一是培养学生运用科学方法去分析和解决问题的能力。绝大多数高职学生关注国家政治动态，持明确观点，支持中国共产党的领导，拥护社会主义和改革开放，热爱祖国和人民，具有强烈的进取心和渴望成长的愿望。尽管动机和想法有所不同，但超过一半的高职学生在大学期间曾递交过入党申请书。然而，与本科院校的学生相比，他们在政治理论研究方面并不活跃，对一般的政治活动缺乏热情，对时事政治的关注度也不够。比如，在思政课的教学过程中，教师通常会结合当下的时事政治和社会热点进行讲授。然而，我们发现高职学生在思政课上的听课状态和与教师的互动效果并不理想。在每周课前5分钟的"开讲天下"（说新闻）活动中，有些同学只是应付了事，甚至对于时政内容的选择可能偏离了活动的宗旨。对于思政课老师提出的时政话题，有些学生并不感兴趣，而是把时间和兴趣点放在社交软件和游戏上，对国内外重大时政和热点问题表现出漠不关心的态度，认为这些问题与自

己的生活无关，这很容易导致与现实世界脱节，并忽视自身道德素质的培养。一个合格的高职院校学生应该做到"家事国事天下事，事事关心"，这样才能使自己不被快速发展的社会所淘汰。

由于高职学生的知识基础较为薄弱，对思政课这种理论性较强的课程，会觉得难以理解，觉得教材很枯燥很空洞，在理解不透的思政课面前更缺乏学习动力和兴趣。由于高职院校学生政治理论储备不足，尤其是马克思主义基本原理和"四史"知识模块缺乏，对党和国家的发展历史以及中国走社会主义道路的必然性认识缺乏必要的理论支撑。对于理性问题的认识和分析缺乏彻底的理论思考，缺乏对社会转型中各种问题和困难的清晰认识和辩证思考，导致政治立场不够坚定，有时会表现出认识上的不确定性和摇摆性。思想领域方面更易建立起以自我为中心的世界观，以个人的狭隘认识来判断事物和看待社会，一些高职学生不能全面了解社会，而理解往往是极端的。

（二）思想和行为脱节，知行不统一

调查显示，大多数职业学生都能认同正确的价值观，可是也有很严重的知行不一的情况，具有双重性特点。例如，当问及"一个人的价值取决于什么"这个问题时，很多高职生认为是"对社会的贡献"。可是本身却不想去努力提升自身的思想意识和道德水平。97.92%的同学高度认同或比较认同社会主义核心价值观，但对于学习和践行却不积极不认真。对于"人不为己，天诛地灭"的极端个人主义90%的人反对，可是碰到和自身相关的时候，往往又缺乏集体主义和大局观。对于损坏公物，随地吐痰，乱丢垃圾等不文明行为，几乎所有的学生都认为是错误的，可还是会有类似的行为。多数同学对公交车上给需要的人让位表示认同，但在实际中，给老弱病残孕和怀抱小孩的让位的不多，甚至看见任课老师都装作看不见。这说明，高职学生在世界观、人生观、价值观、社会道德等方面存在着认识与实践的严重差异。思想上认为是正确的，可是自己又不愿意这样做，思想上认为是错误的，自己可能又是一个不自觉的实践者。

（三）心理和谐问题突显，自我调适能力差

从当前高职学生的整体情况看，绝大多数学生心理是健康的，但存在的心理问题也不容忽视。一是环境适应能力不强引起的心理不和谐。高职学生正处于青春中期到成人的转变阶段，学习生活是他们逐步实现社会化的重要转折期。但由于许多高职学生缺乏足够的思想准备和自主学习能力，不能很快实现学习方法、思维方式，甚至是生活方式、习惯的根本性变化，面对新的环境很容易产生心理失衡。二是人际关系适应不良产生的心理不和谐。大学生活是高职学生步入社会的第一步，他们要独立适应社会，学会人际交往，锻炼自己的社交能力，为成为合格的社会人做准备。与高中时期相比，大学时期的人际交往更为复杂广泛、社会性也更强。在人际交往的适应过程中，高职学生因缺乏人生阅历和社交经验，往往会在为人处世中处理不当，因此难免引发矛盾和冲突，从而导致心理失调。12.14%的同学明确表示需要人际交往上的指导。三是择业就业压力增大带来的心理不和谐。我国高等教育进入大众化阶段后，高校毕业生的就业形势越来越严峻。面对就业市场的巨大挑战，高职生往往会表现出择业恐惧心态，面对"自主择业"无所适从，容易产生自卑、嫉妒、焦虑等心理不和谐。四是厌学心理和学习困难带来的心理不和谐。厌学是高职院校学生存在的比较普遍的心理问题。相关资料表明，学习问题占高职学生心理问题的30%左右，这是影响学生顺利完成学业的主要因素。高职学生学习心理方面，存在的主要问题是文化理论学习困难，厌学情绪大，学习自觉性和主动性差，学习成就感弱，对完成学业信心不足，成才期望值低。

（四）缺少职业规划和目标，茫然困惑

调查发现，74.28%的同学认为自己需要未来人生方向的指导，很多学生对于自己未来的职业没有进行合理的规划，他们没有目标、也不知道应该朝着什么样的方向前进，大部分对如何度过大学三年没有一个明确的想法。分析大一新生的实践活动作业：《我的职业生涯规划》，我们发现只有10%左右的学生对于自己未来职业进行了仔细规划，多数学生不会去认真规划，认为没有必

要也没有意义，就是应付一下老师的作业，对于自己未来的职业只有一个粗略的概念而并没有仔细地思考过，甚至有的学生从来没思考过自己未来职业的方向，就是过一天是一天。但调查还显示，有三分之一的同学平时议论最多的问题是就业问题，这说明高职学生对未来对就业很重视很焦急，但又很茫然，不知道该如何努力，缺乏明确的目标和合理的规划。由于高职院校年年扩招，录取分数线较低，文化基础较差，学习能力不足（23.8%同学认为需要学习方面的指导），尤其是英语和数学不好，男生主要是大学英语薄弱，女生主要是高等数学不好。学习困难的学生大幅增加，生源质量问题日益突出。加之一些轻视高职教育的风气和做法严重挫伤了高职院校学生的学习积极性，导致部分学生对学校和自己缺乏信心，学习兴趣不高，进取心不强，得过且过。这些学生普遍没有养成良好的学习习惯，学习能力相对较弱，对政治理论的理解缺乏必要的知识储备。由于理论功底有限，他们可能对思政课的内容产生一定的逆反心理，特别是对于机械地灌输知识的"快餐式"教学方式更加厌倦。由于他们认为自己是高考的失败者，当无法理解课程时，就会产生厌学情绪，学习兴趣不高。根据调查和观察，学生对目前学习的东西很感兴趣的仅占十分之一，一半的学生感觉一般，不感兴趣的占十分之一左右。尤其随着信息化教学手段的运用，混合式教学模式的改革，使一部分同学借机沉迷于网络游戏，也有部分同学追剧或看自己喜欢的综艺节目等。部分同学对考试和考试成绩并不重视，甚至对旷课和补考也不在乎，导致高职院校出现课堂气氛沉闷、组织松散、学生低头玩手机、老师孤独唱主角等现象。

（五）轻视思政课，部分学生主流信仰缺失

马克思指出："人创造环境，同样，环境也创造人。"[①] 高职学生在发展过程中，极易受外界环境的影响。在严峻的就业形势下，用人单位大部分只强调专业技能的重要，而忽视对学生的思想道德素质评价。由此，高职院校学生为了自身的职业生涯，就会把对自己未来就业有利的课程放在重要的位置，把如

---

① 马克思、恩格斯:《马克思恩格斯选集》第一卷，人民出版社 2012 年版，第 172—173 页。

何更好地就业放在第一位，在高职院校学生看来，思政课是不能为他们以后的就业添筹加码的，自然就不会重视，甚至轻视思政课。随着信息化时代的发展，QQ、微信、微博、抖音等新兴社交媒体广泛应用，成为舆论传播的主要平台，云端社区对高职院校学生的思想影响已经无处不在无时不有。在这个背景下，大部分高职学生的思想意识非常活跃，他们的价值取向和道德观念基本正确，主流思想还是积极健康向上的。然而，在多元化价值观念和多样化社会思潮的冲击和影响下，也有少数学生会被误导和侵蚀，进而形成实用主义的判断标准和功利主义的价值取向。一些消极的网络信息也很容易造成高职院校学生价值观的扭曲，如在抖音、快手等网络平台一夜成名的例子，让学生觉得成功很容易，不用艰苦奋斗也能暴富。还有一些"键盘侠"散播的负能量等，也给学生造成了不良影响。总之，部分高职学生在理想信念方面存在一定的薄弱性，缺乏坚定的科学信仰，没有形成正确的世界观、人生观和价值观。

高职学生承载着伟大的新时代使命。他们正处于成长的关键时期、教育的最佳时期，是国内外各种意识形态争夺的主要对象。这一重要性和特殊性，迫切要求我们增强高职学生思想政治教育实效性。注重思政教育内容与学生实际职业生涯的结合，将思政教育贯穿于职业素养培养全过程，提高思政课的实用性，让学生深刻认识到思政教育对其未来职业发展的重要意义。适应高职学生的特点，建立多元化的教育形式，增强学生的参与感和融入感，例如学生社团、科技创新项目、社会实践、志愿服务等，让学生积极参与实践。建立信息化教育平台，将思政教育与互联网、在线教育等结合起来，让学生获得更多权威知识和信息，增强思政教育的实际效果。同时，在思政教育内容中注重提高学生的人文素质水平，促进学生全面发展。

第四章 ◄◄◄
高职学生思想政治教育存在的问题及成因

　　党的十八大以来，党和国家对高校思想政治教育和思政课建设高度重视，相继发布了一系列重要文件，进一步为高职学生思想政治教育指明了方向、规划了路径。2019年3月18日召开的学校思想政治理论课教师座谈会上，习近平总书记强调：我们办中国特色社会主义教育，就是要理直气壮开好思政课，用新时代中国特色社会主义思想铸魂育人。思想政治理论课是落实立德树人根本任务的关键课程，是主渠道，其作用不可替代。其他各门课程都要各自守好一段渠，与思政课同向同行，形成协同效应。这令教育战线受到巨大激励和鼓舞，极大增强了思政课教师的职业认同感、荣誉感和责任感。高校思想政治教育工作和思政课建设迎来了发展的大好时机。

　　然而在当前的教育实践中，高职学生思想政治教育还面临着学生参与度不高、专业教师重视不够、教学实效性差等一些现实困境。存在的突出问题主要有以下几个方面：一是高职学生思想政治教育协同育人效应不高；二是思政课教学缺乏亲和力和针对性；三是师资队伍素质和能力参差不齐；四是学生对思政课认同度接受度不高；五是思想政治教育制度体系不完善。

第一节　思想政治教育协同育人效应不高

高职学生思想政治教育，需要协调各方力量，依托各种平台，汇聚各种资源，形成协同配合的工作格局。然而，当前高职院校的育人合力还没有充分形成，协同育人效应不高，主要存在四个方面的突出问题。

一、部门协同性不高

高职学生思想政治教育涉及多个部门和机构，包括学校、教育部门、家庭、社会等。在学校内部，涉及各部门和各系部。如果这些部门和机构之间缺乏协同和合作，就可能导致教育工作的重复、冲突或者资源的浪费。因此，各部门需要加强沟通与合作，形成协同合力，共同推动高职学生思想政治教育的发展。

然而，当前高职学生思想政治教育中存在一些部门不协同的问题，没有充分形成以学校党委领导的，马克思主义学院、专业系部、教务处以及其他党政部门协同联动的育人机制。部门协同性不高主要体现在以下三个方面。

（一）各部门教育目标不一致

由于体制机制和管理机制的问题，不同部门和机构有不同的职责和管理方式，在思想政治教育的目标和要求上有一定差异，容易导致各部门职责不清、各行其是，在教育过程中忽视统一的指导思想和目标。比如，思政课教学部门和学生管理部门之间缺乏有效的沟通平台和协作机制，导致教学与管理工作之间的脱节。思政课教师上完课就离开，不积极参与学生的活动，而学生管理部门也缺乏对思政课教学情况的了解，这样的情况下，教学和管理无法形成合力育人机制，无法形成协同效应。

（二）各部门资源分配不均衡

部门之间在教育资源分配不均衡主要表现在资金支持、师资配置、教育设施、教育项目等方面。有些部门可能获得更多的经费用于开展教育活动、购买教育资源和设备；有些部门可能拥有更多的专业教师和辅导员，具备丰富的教学经验和专业知识；有些部门可能拥有先进的教学设备、图书资源、实验室等教育资源；有些部门可能开展更多、更丰富的教育项目和活动，如讲座、研讨会、实践实习等。而其他部门则受限于资源的限制。这些不均衡的资源分配导致部门之间在思想政治教育中的能力和水平存在差距，影响协同育人的质量和效果。

（三）各部门缺乏信息共享和沟通

部门之间缺乏有效的信息共享和沟通机制，导致教育过程中的重要信息无法及时传递和交流，使得各个部门在教育活动中缺乏协同合作，难以形成整体的育人效果。导致资源的重复购置或浪费，同时也限制了资源的共享和合理利用。

二、内容协同性不高

高职学生思想政治教育的内容应该与学生的实际需求和专业特点相协调。如果教育内容与学生需求脱节，或者与专业课程无关，学生可能无法理解和接受教育内容，影响教育效果。因此，需要确保教育内容与学生需求相匹配，与专业课程协调一致，使学生能够将思想政治教育与实际学习相结合。

然而，由于教育者的教育意识和能力参差不齐，甚至有些不足，缺乏对高职学生特点和需求的全面准确了解，无法将教育内容与学生实际情况相结合，或者缺乏相应的教育能力和方法，无法供给能满足学生需求的教学内容，致使高职学生思想政治教育内容协同性不高，思想政治教育内容与学生的实际需求和兴趣不匹配，缺乏与他们职业发展密切相关的实用性内容。教育内容有些过于理论化、抽象化，缺乏与实际工作和生活相关的案例和实践活动，学生很难将所学知识与实际问题联系起来。教育内容缺乏针对性和吸引力，难以引起学生的兴趣和投入，无法激活学生内在的学习驱动力，无从实现学生的高效学习，严重影响思想政治教育实效性。

三、教学协同性不高

高职学生思想政治教育的教学方法和手段应多样化，以适应学生的不同学习风格和需求。如果教学方法单一，缺乏灵活性和趣味性，可能导致学生对教育的兴趣和参与度降低，影响教育效果。因此，需要教师采用多样化的教学方法，结合案例分析、小组讨论、角色扮演等活动，激发学生的学习兴趣和参与度。

然而，由于高职学生更加注重实际技能的掌握和就业需求，从思想上可能对思想政治教育的重视程度不高，认为这些课程与他们的职业发展关系不大，缺乏实际应用价值，因此不太愿意主动参与学习和思考。加之当前高职学生思想政治教育方法仍然相对单一和传统，主要还是以课堂讲授和课内活动为主，缺乏充分的互动、实践和体验环节。部分教师在思想政治教育中缺乏足够的专业知识和教学策略，无法有效引导学生的思考和讨论，难以激发学生的主动性和创造性，甚至可能让学生对教育内容产生抵触情绪，缺乏主动学习的动力，影响教育效果的提升。教育者需要采用多样化的教学方法，如案例分析、小组讨论、实践活动等，以激发学生的学习兴趣和参与度，提高教学协同效应。

四、课程协同性不高

高职院校落实立德树人根本任务，要积极推动各类课程与思想政治理论课同向同行，形成协同效应。学校应该在教务处的统一协调下，打通各类课程协同育人机制，实现思政课程、专业课程、通识课程、实践课程的联动贯通，发挥各类课程的思政教育功能，把知识教育、能力提高与价值引导结合起来。

当前，由于教师意识能力和学校体制机制等方面存在的问题，高职学生思想政治教育在课程协同育人方面还存在着一些不足，协同效应不高。思政课程教学实效性不高，课程思政效果不佳，课程体系协同育人需要向纵深发展。高职与社会、企业的合作育人还不完善；党政协同推进"大思政课"建设和改革的良好氛围还未真正形成；各种校园文化资源还未充分挖掘整合，校园文化浸润育人效果不佳；隐性教育与显性教育融合度衔接度不够，校内资源与校外资源没有充分得到整合，校内外教育资源没有发挥出在隐性思想政治教育中的合力作用。

高职教育的培养目标是高素质的技术技能人才，因此其教育重点往往偏重于学生专业技能培养。学校根据社会需求和岗位要求，注重培养学生的专业能力。通过校内实训、企业实习以及参加职业技能竞赛等方式，学生能够提高专业技术水平，更好地适应工作岗位的实际需求，从而提高就业率。然而，高职教育中存在一些问题，例如对专业课教师的课程思政考核不够完善，"三全育人"仍存在不足之处。高职学制为三年，学生需要完成所有理论课程并达到学分要求，同时还要进行实训、实习，有些学生还要参加兼职活动。繁重的课业负担和紧凑的活动安排使得学生难以充分顾及思想发展的需求，这给思想政治教育的提升带来一定困难。尽管高职院校高度重视思想政治教育，在全国加强高校思想政治工作和提升思想政治教育质量的大背景下，实际教育实践中仍然存在课程协同性不高的问题。

第二节　思政课教学缺乏亲和力和针对性

思政课是高职院校落实立德树人根本任务的主干渠道和核心课程，是加强和改进高职院校思想政治工作、实现高职教育内涵式发展的灵魂课程。党的十八大以来，以习近平同志为核心的党中央高度重视思政课建设，作出一系列重大决策部署，高职院校思政课建设在改进中不断加强，课堂教学状况显著改善，学生的获得感不断增强。然而在当前的教育实践中，思政课教学面临着诸多问题和困境，教学效果还有些差强人意，与党和国家的期待还有一定的距离。为了更好地找到存在的问题及问题的根源，2021 年 5 月，我们在本市内的三所高职院校做了一次问卷调查，收到 685 份问卷。问卷调查显示，高职院校思政课教学存在的主要问题是内容枯燥乏味、缺乏亲和力和针对性；教学方式单一；方法陈旧、考核评价方式不科学，学生不感兴趣，参与度低等。

一、教学内容理论性强，缺乏针对性

一方面，高职思政课教学内容忽视高职教育和高职学生特点，不贴近学生思想和生活实际，学生没有兴趣。目前，高职院校采用的教材是全国高校统一使用的高等教育出版社出版的统编教材。这些教材具有较强的理论性，逻辑体系良好，知识量较大。然而，由于高职学生的特点，他们对学习理论的兴趣较低，接受理论知识的能力相对较弱。比较适合本科院校的理论性、系统性较强的教材，对高职学生不太适合。如果课堂教学仍然以传授教材内容为主要目标，就无法满足高职学生职业发展的特点。如果教学内容与高职学生的接受能力和专业需求脱节，也无法满足高职学生的特殊需求。这种现状使高职学生思政课陷于"教师不好教、学生不愿学"的两难境地。另一方面，高职院校思政课程设置不尽科学。专科院校开设三门思政必修课，其中《毛泽东思想和中国特色社会主义理论体系概论》需要有《马克思主义基本原理》和《中国近现代史纲要》等学科知识的支撑，而目前专科院校不开设这两门课，职业院校单招和对口的学生之前基本上没有学过相关课程，学生相关知识储备缺乏，而搞不懂什么是马克思主义，什么是马克思主义的立场、观点和方法，也就无法很好地准确把握和深刻认知马克思主义中国化，也谈不上用马克思主义的立场观点和方法认识问题、分析问题、解决问题能力的提升。概论课内容丰富，教学任务重，课时被压缩，教师难以在讲课过程中把相关的知识支撑做很好的补充讲解，因此，教学内容缺乏亲和力和针对性，教学效果难以保证。

从问卷调查的结果来看，大多数学生认为思政课效果还好，（主要是相比数学、外语和一些专业课，学生能听懂），但学习动力、学习兴趣不高。不满意的主要原因是内容枯燥乏味，觉得对自己没用。43.5%的学生认为这些课程具有很强的理论性，内容比较空泛，难以接受。调研分析得出，部分高职教师在进行思想政治教育过程中，未能很好地将理论与实际相结合，忽视高职教育和高职学生的特点，缺乏针对性；部分教师教学内容不够鲜活，不贴近学生实际，缺乏亲和力，甚至枯燥乏味。部分教师缺乏由教材内容转化为教学内容的能力，在被问及"所在学校思想政治教育方面存在哪些问题"这一问题时，43.8%的同学选择"理论灌输为主，内容单调枯燥"，21.17%的同学选择"与学生思想需求实际联系不够紧密"，15.77%的同学选择"缺乏知识理论与生活实践的结合"。在被问及哪些因素能提高学习思政课的兴趣时，80.88%的学生认为"需要让自己感兴趣的学习内容"。在问及"对所在学校思想政治教育的开展和管理的建议"时，71.09%的学生的建议是"课本知识内容尽可能贴近实际、贴近生活"。43.5%的学生"对学校思想政治理论课教学不满意或不太满意的原因"主要是"内容枯燥"。可以看出，教师的授课内容及内容的呈现形式对学生学习理论课程的态度有重要影响。思政课的教学内容相对固定，如果课堂上教学方法手段单一，很容易让学生感到枯燥乏味。如果教师没有结合生活实际和学生情况，仅仅进行理论灌输，必然会影响思想政治教育质量的提高。为了办好高职学生思想政治教育，需要及时将新时代新思想引入课堂，通过多样化的教学形式，将其作为贯穿思政课的核心内容进行传授。教师可以融入中国特色社会主义建设的丰硕成果和生动案例，引导学生在学习中进一步坚定理想信念，增强"四个自信"，更好地为实现中华民族伟大复兴做出贡献。这样的教学方式才能够激发学生的兴趣，提高思政教育的效果。

二、教学方式方法创新不够

根据对高职学生的调查，大部分学生都对当前的教学形式有很多不满意的地方。由于高职教育的性质和培养特色，人们往往重视专业课，忽视思政课，注重培养学生的专业技能，忽视培养学生的思想政治理论修养。加之受高职教育发展经费的制约，思想政治教育方法手段的创新改革相对不足。在问及

"所在学校思想政治教育方面存在哪些问题?"这一问题时,43.8%的同学选择"理论灌输为主,内容单调枯燥",12.85%的同学选择"师生课上互动和课下交流很少",6.42%的同学选择"仍是传统教育模式,对网络新媒体的运用少"。在被问及"哪些因素能提高学习思政课的兴趣"这一问题时,70.07%的学生选择新颖的上课形式;60.29%的学生倾向于更生动的授课方式。40%的学生"对学校思想政治理论课教学不满意或不太满意的原因"主要是"方式单一"。由于受师资条件等的限制,思政课往往还是大班授课(尽管少有一百人以上的大课堂,但基本是60—80人的班额)。难以有效开展学生喜欢的主题讨论、对话交流等教学方式。教学设备陈旧,好多投影仪老旧不清晰,大教室没有扩音器,有的甚至不能用多媒体,教室网络信号不畅通,网速太慢,无法顺畅使用雨课堂、翻转课堂、蓝墨云等教学平台。在学校环境方面,54.74%的学生认为目前影响思想政治教育效果的主要因素是"硬件设施不完备"。在"对所在学校思想政治教育的开展和管理的宝贵建议"问题中,50.66%的学生建议"创建网络思政教育平台,促进师生的课后互动"。36.93%的学生建议"以学生发展为中心开展思想政治教育",25.99%的建议"增强思政理论课学生的课堂参与度"。这充分说明教学方式方法对思政课教学效果的重要影响,突出反映了思政课教学方式方法上存在的问题。教学方法单一陈旧,创新性不足,教学载体单一,拓展性不够,重视显性教育,忽视隐性教育。师生交流渠道不畅,由于班额大,教学任务重,师生间基本没有交流的时间与空间,甚至一个学期下来,有的学生还不知道老师是谁,不了解老师谈何喜欢,谈何喜欢思政课,谈何上好思政课。

三、考核评价方式不够科学

尽管高职思政课教师在评价方式上作了多方面的尝试和探索,力图实现全过程立体多元考核,考核方式比过去单一的闭卷考试更客观更公正,但由于学生人数多,教师数量不足、有些考核指标难以真正反映学生素质和水平等原因,思政课的考核评价方式依然不够科学。现在一般的考核都采取"平时+期末+实践"。平时成绩考核主要通过课堂表现和作业来体现。课堂表现又分为线下表现和线上表现两部分，随着翻转课堂的运用，可以从课堂报告的大数据获得学生参与头脑风暴、投票、抢答等活动次数，通过设置每次参与活动的分值，直接导出学生平时课堂表现成绩。线下的课堂活动表现由教学助理随堂记录次数，最后总起来核算出平时课堂表现成绩。但为了鼓励学生积极回答问题，课堂表现基本以学生回答问题的数量进行考核，质量未能很好地得到考核。作业成绩也基本以字数和态度为主、质量为辅。期末考核则往往以闭卷考试或开放性大作业的方式来核定成绩，闭卷考试现在基本采取网络考试，形式主要是单选、多选、判断、填空，考核成绩并不能准确反映学生的思想政治和道德水平。这种考核方式虽然注重了学习过程，但对于高职学生思想政治教育效果的考察评估并不十分有效。特别是以数字来量化学生的思想道德素质的考核方式必须改变，如果在学生完成一堂课或一门课程后，教师仅仅给出一个等级或分数作为最终成绩，这种方式不仅衡量的内容不够全面，而且无法准确把握学生之间的差异，无法有效评估思想政治教育的质量，无法从评价结果中分析学生取得的成绩和不足，也不能为后续的思想政治教育活动提供科学依据。而且这种多元全程考核，容易使得一部分旷课或者不太听课的学生靠突击也能轻松过关。这种考核方式严重影响了学生对于思政课学习的积极性和主动性，在一定程度上制约了课堂教学的实效性。从这点来看，高职思政课的考核方式、考核标准亟待完善。

四、实践教学实效性不高

思政课实践教学是落实立德树人根本任务的重要环节，习近平总书记在学校思想政治理论课教师座谈会上强调，要"重视思政课的实践性，把思政小课堂同社会大课堂结合起来"。思政课所有课程都要加强实践环节，增强育人实效。然而，当前高职院校实践教学实效性不高，主要因为实践条件薄弱，实践课流于形式，忽视社会实践的作用。

目前多数高职思政课老师还是以理论教学为主，实践教学要么停留在教学计划阶段，要么只采取演讲辩论、分组讨论、观看视频等课内实践的方式进行。对校内实践教学缺乏跟踪管理和指导，缺乏与相关部门的有效沟通与合作。由于主客观方面的一些原因，社会实践很少开展，即使开展也是由学生自行开展，往往缺乏有效管理和指导，学生的实践报告也基本没什么质量，甚至是一篇没有实践而纯粹编写出的报告。有些高职院校虽然有思政课实践计划，但缺乏可行的教学模式，缺少经费。部分高职实践基地建设起步较晚，甚至有的根本没有正式挂牌的社会实践基地，社会实践难以开展。大多数高职思政课教师也没有把专业课教师的实习、实训课程充分利用起来，没有充分发挥社会实践的作用，导致知与行相脱节，甚至相背离，最终影响思想政治教学效果。

第三节　师资队伍素质和能力参差不齐

教师是思想政治教育教学活动的组织者，是学生学习情况的评判者，教师的水平和能力决定了高职学生思想政治教育教学质量。搞好思想政治教育关键在教师，一定要充分发挥教师的积极性、主动性和创造性。当前在师资队伍上影响教学效果和教学质量的突出问题有两方面：

一、教师专业知识和理论水平参差不齐

扎实的专业知识是一个老师必备的基本素养，同时，在思政课程与课程思政协同育人的大思政育人格局下，思政课教师要有扎实的马克思主义理论和思想政治教育专业功底，其他各科教师除了具备专业知识功底，还要具备马克思主义和思想政治理论知识。但是，目前高职院校教师的专业结构和知识结构不尽合理，专业知识和理论水平参差不齐，部分教师政治素养欠缺，理论功底薄弱，信息化教学能力有待提高。

首先，部分高职教师的专业知识和理论功底不够扎实。在新时期"课程思政"的大背景下，部分专业课教师甚至有些思政课教师对马克思主义的相

关原理和方法研究不透、理解不深，基础知识薄弱且不系统。思政课教师没有扎实的专业功底做支撑，就无法系统把握教学的基本内容和精神实质，教学就很难达到较高的层次和水平，教学质量也会随之下降。理论无法彻底，就不能说服学生。面对马克思主义理论专业问题和复杂的社会现实问题时，无法对学生做出令人信服的解读，无法提出让学生耳目一新、准确合理的独到性见解，也无法正确指导学生认识世界、关注时代、触及热点、焦点问题。在这样的情况下教师的课堂教学就会变得苍白无力，育人效果无从实现。高职院校的职业性特征使得专业课和通识课教师的思想政治理论素质更是参差不齐，尤其是理工科的教师在课程思政建设过程中更需要有思政课教师的参与，对于课程思政元素的挖掘、融入与实施，需要思政课教师、专业课教师、通识课教师通力合作，形成结构化师资队伍。

其次，为了提高学校的就业能力，大部分高职院校在引进新教师时，往往更加重视专业课教师的招聘。随着近年来高校的不断扩招，学生人数增长的速度也越来越快，与学生人数相匹配的思政课教师数量明显不足，为完成思政课教师配备要求，甚至会忽视师资队伍的专业结构，降低思政课教师的专业要求。有些高职思政课教师是由其他专业调过来的，在思想政治教育教学经验和专业知识等方面可能会存在一些不足，难以从价值观、道德法规等方面全面引导学生的学习和发展。还有些教师（甚至有些高学历教师），受专业影响较大，在一门课程中往往对自己熟悉的内容展开太多，对自己不熟悉的课程内容讲的太少，甚至不讲，讲课随意性较大，教学水平参差不齐，不能很好地贯彻教学要求，不能很好地实现教学目标。教师的专业素质参差不齐，其中不乏有些教师未能全面掌握马克思主义理论。在问及"您认为您所接触的思想政治老师思想道德素质和理论水平符合思想政治课教师的标准吗"这一问题，83.5%的学生认为"基本符合"，14.74%的学生认为"符合，但有待提高"。随着网络应用的广泛发展，学生们能够随时通过移动设备获取国家大事和热点新闻。如果思政课教师理论素养不足，对这些社会热点问题缺乏深入了解和思考，就可能出现教师的知识不如学生多的情况，这会导致学生们对教师的观点产生怀疑，进而对教师的专业性和说服力不再信服，甚至对思政课失去兴趣。

再次，高职院校教师的科研能力相对较弱，不利于教学科研相互促进。在问及"在学校环境方面，你认为目前影响思想政治教育效果的主要因素"这一问题时，29.2%的学生选择"思想政治教育科研水平不高"。23.8%的选择"思想政治教育师资力量薄弱"。有些教师认为思政课的开设是国家的要求，他们只需要按照教材的要求进行教学即可，不需要进行深入研究。有些教师缺乏科研意识、缺乏科研能力培养机会和交流平台，科研能力较弱，加之教学任务繁重，对科研工作的投入不够，影响了科研能力的培养和提升。有些教师的知识面相对较窄，缺乏引进前沿知识的能力，缺乏理论联系实际的能力，对于理论教学缺乏应用新视角和新方法的意识，对于一些新思想新理念不能及时学习把握并贯穿到教学之中。这些问题最终都会影响思政课的内在生命力，影响高职学生思想政治教育的质量和效果。

二、教师思想政治教育教学能力不足，缺乏感染力

教学能力是教师的核心素质，教师只有把思想政治教育做到生动、丰满、透彻，才能让学生从心底里认同、接受教师在教学中的思想政治教育内容。搞好高职学生思想政治教育，除了需要教师具备过硬的专业能力和深厚的理论基础，还需要教师有高超的教学技巧和人格魅力。

当前，高职院校有些思政课教师教学方式依然单一、陈旧，教师的教学风格呆板、缺乏激情、缺乏创意、缺乏艺术气息、缺乏感染力。这种教学方式削弱了学生的学习热情，影响了思想政治教育效果。14.31%的学生"对学校思想政治理论课教学不满意或不太满意的原因"主要是"教师授课能力不高"。在问及"哪些因素能够提高您对思想政治理论课的兴趣"这一问题，43.07%的学生认为"教师自身魅力"很重要。"您最看重高职院校思想政治教育工作者（思政课教师、辅导员等）哪方面的素质"这一问题的调查显示，学生最看重"教师的人格魅力"（32.85%），22.48%的学生看重"教学能力"，19.71%的学生看重"对待学生态度"。

可见，高职学生思想政治教育教学缺乏亲和力主要是因为教师缺少"温

度"和感染力。目前，高职思政课教师通常将大部分精力放在教授学生理论知识体系上，他们认为完成教学大纲的要求和教学任务是自己的职责，但往往忽视了学生在课堂上的情感体验和行为表现，对于台下学生的想法和感受缺乏关注。特别是针对高职学生入学分数相对较低、思想观念不够成熟、情感变化较大等等的学情，如果思政课教师无法及时关注学生的情感变化，很容易与学生之间产生隔阂。高职学生在学习和生活中面临各种问题，他们希望能与教师进行更多的交流和互动，以获得解决生活和学习上困难的帮助。因此，思政课教师应该更加关注学生的情感需求，积极与学生进行沟通，以建立良好的师生关系，并提供必要的支持和指导。

高职院校教师思想政治教育教学能力的提升，要坚持按照"四有好教师""四个引路人"的要求，不断提升教师魅力，增强对学生的吸引力。在润物细无声中，实现知识传授、价值引导与能力提高的有机结合。教师魅力来自于多方面，主要有人格魅力、学识魅力、语言魅力、形象魅力、风格魅力等。教师要以高尚的人格魅力赢得学生，真正做到"为人师表"；要以渊博的学识魅力征服学生，不断充实丰富各方面知识，做一个有广博学识、多才多艺的老师；要以丰富的语言魅力感染学生，加强语言修养，使语言温暖幽默流畅、有亲和力；要以独特的教育风格教育学生，形成个性化的教育思路，塑造别具一格的个性化教学风格，展现出技高一筹的教学品位；要以端庄的形象魅力影响学生，注重仪表美和教态美。凭借其丰富的语言魅力或自身的人格魅力激发学生的积极性，让学生爱上老师，爱上思政课，亲其师而信其道。

第四节 学生对思政课认同度接受度不高

由于高职院校的特点和生源特点，高职学生对于思政课的学习态度和学习能力都存在一定的问题，导致学生对思政课学习兴趣不高，学习动力不足，学习参与度不高。

一、高职学生对思政课的态度问题

在这个问题的调查中，我们从三个方面设置了问卷进行分析，一是在思政课上的表现；二是对思政课意义的认识；三是对思政课效果的评价。

（一）高职学生在思政课上的表现

高职学生对思政课的态度，主要从课堂上的表现为切入点进行调研，以思政课上学生的时间分配分析，结果显示，高职学生在思政课上认真听课做好笔记的占 59.71%，一半时间听课一半时间玩手机的占 34.45%，偶尔听一下课，大部分时间都在做别的事情的占 5.55%，还有个别学生整节课都不在听课状态的。通过调研发现，在思政课上不听课也不做笔记的占比重较大，近一半以上的学生都没有把心思用在专心听课上，说明高职学生对思政课这门课程的兴趣度和重视程度不够，在课堂教学上学习效果一般。主要原因有两方面，一是高职院校突出的职业性，使学生认为思政课没有专业课那么重要，思想上不够重视，学习态度自然不够认真，甚至不端正。二是认为思政课早已学过、都差不多，没必要认真学。目前思政课的大中小学一体化教育还未有效形成，层次化体现不够明显，学生在中小学一直有思政课，缺少新鲜感，这种先入为主的思想和认识，也会影响在思政课上的表现。如果高职思政课教师讲不出新意、讲不深讲不透，不能让学生有耳目一新的感觉、有更多的获得感，就不能根本改变学生在课堂上的表现。

（二）高职学生对思政课作用和意义的认识

从问卷调查的数据来看，绝大多数同学认为思政课有用，55.77%的同学认为思政课"非常有趣，非常有作用"，37.66%的同学选择"还行，比较有作用"。在被问及"你觉得思政课会对你有什么帮助"时，74.31%的同学认为思政课"帮助树立正确的三观"，18.83%的学生认为思政课使他们"养成了关注时政的好习惯"，5.84%的同学认为思政课的作用是"拿到学分顺利毕业"。但从学生实际的课堂表现上，明显感觉部分高职学生在思想上对思政课作用和意义的认识方面存在偏差，并不能准确地理解思政课的意义和作用，很容易受到来自各种社会思潮的干扰，甚至对思政课产生错误的认识。注重专业课，忽视思政课，甚至认为思政课没有用，学不学都无所谓。在大多数高职学生的心目中，思政课成绩是不能为他们以后的就业添筹加码的，这种对思政课的价值不能正确理解的情况，自然会影响他们对思政课程的认可度和接受度，也必然会影响思想政治教育效果。

（三）高职学生对思政课教学效果的评价

在高职学生对思政课教学效果的评价上，问卷设置了四个方面：教学效果很好、教学效果一般、教学效果较差以及教学效果很差。结果显示，高职学生感觉思政课课堂的教学效果很好的占 73.43%，感觉教学效果一般的占 25.26%；对思政课教学效果感觉比较差的仅占 1.17%。这一结果充分显示，随着党和国家事业的蓬勃发展，思政课教学更有底气更有说服力，思政课改革创新切实取得了良好的效果。

另一方面，针对高职学生感觉思政课效果一般或者不好的原因展开调查，提出"你认为思政课效果不好的原因是什么？"问题并展开调查，分别设置了"教学手法单一，灌输填鸭式的教育""实践环节形同虚设""大班教学师生互动性较差"以及"学校党政部门不够重视"四个答案选项。得到结果显示，高职学生认为思政课效果不高的原因中，课堂教学和实践环节是十分有必要的，分别占28.9%和29.5%。高职思政课在教学方法和实践环节两方面存在欠缺，这都会给学生带来不良的课堂体验。教学手法的单一性以及实践环节的不充分是其中的突出问题。此外，高职思政课通常采用大班教学的方式，多个班级同时上课的情况时有发生。因此，大约21%的学生认为大班教学导致师生互动性差，这也是思政课效果不佳的原因之一。为了改善这种情况，教师们可以尝试多样化的教学方法，增加实践环节的内容，并积极与学生进行互动和交流，以提升思政课的教学效果。

二、高职学生思政课学习能力问题

高职院校突出的职业性和高职学生知识基础薄弱等原因，使高职学生思政课的学习能动性不强、学习能力不足。一方面，突出的职业性，容易让学生对思政课价值和意义的认识存在误区，主观上不想下功夫认真学好这门课，在时间和方法上也就没有更多的投入和探索，学习能力自然受影响。另一方面，高职生源特点，决定了其在文化知识和理论素养等方面，较之普通高校学生薄弱，必然造成高职学生在接触思政课这种综合性学科时，很难实现知识模块和体系的有效迁移，因此导致高职学生在思政课堂上表现出各种问题。尤其是大班上课，课堂纪律不好管理，学生上课睡觉、玩手机、听音乐等现象屡禁不止，阻碍了师生间的思想沟通和情感交流，影响了教学效果。

思政课是一门综合性、理论性和思辨性很强的学科，它要求学生具备独立分析问题和解决问题的能力。而这种能力需要学生具有一定的知识理论功底、相对完善的知识结构、较强的辩证思维和逻辑分析能力以及良好的心理素质。然而，相对于普通院校的学生，高职学生在这些方面可能存在一定的不足。高职学生动手操作能力强，理论知识学习能力较差；感性认识比较多，理性认识比较差。部分学生没有良好的学习习惯，自律能力和自主学习能力较差，高职学生定力不足，容易受到外部环境的影响。由于互联网技术的广泛应用，高职学生也养成了手机不离身的习惯，在课堂上、吃饭中、走路时、睡觉前手机都是不离手，严重影响了思政课的教学效果。一方面，很容易受网络上功利主义等一些错误思想的侵蚀，一些消极的网络信息也很容易造成高职学生思想扭曲。另一方面，很容易影响学业和身心健康。现代信息技术和教学手段虽然给教育教学和社会发展都带来了巨大进步，但无节制的使用手机，沉迷网络游戏娱乐等消遣，会分散学生学习的注意力；会让学生对课堂内容失去兴趣，而且容易产生消极情绪，甚至导致心理不健康；长时间使用手机也会影响视力和身体健康。

第五节　思想政治教育制度体系不完善

思想政治教育有其自身的特点和规律，高职学生思想政治教育的顺利开展，需要完善的制度体系。目前，符合思想政治教育发展规律的运行机制、保障机制、考评标准还不完善。学科、管理、教学的支撑体系相对薄弱，制度规范不够全面，保障工作亟待加强。需要系统化推进教育改革，提升高职学生思想政治教育水平，确保高职思想政治教育可持续发展。

一、高职学生思想政治教育的长效机制不完善

思想政治教育的有效开展，需要学科、管理、教学等多措并举的支撑体系，目前，教材体系建设、课堂教学体系建设、课程思政体系建设、综合评价体系建设、集体备课制度建设、思政教师与专职辅导员对接制度建设等方面的长效机制，还没有构建起相互衔接、相辅相成的思想政治教育体系，无法保障高职学生思想政治教育的完整持续实施。

大多数学校的思想政治教育主要以学期制为基础，思想政治教育期均为较短时间，缺乏长效机制的保障，不利于思想政治教育教学的积累和持续开展。许多学校思想政治教育制度规范不完善，甚至缺乏相关的教育教学流程和规定，这使得思想政治教育工作面临一定的困难和挑战。师资队伍建设不足，以学生为中心的教育理念和课程思政理念还没有真正贯彻落实，协同育人意识和能力不足，思想政治教育难以在形式和内容上得到不断创新和完善，难以满足学生的需求和发展期待。许多学生对学科的兴趣不高，参与度低，表现出一定程度的抵触和消极情绪。这些问题的存在，需要通过各方面的努力进行改善和调整，积极构建"三全育人"大思政格局，推动高职学生思想政治教育工作的持续健康发展。

二、高职学生思想政治教育的政策体系不完善

目前，部分高职学校对思想政治教育的政策制定比较宽松，监管不够到位，存在规章制度落实力度不够等情况。高职院校虽然重视思想政治教育工作，也制订了一些相关的制度和政策，但在高职院校的工作实际中往往得不到真正的重视和落实。长期以来，在大多数人的思想观念中，思想政治教育工作是看不见、抓不着也用不上的。尤其对于高职这类专业性技能性强的学校来说，职业技能过硬是提高学生就业率的重要条件，思想政治和道德素质往往是隐性的存在，短期内被忽视。同时，受传统教学管理模式影响，高职院校协同育人模式还未真正形成，没有充分形成党委统一领导、各部门协同合作的政策制度体系。另外，高职思想政治教育缺乏社会各方面的支持和参与，制度体系不够完善。

思想政治教育工作是一项政治性和政策性很强的任务，只有加强高职院校党委领导对思政课教育教学的重视度，形成完善的领导制度，才能使高职学生思想政治教育工作顺利开展。需要通过加强制度建设、完善领导责任意识、建立政策宣传和考核机制等多个方面的措施，以促进思想政治教育体制机制的现代化、科学化和完善化，不断提高高职学生思想政治素质。

一要完善思想政治教育管理制度。

加强对高职思想政治教育管理制度的全面研究，根据高职学生思想政治教育的特点和需要，制订长远的教育规划，规范教育教学活动。强化制度落实和执行力度，根据实际需要和实践经验修订完善管理制度，确保政策制度的可操作性和针对性。

二要开展政策宣传和教育。

及时宣传高职院校的思想政治教育政策，扩大政策的知晓率和执行度，让所有教师和学生都了解和遵循相关政策，建立起有利于思想政治教育开展的体制和机制。

三要建立政策执行考核机制。

建立政策执行考核机制，对高职院校的思想政治教育政策执行情况进行评

估，以便及时调整和优化政策，推动教育政策的有效实施。

四要强化领导责任意识。

高职学校领导应履行思想政治教育领导责任，搭建政策执行监督平台，履行政策执行监督和指导责任，持续推进思想政治教育管理工作的高质量开展。

五要加强外部力量支援。

鼓励政府、社会、企业等外部机构对高职思想政治教育政策制定提供必要的资源支持和技术帮助，加大与各方的合作力度，拓宽教育资源的获取渠道，充分发挥相关部门和社会组织的力量，增强教育教学效果和社会影响，提高思想政治教育的针对性和适应性。

三、高职学生思想政治教育的监管体系不完善

目前，高职学生思想政治教育缺乏有效的监管机制，制度体系不够完备，难以有效指导思想政治教育的实施和推进。其不足和缺陷主要集中在监管标准、评估指标、监管体系和评估结果等方面。

一是监管标准不明确。

思想政治教育监管标准的不明确，导致监管工具缺失或者未能达到行之有效的效果，从而造成了一定的制度漏洞，并影响了思想政治教育的开展。

二是评估指标不完善。

现行的思想政治教育评估指标体系尚不完善，难以准确评估思想政治教育的质量和效果，同时也无法提供有效的数据支撑和智能化反馈。

三是监管体系不全面。

针对思想政治教育的监管体系不全面，相关领域缺乏高度的规划和执行力度，缺少足够的资源配置和支持体系，因此所能有效发挥的作用受到了限制。

四是评估和监管反馈不及时。

尽管在监管和评估方面不断进行改进，但输出效果的响应速度不够及时，监管和反馈时间的滞后影响了相关制度的执行效果。

针对以上这些问题，高职院校需要加强标准制订、推进评估指标体系升

级、加强监管力度及输出效果的及时响应等方面的措施，推进思想政治教育体制机制的现代化、科学化和完善化。建立专门负责高职思想政治教育的管理机构，明确职责、授权和相应的管理权限等，建立完善的监管体系和监督机制。根据高职思想政治教育的实际需要，完善相应的管理制度和执行规范，注重贯彻实施效果的监督和考核，及时调整和升级。在教育教学和教育管理中，加强对相关流程的监管和把握，及时发现和解决问题，防范问题的出现，避免影响教育质量和学生发展。

四、教师管理机制和学生评价机制不完善

（一）教师队伍管理机制不完善

教师队伍管理机制不健全，是高职思想政治教育中存在的普遍问题。解决这个问题，重点要抓好以下几个方面：

一是建立合理的考核评估机制。制订完善考核评估标准与评价指标，对高职思想政治教育教师进行全面评估，并通过考核结果设定合理的激励与惩罚机制，提高教师教书育人的积极性和创造性。

二是加强教育培训与职业发展机制。建立全面的教师培训机制，完善职业发展体系，并制定合理的晋升和任职标准，加强对教师思想政治素质和方法技能的培训与研修。

三是引导教师发挥主观能动性。加大资金投入，给教师提供更多的机会和资源，鼓励教师主动探索、实践教育技术创新和教学方法创新，帮助他们更好地管理课堂、提高教学效果。

四是打造宽松、和谐、互助的校园文化。在教师之间、师生之间、学生之间建立积极互动的关系机制，增强学生的学习兴趣和获得感，提升教师的工作情趣和幸福感。

（二）学生评价机制不完善

思想政治教育具有长期性和不易察觉的特点，对学生的影响效果没有直观

的结果呈现出来。由于缺少对其效果的认定，很难形成评价体系。目前，高职学生思想政治教育缺乏完善的评价机制，导致缺乏明确的判断尺度和评判标准。目前的评价主要以学分和成绩为依据，而对学生其他方面的发展缺乏连续的考量和评判。这些因素都对高职思想政治教育的实施产生不利影响，无法有效提升高职学生的思想政治教育质量。评价机制的缺少，一方面造成高职院校在进行思想政治教育中缺少评判的尺度，对教育的效果不能科学的认定，另一方面造成高职院校对学生思想政治教育的积极性变低。

完善学生的评价机制是提高思想政治教育教学效果的关键。需要从多个角度入手，从制度、方法和规范等方面保证评价科学、准确、全面，以期提高学生的学习效果、提升整个思想政治教育教学效果。重点应做好以下几个方面：

一是建立多样化的考核方式。学校应该建立多样化的考核方式，包括论文写作、答辩、作业完成情况、参与社会实践的情况等。这些考核方式不仅能够更加准确地反映出学生的学习情况，也能够更好地培养学生的实践能力和创新精神。

二是建立量化的评价标准。学校应该建立科学、准确的评价标准，例如各类学科的课程目标、学习目标、知识点、技能水平、素质评价等，从而让教师和学生更加明确学习的目标和阶段性的达成情况。

三是注重评价的过程化管理。评价不是一次性的活动，而是一个过程，需要评价系统在评价前、评价中和评价后对教育教学组织管理的全面把控和坚实支持。

四是激励优秀个体的评价机制。学校应该建立激励措施，激励那些在思想政治教育教学中表现出色、取得学科成就的优秀个体，以此鼓励学生奋发向上、进一步提升学习的积极性和主动性。

第五章 ◄◄◄
推进高职院校思想政治教育协同育人建设

党和国家历来重视思想政治教育的协同育人，尤其是党的十八大以来，习近平总书记在全国宣传工作会议、全国高职院校思想政治工作会议、全国思政课教师座谈会上的重要讲话，以及中共中央、国务院印发的《关于加强和改进新形势下高校思想政治工作的意见》中，关于协同育人的思想和关键词频频出现，引起了高职院校和思想理论界高度重视和普遍反响。办好思政课，推进高职思想政治教育建设是一项系统工程，思想改变是先导，协同各方是前提，构建全方位多元主体合力育人的格局是关键。

第一节　协同理论与协同育人

一、协同理论

1971 年，德国科学家赫尔曼·哈肯最早提出"协同"概念，创立了协同理论。哈肯认为，所谓协同"是指系统中各子系统的相互协调、合作或同步的联合作用及集体行为，结果是产生宏观尺度上的结构和功能。"[①] 协同理论是一种以整体系统理论为基础的理论，认为整个系统中的各个组成部分之间具有相互作用、相互关联、相互促进和相互制约的性质和特点。协同理论认为系统的协同作用能激发协同效应，即"1+1>2"的增效效应，协同效应主要有内部协同效应和外部协同效应两种情况。内部协同效应是内部子系统的序参量有机协同产生的结构效应；外部协同效应主要指系统与外部特定环境的参量交互共享而产生的集群效应。系统协同效应发生的程度与系统内部各子系统或组成部分的协同作用呈正相关关系。[②] 在教育领域，协同理论主要指在学校教育教学过程中，各种教育要素、各个教学环节之间需要相互配合、协调，共同推进教育教学目标的达成。

二、协同育人

（一）协同育人的意义

协同理论在现代教育中已经成为重要的教育理论体系之一，协同理论与实践发展为思想政治教育开辟了新的天地。作为一项特殊的教育实践活动，思想

---

① ［德］赫尔曼·哈肯：《协同学》，凌复华译，上海译文出版社 1995 年版，第 7—15 页。
② 吴长锦：《思想政治教育协同创新研究》，中央编译出版社 2019 年版，第 35—36 页。

政治教育是一个由不同要素按照一定方式结合在一起的系统，是一项复杂的系统工程。教育对象思想政治素质的形成发展是多种力量交互作用的产物，思想政治教育又总是在一定的环境中展开的，环境对人的思想品德的形成发展以及思想政治教育活动的开展具有十分重要的影响。影响人们思想政治素质形成的各种力量能否形成合力，直接关系到思想政治教育的实效性程度。这就必然要求我们从系统整体来分析思想政治教育的运行机制，推进思想政治教育协同育人，推动实现各要素的协同创新，从而增强思想政治教育的实效性。

（二）协同育人的含义和特征

思想政治教育协同育人，是指围绕思想政治教育目标，协同多方教育主体，集聚多种教育资源，通过多主体、多要素间的相互协作、优势互补与统筹协调形成教育合力，以促进人的全面发展与思想政治教育创新发展的社会实践活动。[①]

思想政治教育协同育人既是高职院校的育人理念，也是应有的育人实践。2019 年 3 月 18 日的学校思政课教师座谈会上，习近平总书记强调要使各门课程与思想政治理论课同向同行，形成协同效应。党的二十大报告明确提出了"完善思想政治工作体系"的要求，为我们立足新时代新征程，以体系化的系统思维来推动思想政治教育提供了根本遵循。高职院校要采取多种方法和策略，顺应时代发展趋势，加强协同育人，推进思想政治教育教学全方位发展，切实增强育人实效。

高职学生思想政治教育与社会环境、家庭环境、学校环境等外部系统发生着多种形式的交换，与思想政治教育自身内部系统中教育者、教育对象、同辈群体的交流互动也密切相关。思想政治教育者的思想政治教育行为的影响力（主要指教育者的思想政治态度、思想政治素养、思想政治能力、思想政治行为等方面的表现）与非思想政治教育行为的影响力（主要指教育者的教育教学风格、教学素材、教学方法等的表现）之间要形成合力；致力于思想政治

---

① 吴长锦：《思想政治教育协同创新研究》，中央编译出版社 2019 年版，第 56 页。

素质培养的思政课程的影响力与致力于专业能力与素养的课程思政影响力之间要形成合力；进行思想政治教育的各种力量之间也要形成合力。只有建立起畅通的协同育人机制，才能实现思想政治教育的有效性和目的性。

思想政治教育协同育人是一种具有强大生命力的育人模式。主要有三个基本特征。第一，开放性。思想政治教育协同育人是由各教育要素的有机集合而构成的开放系统，能够在与外部环境进行持续的交换互动中达到自组织的有序状态，达到思想政治教育的目的。尤其是在当前的全球化时代与互联网信息化社会里，思想政治教育总是在一个开放的环境里开展，更不应该封闭、片面，而要积极向全球化、全场域、全时空、全要素的教育方式拓展延伸。第二，平等性。思想政治教育协同育人涉及的各子系统及其构成要素，只有在平等的关系中才能顺畅进行沟通协调，才能向着共同的教育目标一致努力。第三，共享性。思想政治教育各参与主体及涉及的各子系统只有在信息、资源、人才、平台、成果配置等方面实现共享，才能更合理地优化配置思想政治教育资源，有效整合各方面思想政治教育力量，取得协同育人最佳效果。

第二节　思想政治教育协同育人的基本遵循

准确把握思想政治教育协同育人的基本遵循，是科学把握思想政治教育协同育人的内在规律、促进思想政治教育创新发展的前提和基础。思想政治教育协同育人要坚持立德树人、统筹整合、协作与创新等原则，不断完善思想政治教育体系，构建高素质的人才培养模式，为社会培养更多高素质的劳动者和技术技能人才。

一、坚持立德树人原则

思想政治教育协同育人要围绕思想政治教育的根本目的和任务推进，其中最为根本的在于要服务思想政治教育的根本价值目标：立德树人。高职院校思想政治工作要坚持把立德树人作为中心环节，实现知识传授、能力培养和价值塑造的有机统一。在教学过程中，教师要承担起教书育人职责，坚持以人为本、以学生为中心的教育理念，重视学生思想和情感发展，并尊重学生的个性特征，关注学生全面发展和个性化发展。坚持育人与教学相统一，强化思想政治教育与全面素质教育的融合，强化专业教育与思想政治教育的融合，形成大思政育人格局，不断提高思想政治教育的育人合力，增强育人实效。

二、注重统筹整合原则

思想政治教育是一个由多种教育资源与教育力量协同作用的复杂过程。一方面，就教育资源而言，涉及自然资源与社会资源、物质资源与精神资源、传统资源与现代资源、显性资源与隐性资源以及各种样态的数字信息资源等；另一方面，就教育力量而言，有宏观层面的政府、政党与社会等主体，中观层面的学校、家庭、社区、单位等主体，微观层面的教育者与教育对象等主体，各个层面的主体又是千差万别的。如何统筹整合各种教育力量、创新优化各种教育资源的开发、配置与使用，对于集聚各种教育系统及其构成要素形成协同效应，整体推进思想政治教育协同育人至关重要。

三、坚持协同共赢原则

思想政治教育协同育人强调协同各方以形成强大合力。思想政治教育协同育人注重整合各种教育资源和教育力量，并不是各种教育要素的简单拼凑与叠加，而是十分注重彼此的优化组合、协同联动，形成强大的教育合力。强调"协同"意在要求整合多方教育力量，聚合各种思想政治教育资源，融合各种思想政治教育要素，发挥各协同要素的整体效应，以形成强大的思想政治教育合力。一要系统协同思想政治教育内容；二要协同多样化思想政治教育方法，注重教育方式方法的综合化运用与其艺术，注重教育媒介载体的协同开发；三要协同多元化的思想政治教育主体，尊重各参与主体的主体地位，发挥其主体功能与相对优势，实现多元主体的相互配合。①

四、坚持创新发展原则

思想政治教育协同育人旨在促进人的全面发展与思想政治教育创新发展。时代在发展，社会在进步，思想政治教育也必须与时俱进、开拓创新。思想政治教育协同育人作为一种全新的育人模式，本身就是一种创新，其最终归宿在于促进教育对象的自由而全面发展与思想政治教育的创新发展。在全面深化改革的时代境遇下，更要强调创新发展的重要性，积极探索符合高职院校育人新要求和新形势的思想政治教育模式和教学模式，对思想政治教育观念、内容、方法、体制、载体等教育要素，不断进行调适与整合，努力提高人的发展指数与获得感，促进思想政治教育协同育人效果不断增强。

第三节 思想政治教育协同育人的基本范畴

思想政治教育协同育人，通过协同多元主体、整合多元要素、创新组织模式，以实现立德树人根本任务。思想政治教育协同育人首要的就在于协同多元化的育人主体共同参与思想政治教育过程，其基础和前提就是找准思想政治教育系统的构成要素，使各主体间、各要素间产生协同效应，以促进协同育人效果。其基本范畴主要有五个方面：

一、思想政治教育主体协同

思想政治教育主体协同是指学校、教师、家长、学生、社会、政府等不同的教育主体，相互合作、互相配合，共同推进思想政治教育的实施，以实现共

---

① 吴长锦：《思想政治教育协同创新研》，中央编译出版社 2019 年版，第 60—61 页。

同的教育目标，促进学生全面发展。思想政治教育主体协同是一种全方位、多层次的教育合作模式，可以有效减少重复劳动、提高资源利用率、促进育人质量的提升、增强社会责任担当，对于教育的高质量发展具有重要的意义和作用。

高职院校是思想政治教育协同育人的重要主体，要充分发挥主体性作用，凝聚各种育人资源，制订具体实施方案、监管工作落实、完善督导考核，为社会培养更多的高素质技术技能人才。教师要承担起教书育人的职责和使命，思政课教师是思想政治教育协同育人的核心主体，其他教师要与思政课教师协同联动，实施课程思政，实现知识传授、能力培养和价值塑造的融合统一，提高学生的综合素质。家长要关注和支持子女的学习和成长，通过言传身教、关心指导等方式，引导帮助学生树立正确的价值观，增强责任感和社会意识。积极参与和支持学校的思想政治教育协同育人工作，促进学生全面发展。学生要通过学习、参与实践等多种方式来促进自身思想政治素质的提高，实现自我教育、自我成长。社会在思想政治教育中扮演着至关重要的角色，它是思想政治教育实施的最大外部环境。社会通过开展社会教育、社区服务等活动，为思想政治教育提供优质资源，促进高职学生思想政治教育与社会实践相结合，增强学生参与社会实践的意识和能力，为培养有民族精神、有文化底蕴、有国际视野的高素质人才做出贡献。政府需要加大对高等教育的投入，制订相关政策，鼓励和支持高职学生思想政治教育协同育人工作的开展，通过引导和支持高职学生思想政治教育实践，推动思想政治教育协同育人工作的规范化和普及化。

二、思想政治教育目标协同

思想政治教育目标是思想政治教育系统的重要构成要素，对思想政治教育协同育人具有导向和激励等功能。目标协同是指各个教育主体（如学校、家庭、社会、政府等）虽然各自拥有不同的职责和使命，但为了实现立德树人这一共同的教育目标，协同联动、同向同行，形成协同育人的模式，增强育人实效，最终实现学生的全面发展。

三、思想政治教育内容协同

思想政治教育内容是由相互作用的多种要素按照一定层次结构排列组合形成的一个系统，主要包括思想教育、政治教育、道德教育、法治教育、心理教育等内容要素，从系统观念看，他们都是思想政治教育系统的分系统。思想政治教育内容协同是指不同教育主体之间通过知识共享、教育内容联动、教育资源互通等方式，实现协同育人。强调各个教育主体之间的合作、分工和互补，共同推进思想政治教育工作，实现立德树人的教育目标。高职学生思想政治教育的内容协同，需要学校提供专业的课程和教学资源，家庭提供情感支持和生活帮助，社会提供实践机会和经验分享，政府提供政策支持和法律保障，共同推进学生的全面发展。这样，不仅可以提高教育的质量和水平，也可以更好地满足学生的需求和社会的需求。

四、思想政治教育方法协同

随着社会的进步，人的发展诉求越来越高，思想政治教育的内容、领域也不断拓展，思想政治教育环境越来越复杂、教育载体也更加现代化，思想政治教育方法也必须要协同创新。为了实现共同的教育目标，各教育主体要共同探讨、选择和使用适合的方法，使不同教育主体之间的教学方法协调、教育方式互补、教育管理协同。在高职学生的思想政治教育中，学校可以采用多样化的教学方法，打好组合拳，做到"八个相统一"。家庭可以采用情境教育、亲子互动、启发式教育等，社会可以采用社会实践、志愿服务、社会实践等，政府可以通过政策引导、法律支持、行业联动等方式，推动各种教育方式的协同发展，共同推进学生的全面发展。

五、思想政治教育管理协同

管理协同强调各教育主体之间的合作、协调和管理，在完善教育管理制度、创新教育管理模式、提高教育治理现代化上下功夫，共同推进思想政治教育工作，实现立德树人的协同育人目标。高职学生的思想政治教育过程，需要不同的教育主体协同创新柔性管理、民主管理、人本管理等现代管理模式，提升思想政治教育管理水平，更好实现协同育人目标。学校要建立科学的管理机制、完善的监督系统、科学的考核办法，确保教育工作的高质量和高效率。家庭要建立完善的家庭教育作业、家庭规章制度和家庭教育档案，规范家庭教育工作，社会要建立多层次的社会监管机制、公益志愿团队、社会教育资源库等，推动教育发展。政府要强化教育法规建设、完善政策引导、构建教育治理体系等，推动教育环境的良性发展。

第四节　新时代高职院校协同育人的困境

为进一步把全国高校思想政治工作会议和《中共中央国务院关于加强和改进新形势下高校思想政治工作的意见》精神引向深入，推动高校思想政治教育协同育人，大力提升高校思想政治工作质量，2017 年 12 月，中共教育部党组印发了《高校思想政治工作质量提升工程实施纲要》，明确要求充分发挥课程、科研、实践、文化、网络、心理、管理、服务、资助、组织等方面工作的育人功能，深化"三全育人"改革，挖掘育人要素，完善育人机制，优化评价激励，强化实施保障，切实构建十大育人体系，进一步推进高校协同育人建设。

目前，高职院校虽普遍意识到思想政治教育协同育人的重要性，初步形成了思想政治教育全员育人的工作局面。学界广泛开展了关于构建十大育人体系的理论与实践研究，积累了一些宝贵的实践经验，但总体来看，深入推进十大育人体系协同育人仍面临许多亟待解决的困境，集中表现为思想层面、能力层面和制度层面三个方面的问题：一是协同育人思想观念不同，缺乏有力的思想引航；二是协同育人能力不足，学科间难以协同；三是协同育人制度体系不健全，协同育人动力不足。具体表现为以下几个方面。

一、协同育人思想观念不同，没有形成统一强大的引航力

在学生方面，高职院校中的学生主要以提高职业技能为目的，缺乏对思政课的科学认知和理解，认为学好思政课并不能在就业、技能培训和升学等方面有显著帮助。社会上轻视思政课的现象也广泛存在，不少家长和学生的主要关注点是人际交往、就业前景、经济收益等，相比之下，思政课程可能显得不太重要，因此对这门课程的学习缺乏积极性。加之，一些思政课教师教学方法单一，缺乏生动有趣的教学手段，无法引起学生的兴趣，导致学生对思政课产生了"古板枯燥说教"的刻板印象。以上这些原因妨碍了学生对思政课的理解和认同，破坏了学生与思政课的紧密联系，影响了协同育人效果。

教师和学校管理者的思想观点也存在一定差异，难以达成教学目标。有些综合素养课和专业课教师没有真正确立课程思政理念，在他们看来，专业课和综合素养课的主要任务是培养特定领域的专门人才或者为其打基础，往往更加偏重于专业知识的传授功能，弱化甚至忽略了该门课程所具有思想政治教育功能。或者认为它们不具有价值引领的功能，或者即使认为具有此功能，但因课时有限根本无力实施，又或者认为价值引领是高职院校思政课的事，与自己的课程无关。因而，在教学中难以把知识传授与价值引领统一起来。

二、协同育人能力不足，学科间难以形成协同效应

思想政治教育协同育人成效的取得，教师能力和素养是关键因素。但在实际中，教师在教学能力、思想素质、教学手段等方面还存在着一些问题。一些思政课教师教学能力不够强大，缺乏完整的知识体系和深入的理论思考，内容枯燥乏味，教学手段单一，缺乏亲和力和针对性，无法让学生感受和领悟思政课程中的人文关怀、精神滋养和指导建议，没有真正发挥思政课作为立德树人关键课程和主渠道的育人作用。基于对协同育人一些错误的思想认识，一些专业教师和通识课教师，课程思政意识不强、概念不清、把握不准。有些教师虽

然认识到课程思政是他们义不容辞的责任，但因课程思政能力不足而"望而却步"。"经师易求，人师难得。""课程思政"要求专业课教师将专业教学与思想政治教育实现"基因式融合"，要求授业传道、润物无声，这比单纯进行专业教学要求更高，而且很多专业课教师本身政治素养和理论积淀还不够深，对于专业课程的思政元素挖掘不够或不准，由此在"课程思政"教学上能力还很有限。

三、协同育人制度体系不健全，协同育人动力不足

健全有力的制度体系是高职思想政治教育协同育人的必要条件。协同育人是一个系统工程，纵向上涉及学校各级部门，横向上涉及学校各个二级学院、所有教师，必须健全制度化体系。尽管目前高职院校都十分重视思想政治教育协同育人建设，但协同育人制度体系仍不健全，导致协同育人动力不足、运行不畅，影响育人协同效应。

（一）缺乏有效的资源整合机制

当前高职院校还没有建立起有效的资源整合制度，在多数高职教学管理体制下，各类课程教师和思政课教师的教学工作和人事关系分属于不同部门管理，致使他们之间沟通与联系困难，无法在协同育人方面进行有效衔接，不能深度挖掘专业课程内含的思政教育元素，也缺少对学生学情和教学资源的共享，这就对协同育人产生不利影响。不仅如此，当前，部分高职院校思想政治教育还经常出现工作交叉和互相推诿的现象，思政教师、专业教师和辅导员在高职院校思想政治教育中未能有效结合，直接阻碍了高职院校思想政治教育机制的协同发展。

究其原因，主要是协同育人机制缺乏有力保障。一方面，高职院校在整体推进各类课程与思政课形成协同育人、督促系部及教师开展课程思政、评价专业课程与思政课协同育人效果等方面的机制尚未完善。高职院校各类课程与思政课协同育人面临着资金、人员、实践教学平台统筹等各项问题，制约了各类

课程与思政课协同育人的推进。另一方面，思想政治教育的教师队伍未能有效协同。目前教师队伍在学校的管理体制和运行机制中处于相对分离的状态。高职院校思政课教学任务主要由思政课教师队伍承担，而日常思想政治教育工作主要由辅导员队伍承担。思政课教师侧重理论教学和科研，教学科研任务重，压力大；辅导员侧重日常思想政治教育工作，整天埋头于各项繁杂琐碎的学生事务中，很难静下心来专心研究学生思想政治工作；专业教师和通识课教师分别在各自领域钻研业务，无暇顾及思想政治理论研究，思政素质难以提升。这方方面面都阻碍了思想政治教育协同育人的有序推进。

（二）协同育人的保障体系不健全

高职院校思想政治教育协同育人，必须有完善的保障体系，促进各教育主体群策群力、协同发力、共同育人。然而，从目前来看，很多高职院校在思想政治教育工作中依旧缺乏有力的制度规范和物质保障，保障体系不健全，直接制约着协同育人的全面落实和执行。有些高职院校在协同育人方面缺乏具体的、明确的、有普遍共识的目标和标准，无法根据这些目标和标准来进行评估和改进。有些学校师资队伍建设不足，缺乏高素质高水平的思政教育师资队伍，教学方法和理念不能与时俱进，育人效果差。有些学校管理制度不健全，缺乏有效的信息化科学化管理系统，缺乏有效的监督和激励机制等，与协同育人的实际需求不相匹配。有些学校资源配置不合理，缺乏必要的预算、合理的资源分配等，这些都会降低协同育人的效果。高职院校协同育人，还存在课堂教学质量不高、社会实践开展困难、组织活动条件受限等问题，学生参与度还有很大的提升空间。以上这些种种问题，致使思政课教育与专业教育条块分割、力量分散的状况仍比较突出，学校党政、教务处、各二级学院在思想政治教育建设方面未能形成有效协同机制，各类课程与思政课之间还是各自为政，没有真正产生同向同行、协同育人效应。多部门合力推进思想政治教育的保障体制亟待健全。

（三）缺乏科学有效的考核评价标准

推进高职院校思想政治教育协同育人，需要建立相应的协同育人考核评价制度，制订协同育人的规范和标准，规范协同育人工作流程，明确相应的质量标准、评估机制等，促进协同育人的有效开展。协同思政育人效果的考核与评价是一项复杂的任务，需要综合考虑各方面的因素，要建立科学、公正、合理的协同思政育人效果的考核与评价体系，对高职院校来说目前难度还是比较大的。因此，目前高职学生思想政治教育普遍存在一些问题，如各类课程与思政课的协同育人不够密切，协同育人的考核和评价体系也不完善等。在协同育人过程中，缺乏明确的可视化考核体系，也没有具体的规定和要求。协同育人的考核和评价标准、方式、视角单一，而且作为协同育人核心的学生综合素质评价体系不完善，评价标准缺乏明确性，评价方法也不够科学。这必然会对协同育人带来不利影响：一方面，导致有些课程思政育人的政策和规定在实施中可能会被不同程度地弱化；另一方面，无法充分发挥考核评价机制以评促建的作用。因此，需要改进协同育人的考核和评价体系，确立明确的评价标准和科学的评价方法，以促进高职学生思政教育的有效实施。

第五节　新时代高职院校协同育人的实践路径

搞好高职学生思想政治教育是一项系统工程，不可能一蹴而就，需要全面贯彻党的教育方针，坚持科学发展理念，各方协同，多措并举，常抓不懈。

一、加强并优化顶层设计，促建"大思政"育人格局

推进高职思想政治教育协同育人，要优化顶层设计，建立协同育人领导小组，成立由党委书记直接负责和相关部门主管组成的专门的协同育人组织机构。负责制订协同育人的总体规划和战略目标，建立健全协同育人的规章制度，协同教师教学活动与行政组织管理，监督协同育人工作的开展，及时解决协同育人中出现的问题。

构建"大思政"格局，育人主体不仅包括高职院校党委、宣传部、学工部、

团委以及辅导员、班主任、思政课教师等思政工作者，更包括占据教学主导和人数较多的专业课教师。高职院校党政部门和领导需要根据全国高校思想政治工作会议的精神和原则，总体负责"大思政"育人工作的统筹规划、组织协调及制度安排、决策拟定、队伍建设等，尤其要从硬件设施、活动举办、经费保障、奖惩激励等方面为"大思政"育人系统有序推进和运行提供必要支持。高职院校领导层应当加强内外部之间的沟通，建立沟通渠道，与企业、社会进行紧密合作，提高协同育人的针对性和适应性。加强思想政治教育和协同育人理念的宣传教育，进一步提高协同育人思想观念，推动协同育人健康持续发展。

二、搭建全方位协同育人平台，强化育人协同

推进高职思想政治教育协同育人，要着力搭建协同育人平台，加强各育人主体在课堂教学、校园文化以及科研育人等方面的协同。

由于不同学科专业的特点不同，各类课程教师和思政课教师在思想政治教育的认识和能力上存在一定差异。因而需要建立各类课程教师和思政课教师之间的对话交流和协同合作机制，以形成一种协同联动、通力合作的思政育人格局，提升教师育人整体能力水平，共同培养学生的思想政治素质和综合素养。要协调统筹各个部门和二级系部，优化资源配置，促进课程思政、实践思政、文化思政、网络思政、日常思政"五位一体"协同发展。协同并依托学生处、团委、宣传部等的活动、校园文化、实习实训、社会实践活动、现代媒体等手段，深化拓展思想政治教育活动。思政课教师和辅导员在日常工作中侧重点不同，工作领域鲜有交集，要加强思政课教师与辅导员的协同育人，需要建立联动、沟通机制。学院有关部门要制订相应制度，定期组织开展思政课教师与辅导员联席会议、学习沙龙等形式，学习党和国家的各项政策、研判学生思想动态，商讨学生工作热点问题，推动高职院校辅导员和思政课教师协同育人常态化。辅导员和思政课教师合作还可以在志愿者活动、科技文化活动、假期实践活动、创新创业活动中共同指导学生，加强科研合作，实现大学生课堂思政与日常思政的融会贯通。

三、健全协同育人制度，完善协同育人保障体系

推进高职思想政治教育协同育人，要加强制度建设，不断完善人、财、物、组织保障等各项规章制度。

只有建立切实可行的保障机制，才能保证各项协同育人的理念和举措得到真正落实。为了推动高职思政教育协同育人发展，教务部门应依据协同育人的教学要求，制订具有可操作性的教学细则，并在教学资源配置方面优先向思政教育倾斜，注重协同育人队伍建设，加强对新入职教师和各类课程青年教师思政育人能力的培训。科研部门应优先考虑思政教育研究工作，并在科研经费和科研奖励等政策制定方面给予支持。同时，人事部门也应围绕思政教育工作，制定教师培养方案、考核标准和激励措施，以打造一支政治过硬、业务精通的教师队伍。为了确保思政教育的质量，人事部门需要建立科学的考核评价机制，这种机制不仅可以监督各类教师履行协同育人的责任，还可以激发各类教师积极参与协同育人工作的动力。科学的考核评价应该至少体现以下三个方面的要求：首先，考核评价应将学生全面素质发展作为科学准则，能综合考察学生的科学文化素养和思想道德素养。其次，需要建立多元的考核评价方式和标准，以多种评价方式和明确的标准，全面评估课程思政育人的效果，客观衡量学生在思政教育方面的成果和进步。再次，可以通过学生的社会实践活动和行为习惯来检验和评价课程思政育人的效果，注重培养学生的社会责任感和实践能力。

四、深化三教改革，提高教师协同育人能力

深化三教改革，是提高教师协同育人能力的关键。高职院校可从以下三个方面开展工作：

（一）深化教师改革，加强师资队伍建设

深化教师改革，加强师资队伍建设，提高教师协同育人能力，需要教育部

门、高职院校、教师共同协作，不断完善各方面的配套制度和措施，提高教育教学质量，切实做到人人育人、时时育人，推动教育事业高质量发展。主要应该从以下四个方面入手：

一是建立完善教师培养工程。

健全教师培训制度，制订教师培养计划，根据不同类型的培训需求和层次，为教师提供包括教育教学知识、心理健康、育人经验等多个方面培训，增强教师的专业水平、教学技能和教育教学能力，使教师能够更好地履行协同育人职责。尤其要注重协同育人教学方法和技巧的培训，以提高教师的授课能力和教学质量。

二是打造结构化师资队伍。

建立教师集体备课制度，协同教师各自拥有的专业领域知识，相互学习、相互借鉴，实现思政课教师、专业课教师和企业指导师等优化配置、资源共享、优势互补。

三是发挥激励促进作用。

采用多种方式激励教师参与协同育人工作，如教学研究项目、教学比赛、优秀课件库、借调机会等，让教师能够更有动力、更有热情地参与到协同育人工作中。

四是发挥典型示范作用。

可以建立协同育人案例库，收集相关案例，以此提供给教师借鉴参考，梳理案例中好的教育教学方式，让教师能够进一步提高协同育人能力。

（二）推动教学改革，提升教学质量和育人成效

推动教学改革是提高教师协同育人能力的关键环节之一，高职院校应该大力推动教学改革，激发教师的学习热情和教学创新，提升教学质量和育人成效。建议从以下三个方面着手：

一是推进课堂革命，思政课要深化改革创新，增强针对性和实效性；专业课和通识课要实施课程思政，推动形成思政课程与课程思政的协同效应。促进各个学科之间的交融和相互支持，可以开设跨学科选修课，让不同专业的学生参与，加强学科整合教育，推动教师间的交流与合作，增强教师之间的理解和

协同育人的能力。

二是打造线上平台，建设在线开放课程和资源共享课，将课程资料的统一存储、学习资源的共享、教学信息的全程追踪和互动交流等功能结合起来，提供便捷的交流和合作方式，以更好地实现教师间、课程间的协同育人。

三是加强实践教学，高职院校可以将实践教学纳入教学体系，同时鼓励教师积极参与实践教学，增强教师的跨学科能力和实践能力，实现理论教学与实践教育的协同促进。有效地将课堂与课外、校内与校外、线上与线下、理论与实践紧密结合，提高协同育人水平。

（三）深化教材改革，提升教学内容的适用性

教材是教育教学活动不可或缺的基础资源，是人才培养的主要剧本。深化教材改革，对于提升教师教学能力和协同育人能力具有重要作用，是提高教师协同育人能力的关键环节。高职院校要深化教材改革，创新教材形态，在做好纸质教材的同时，探索开发具有表现力、吸引力和前沿性的新型立体化教材。具体建议主要有两个方面：

一是优化教材内容，完善知识体系。高职院校应加强教材的复合性和实用性，设计更加贴近工作的教育教学内容，使其更适合学生的需求和发展方向，增强学生综合素质的提升。构建更为完善、更为系统的知识结构体系，使教材内容更加科学和合理，让学生更好地掌握学科基础和核心知识，同时也让教师更好地理解和掌握课程核心内容。

二是打造立体化教材，创新建设一批新形态、新业态高质量教材。高职院校应加强对各类学习资源的整合，如学科教材、学术论文、实践案例等，将内容多元化，增加教材的深度和广度。适应新技术需求，高职院校应该灵活运用技术手段，如多媒体、网络等，将教材内容呈现更为生动、形象、直观，以提高学生的学习效果。高职院校应在教材中强化实践教学环节，让学生在实践中更好地理解和掌握学科知识和技能。高职院校应针对不同层次和需求的学生开发不同类型的立体化教材，如复合型教材、综合型教材、实践型教材等，满足不同学生的需求，并激发学生的学习兴趣。

推动教材改革需要高职院校深入挖掘和总结教育教学资源，推广教学过程中的课外、非传统教材，以全方位、多元化的教材内容，增强教师的协同育人能力，同时也能更好提高学生的综合素质。打造立体化教材需要高职院校注重探索教育教学新模式、新方法，采用更加多样化的教学资源，将各类学习资源整合起来，提高学生的掌握和理解能力，促进协同育人的实现，为学生提供更高质量的教育教学服务。

第六节　营造全社会重视思政课的良好氛围

思政课是高职院校落实立德树人根本任务的关键课程，是推进高职思想政治教育协同育人的主渠道，办好思政课事关党和国家事业发展全局，事关立德树人重大要务，高职院校应全面贯彻落实中央有关文件精神，顺应新时代新要求，协同各方，不断改革创新，抓好师资建设和机制攻坚，着力破解思政课建设的各种难题，理直气壮办好思政课。

党的十八大以来党中央对思想政治教育高度重视，但由于各种因素的影响，一段时间以来，高职院校思政课建设面临一些现实困境。社会上不重视思政课的现象广泛存在，从小学到中学，政治课往往被称作"副科"，到了大学，几乎所有的学生就当是一门必修课，考个及格拿了学分就可以，不清楚到底为了啥学习这门课，因为从小就没有来自身边的人强调学好思政课这方面的影响，关于学习被灌输的都是升学和就业的影响，而这些影响甚至是根深蒂固的。

学校思政课教师座谈会召开以来，高职院校思政课建设有了很大改善，但协同推进思政课建设的合力还没有完全形成，全党全社会关心支持思政课建设的氛围不够浓厚。这些问题极大地影响了高职院校思政课的教学效果。贯彻落实党和国家加强高职院校思政课建设的政策和要求，必须在全社会营造重视思政课的良好氛围，构建良好的育人生态系统。

办好思政课是一项系统工程，要坚持开门办思政课，推动思政课社会实践与学生社会实践活动、志愿服务活动相结合，思政小课堂与社会大课堂相结合。

一是要引导全社会在思想上充分认识办好思政课的重大意义。思想是行动的先导，办好思政课首先要改变不重视思政课的思想，要把办好思政课放在党和国家事业发展全局来看待，要从治国理政的战略部署高度来认识思政课的重要性。要加大正面宣传和舆论引导力度，推动形成在全党全社会努力办好思政课的良好氛围。

二是要建立各级党委政府和学校思政课的协同机制。各级党委要抓住制约思政课建设的突出问题，在工作格局、队伍建设、支持保障等方面切实采取有效措施。政府是思政教育实施的重要组织保障，各级领导干部要主动走进高职院校，走进课堂，为学生讲好思政课。能不能讲好思政课，也是一个领导干部政治素质、理论水平、工作作风的体现。

三是要建立党政机关、企事业单位和学校思政课的协同机制。党政机关、企事业单位就近与高职院校对接，挂牌建立思政课教学实践基地，不断提高思政课实践教学能力与水平。学校要主动对接政府，将思政课与地方经济社会发展有机结合起来，将地方红色历史文化结合起来，将地方优秀传统文化结合起来，增强思政课的实效性和针对性。

四是要建立思政课和企业一线的协同机制。学校要主动对接企业，尤其是高职，其培养目标就是为企业培养高素质高技能人才，"国之栋梁""大国工匠"的塑造离不开"立德树人"这一根本，思政课教学和企业都责无旁贷，当前校企合作背景下，完全可以通过这一协同机制，将思政课开到企业一线，也可以请企业一线员工加入学校思政课教育教学工作。

五是要建立思政课和社区服务的协同机制。社区是党和政府联系、服务居民群众的"最后一公里"，这次全国人民的抗疫斗争让我们更加感受了社区一线的重要性。建立思政课与社区服务的协同机制，不单单是以往社会实践的方式，而要做好思政课与社区服务的深度融合，通过这种协同机制，完善思政课的教学内容，使学生更好地了解中国基层治理的经验，可以把思政课开到社区，也可以把社区工作人员请进我们的思政课，让内容更有情怀，让思政课更接地气。同时，这样的模式也可以让家庭、社会加深对思政课的认识，更好地解决思政教育合力的问题。

第六章 ◀◀◀
推进高职院校思政课程与课程思政协同育人建设

　　课程在学校教育中处于核心地位，课程是育人的核心和重要载体，课程的问题是教育上的一个永恒课题。思政课是高校落实立德树人根本任务的关键课程，其他各门课程都要推进课程思政建设，与思政课同向同行，协同育人。在高职院校中推进思政课程与课程思政协同育人，解决专业教育和思政教育存在的矛盾问题，是全面推进习近平新时代中国特色社会主义思想"三进"工作的必然要求，是高职院校在落实立德树人根本任务上的探索与创新，也是深化新时代高职院校思政课改革创新、提高思想政治教育质量的重要抓手。

第一节 课程思政的提出与研究

一、课程思政的发展历程

"课程思政"是上海在推进德育综合改革进程中，从区域实践层面产生的育人理念，形成了可推广、有价值的"上海经验"。自 2014 年起，上海市在教育部指导下，率先开展"课程思政"试点工作，推动高校思想政治工作不断改革创新。2014 年 5 月，习近平总书记在上海考察时肯定了上海的"课程思政"理念。

在 2016 年召开的全国高校思想政治工作会议上，习近平总书记强调：做好高校思想政治工作，"要用好课堂教学这个主渠道，思想政治理论课要坚持在改进中加强，提升思想政治教育亲和力和针对性，满足学生成长发展需求和期待，其他各门课都要守好一段渠、种好责任田，使各类课程与思想政治理论课同向同行，形成协同效应。"[1] 确立了思政课程与课程思政协同育人的教育理念，为高校推进课程思政改革坚定了信心，指明了方向。随后，中共中央、国务院多次印发实施和指导意见，并将"课程思政"提升到中国特色高等教育制度层面来认识和建设。

2017 年 12 月 5 日，中共教育部党组印发《高校思想政治工作质量提升工程实施纲要》（教党〔2017〕62 号，以下简称《纲要》），明确提出：要构建十大育人体系，特别是将"课程育人"放在首位，充分发挥课程的育人功能，"大力推动以课程思政为目标的课堂教学改革"[2]，推动思政课程与课程思政协同育人，构建课程育人质量提升体系。这是党中央首次将"课程思政"纳入

---

[1] 《习近平谈治国理政》第二卷,外文出版社 2017 年版,第 378 页。

[2] 中共教育部党组:《高校思想政治工作质量提升工程实施纲要》,http://www.moe.gov.cn/srcsite/A12/s7060/201712/t20171206_320698.html。

国家政策文件，要求充分挖掘所有课程中的思想政治教育元素，逐步健全"三全育人"机制。

2019 年 8 月，中共中央办公厅、国务院办公厅印发的《关于深化新时代学校思想政治理论课改革创新的若干意见》，首次提出要"整体推进高校课程思政"，强调"发挥所有课程育人功能，构建全面覆盖、类型丰富、层次递进、相互支撑的课程体系，使各类课程与思政课同向同行，形成协同效应"。"建成一批课程思政示范高校，推出一批课程思政示范课程，选树一批课程思政教学名师和团队，建设一批高校课程思政教学研究示范中心"①，为推动课程思政与思政课程协同育人提供了科学指导和根本遵循。

2020 年 4 月，教育部等八部门联合印发《关于加快构建高校思想政治工作体系的意见》，指出："应以培育社会主义核心价值观为价值引领，以立德树人为根本任务，全方位推进课程思政建设，实现思政课与专业课等其他所有课程同心、同向、同行"。进一步明确了推进课程思政协同育人对于高校思想政治工作的重要性。

为全面推进高校课程思政建设，发挥好每门课程的育人作用，提高高校人才培养质量，2020 年 5 月，教育部印发了《高等学校课程思政建设指导纲要》，《纲要》明确了课程思政建设的总体目标和重点内容，并提出课程思政建设不仅要在全国所有高校、所有学科专业全面推进，还要根据学科特点"分类推进课程思政建设"②，对高校课程思政建设进一步提供了指导，明确了方向。

可见，课程思政已经成为新时代背景下高校思想政治教育的创新范式，是深化新时代思想政治理论课改革创新的重要举措。随着时代的变迁和教育教学的深入推进，课程思政在高等教育中的地位越来越受到关注。高校推进思政课程与课程思政协同育人，发挥课程的合力育人功效，促进各课程之间、各教师

---

① 中共中央办公厅、国务院办公厅：《关于深化新时代学校思想政治理论课改革创新的若干意见》，http://www.xinhuanet.com/politics/2019-08/14/c_1124876294.htm。

② 教育部：《高等学校课程思政建设指导纲要》，http://www.gov.cn/zhengce/zhengceku/2020-06/06/content_5517606.htm。

之间的合力育人，符合思想政治教育的基本规律，是对我国传统教育观念的创新和拓展。有利于解决长期以来思政课程被边缘化和孤军作战的问题，拓宽了思想政治教育的领域和渠道，有利于提升思想政治教育的效果与力度。课程思政已经成为我国高校思想政治教育改革实践的必然选择。

二、课程思政的研究概述

"课程思政"一经提出便成为学术界的研究热点，在国家政策驱动下，课程思政作为高校思想政治教育的新理念、新模式，在理论研究与实践探索中不断深入，取得了丰硕成果。对这些成果进行学习研究和分析总结，对于推进思政课程与课程思政协同育人，增强高校思想政治教育效果具有很好的指导意义。课程思政作为一个新概念，目前学界对它的界说见智见仁、莫衷一是，还没有一个精确的完整的并为大家所认同的课程思政定义。但仔细考察目前人们是怎样使用"课程思政"这个术语，以及这些论说的实际含义，有助于拓展深化我们对课程思政的认识。

（一）什么是课程思政

有学者总结目前学界关于"课程思政"的概念归属大致存在六种较为典型的论说①，主要有"课程类型说""教育理念说""思政方法说""教学体系说""实践活动说""多重属性说"等。不同的论说从不同视角，揭示了课程思政的某一方面属性。下面主要总结学界关于"课程思政"概念的三种论说。

1."课程思政"是一种教育方法的创新

许多学者认为课程思政是一种新的教育方法。杨祥等认为课程思政是高校在落实立德树人根本任务的过程中体现马克思主义指导地位、践行社会主义核心价值观的方法，是坚持用习近平新时代中国特色社会主义思想铸魂育人，实

---

① 唐德海等:《"课程思政"三问:本质、界域和实践》,《现代教育管理》2020年第10期,第52—58页。

现习近平新时代中国特色社会主义思想进教材、进课堂、进头脑的方法[1]；吴月齐认为课程思政既是一种教育理念，也是一种思维方法[2]，史巍认为"课程思政"是对以往高校课程育人方法的革新，"这改变了原有毕其功于思想政治理论课一役的做法，使其他课程成为价值观教育的有效载体，更加注重在整体课程设计上融入思想政治教育内容，发挥好所有课程的守渠和育人功能。"[3]方黎从青年文化选择的学理角度，认为课程思政对于"优化思想政治理论课的呈现方式，转变专业课、通识课等非思想政治理论课教师的思想意识，实现受众由'成物'到'成人'"等方面有着巨大意义，因而实现了青年文化选择合规律性与合目的性的统一[4]。

2. 课程思政是立德树人教育理念的创新

韩宪洲认为课程思政是"指导高校各门各类课程充分发挥所承载思想政治教育功能，形成'全课程育人'格局的一种新时代教育理念"[5]。从宏观上看，课程思政是教育的根本所在、教师的职责所在，"所谓教书育人，强调的恰恰正是教师在传授专业知识的同时，坚持育人为本、德育为先，引导学生坚持正确的政治方向，坚持正确的价值追求，这是任何教育课程都必须尊重的教育前提"[6]。有学者指出："课程思政在教育理念层面的突破，集中体现在将所有课程的教育性提升到思想政治教育的高度，表明课程教学目标之首要是正确人生观和价值观的涵树与养成"[7]。在具体的教育理念践履

---

[1]　杨祥、王强、高建：《课程思政是方法不是"加法"——金课、一流课程及课程教材的认识和实践》，《中国高等教育》2020年第8期，第4—5页。

[2]　吴月齐：《试论高校推进"课程思政"的三个着力点》，《学校党建与思想教育》2018年第1期，第67—69页。

[3]　史巍：《论以"课程思政"实现协同育人的关键点位及有效落实》，《学术论坛》2018年第4期，第168—173页。

[4]　方黎：《"课程思政"为什么受青年学生喜爱——基于青年文化选择的学理分析》，《广西社会科学》2019年第4期，第182—183页。

[5]　韩宪洲：《深化"课程思政"建设需要着力把握的几个关键问题》，《北京联合大学学报》（人文社会科学版）2019年第2期，第1-6+15页。

[6]　石书臣：《正确把握"课程思政"与思政课程的关系》，《思想理论教育》2018年第11期，第57—61页。

[7]　邱开金：《从思政课程到课程思政，路该怎样走》，《中国教育报》2017年3月21日。

上，罗珍颖认为："课程思政"是高校在所开设的各类人文社科通识课程、自然科学课程和专业课程里，将各门课程显在和隐在的各类思想政治教育资源都挖掘开发出来，并将其融入大学思想政治教育体系之中，从而形成这类课程与思想政治理论课有协同效应的立德树人育人理念[①]。由此，课程思政作为一种教育理念的提出，其根本目的就是提升高校立德树人的实效性。

3. 课程思政是一种育人体系的创新

课程是学校教育的核心。从某种意义上说，所有教育目的都要以课程为中介才能实现。在任何课程和教育过程中，都应该综合考虑知识、能力、态度和价值观等因素。邱秋云[②]、高德毅[③]等认为课程思政是一种全新的课程观，是以课程为载体，充分挖掘各类课程中的思政元素，并在传授专业知识的同时，基因式融入，发挥各类课程和各个环节的价值引领作用，构建全员全课程的育人环境，以实现专业教育与思政教育相结合的双赢目标。高燕认为课程思政是"将马克思主义理论贯穿教学和研究全过程，从战略高度构建思想政治理论课、公共课程、专业教育课程'三位一体'的思想政治教育课程体系"[④]。有学者从教学体系角度对其概念进行解释，如张鲲以教学体系的完善为切入点，认为课程思政是完善和提升课程教学质量的有效手段，是对现有课堂教学的重要补充形式，是构建全课程育人体系的必然要求。赵鸣歧指出："要建立思政课价值引领、公共课以文化人、专业课润物无声的立体化育人体系，从而建立一整套全过程、全员、全方位的整体协同教学体系，最终实现的是学校各部门齐抓共管、学校所有教师共同参与思想政治教育的常态化和制度化教育体系"[⑤]。王学俭和石岩从课程思政的本质、理念、结构、方法和思维五个维度

① 罗珍颖:《课程思政视角下残疾大学生的素质能力培养研究》,《时代教育》2018 年第 10 期,第 57 页。

② 邱秋云:《脱贫攻坚背景下高职涉农专业课程思政的实现路径》,《高教探索》2020 年第 12 期,第 93—97 页。

③ 高德毅、宗爱东:《课程思政:有效发挥课堂育人主渠道作用的必然选择》,《思想理论教育导刊》2017 年第 1 期,第 31—34 页。

④ 高燕:《课程思政建设的关键问题与解决路径》,《中国高等教育》2017 年第 15 期,第 11—14 页。

⑤ 赵鸣歧:《高校专业类课程推进"课程思政"建设的基本原则、任务与标准》,《思想政治课研究》2018 年第 5 期,第 86—90 页。

阐释课程思政的内涵，提出构建专业课程和思政教育同向同行的课程体系，以达到知识传授、价值塑造及能力培养三位一体的终极目标①。

（二）为什么要建设课程思政

课程思政是一种全新的思想政治工作理念，它旨在培养合格的社会主义事业的建设者和接班人。课程思政的提出明确了所有教师都有育人责任，所有学科、所有课程都要发挥育人功能，与思政课程同向同行，构建全员全课程的育人体系。课程思政在高职院校人才培养中具有重要的价值，它是实现高质量人才培养的重要举措，也是推动社会主义核心价值观传播的有效途径。目前，国内学者对课程思政建设的价值意义进行了广泛研究，主要集中在以下三个方面：

1. 课程思政是彰显社会主义办学方向的主要内容

习近平总书记强调，我们的高校是党领导下的高校，是中国特色社会主义高校。我国高校的这一根本属性，决定了办好社会主义大学，必须要在搞好思想政治工作上下功夫。课程思政是高校意识形态工作的重要组成部分，具有鲜明的社会主义大学性质和特征，体现着社会主义大学的目的性要求，实现人的全面发展的目标指向②。从课程思政提出的背景和现实需要来说，课程思政是基于中国特色社会主义社会的现实需要提出的，是进一步巩固马克思主义在高校意识形态领域的指导地位、坚守社会主义办学方向的重要阵地③。从高等教育的目标来说，课程思政是坚持社会主义办学方向的重要举措。如欧平从高等教育发展的根本性出发，认为坚持课程思政，是坚持社会主义办学方向的应有之义。挖掘专业课程中的思想政治教育元素，发挥隐性思想政治教育功能，有

———————————

①　王学俭、石岩：《新时代课程思政的内涵、特点、难点及应对策略》，《新疆师范大学学报》（哲学社会科学版）2020 年第 2 期，第 50—58 页。

②　敖祖辉、王瑶：《高校"课程思政"的价值内核及其实践路径选择研究》，《黑龙江高教研究》2019 年第 3 期，第 128—132 页。

③　刘鹤、石瑛、金祥雷：《课程思政建设的理性内涵与实施路径》，《中国大学教学》2019 年第 3 期，第 59—62 页。

利于培养合格的建设者和可靠的接班人①。

2. 课程思政是高校落实立德树人根本任务的战略举措

大学阶段是大学生成长成才的关键时期，决定着大学生的未来发展道路和发展前景。课程思政建设是高校落实立德树人根本任务、促进学生成长成才的现实需要。课程思政对思想政治教育深度和广度的要求，其目标指向正是实现立德树人②。课程思政是推动高校立德树人的实践创新，是落实立德树人根本任务的基础性工作，是把思想政治教育贯穿于高校工作始终的关键因素③。课程思政更新了教育理念，打破了传统思政理论教育的局限性，注重在专业知识的传授中强调价值引领，防止思想政治教育表面化和形式化，强化了课堂教学的育人功能④。思想政治教育不能只在思想政治理论课中进行，而应该要落实在所有的课程之中，方能把做人做事的基本道理、民族复兴的理想和责任传输给大学生，解决立德树人的根本任务⑤。

3. 课程思政是全面提高人才培养质量的重要任务

课程思政是高校思想政治教育的重要抓手，能有效解决课堂教学存在"两张皮"的问题，实现育人效果的最大化。课程思政强调所有课程育人、所有教师育人，是三全育人的重要体现和重要方面，也是实现三全育人的必然选择。课程思政不仅会在育人理念、育人方式、育人效果等方面产生重要影响，还将促进教育教学变革⑥，促进师生共同成长，提高教师思想政治工作的实效性，促进学生全面发展。课程思政能够推进教师践行教书育人使命，提升学生

① 欧平：《高职高专课程思政：价值意蕴、基本特征与生成路径》，《中国高等教育》2019年第20期，第59—61页。

② 杨国斌、龙明忠：《课程思政的价值与建设方向》，《中国高等教育》2019年第23期，第15—17页。

③ 韩宪洲：《以课程思政推动立德树人的实践创新》，《中国高等教育》2019年第23期，第12—14页。

④ 毛锐：《应用型本科院校推进课程思政建设的师资队伍保障策略》，《职业技术教育》2019年第5期，第68—71页。

⑤ 王秀阁：《关于"课程思政"的几个基本问题：基于体育"课程思政"的思考》，《天津体育学院学报》2019年第3期，第188—190页。

⑥ 李晓培、胡树祥：《新时代高校课程思政的话语表达与当代意义》，《思想教育研究》2021年第1期，第100—104页。

学习主动性。课程思政是教师思想政治工作的良好切入点和长效机制，也是教师思想政治理论学习进一步从"浅层学习"到"深层学习"的转换器，还是教师自我提升的助推器①。课程思政是"以人为本"教育理念的升华，突出体现以人的全面发展为根本目的，帮助学生树立正确的价值观，尊重人的思想差异，尊重人的人格、个性和创造性，并启发学生的自觉性，调动学生的积极性②。课程思政是高校思想政治教育理念的大变革，完善了思想政治教育课程体系，推动了教学供给与学生需求的统一，有助于高校实现人才培养目标，促进高校高质量可持续发展。

（三）怎样建设课程思政

关于怎样建设课程思政，学界已经进行了大量的研究和探索，主要集中在课程思政的实施困境、实施路径以及实施环节等方面。这些研究为推行课程思政和将思政元素融入课程教学提供了多种思路和路径。目前，如何有效地推行课程思政以及如何恰当有机地融入思政元素是备受关注的重点和难点问题。

1. 从系统论的角度研究课程思政实施的体制机制

课程思政是全员全过程全方位育人的育人体系，是一项系统工程，课程思政的实施还需要多方面的保障机制。良好的体制机制对课程思政的建设具有重要的影响。但大部分学者研究认为课程思政的体制机制尚未完善。从根本上来看，存在统筹设计的体制机制"低"、具体落实的体制机制"粗"、评价监督的体制机制"空"等问题，要从体制机制的角度解决高校对课程思政理解不充分、理解不深刻、定位不准确等问题，从更大的格局实现整体推进③。课程思政建设要以《高等学校课程思政建设指导纲要》为指导，加强顶层设计，着眼育人方向，从全局对课程思政建设的各方面、各层次、各要素统筹规划，

---

① 成桂英、王继平：《课程思政是提高高校教师思想政治工作实效性的有力抓手》，《思想理论教育导刊》2019 年第 8 期，第 142—146 页。

② 董勇：《论从思政课程到课程思政的价值内涵》，《思想政治教育研究》2018 年第 5 期，第 90—92 页。

③ 史巍：《论以"课程思政"实现协同育人的关键点位及有效落实》，《学术论坛》2018 年第 4 期，第 168—173 页。

并建立行之有效的领导机制、工作机制和评价机制①。首先是坚持中国共产党的领导，加强各级党委的工作。其次，高校应从学校、教师和学生的多元主体视角出发，推进课程思政制度化建设，将"一盘散沙"的制度凝练成有准则、有依据的体系②。不断细化课程思政建设的指导意见，明晰学校推进课程思政的理念、原则及途径，修订培养方案、打造校本教材、强化教师培训、推进协同化建设，为高校课程思政建设提供遵循。最后是完善考核评价。张宏认为，要在各级各部门的考核评价中增加课程思政建设成效类目，督促院系落实课程思政建设工作③。还要在考核基础上增加激励机制，失责必究，有功则奖。

2. 从系统要素的角度研究课程思政实施的逻辑理路

学者李国娟指出课程思政建设须把握五个关键环节，即基础在课程、重点在思政、关键在教师、重心在院系、成效在学生五个环节，在认识和实践上提出新颖的看法和思路。学界从目标要素、动力要素、过程要素、结果要素四个层面对课程思政的探索，很有借鉴意义。

在目标要素上坚守育人理念。理念是行动的先导，课程思政的实施，关键在理念转变，有学者认为需要实现理念融合，要树立"协同育人、整体育人和发展育人理念"。

在动力要素上首先是确立外部保障动力，要"从政策导向、制度建设和机制保障等方面协力推进"，建立"上下联动的引导机制、互利共赢的合作机制、奖惩分明的激励约束机制"④。具体而言，党政部门发挥着政治核心的作用，教务部门要发挥课程思政建设的主力军作用，人事部门要在师资力量上发挥激励促进作用。其次是释放内部发展动能，要重点考虑调动教师育人的积极性和创造性，提高教师课程思政能力。思政课教师要发挥辐射带动作用，在

① 陈敏生等:《高等院校推进课程思政改革的若干思考》,《高教探索》2020 年第 8 期,第 77—80 页。

② 沈壮海:《在思想政治工作体系中理解和推进课程思政》,《教育研究》2020 年第 9 期,第 19—23 页。

③ 张宏:《高校课程思政协同育人效应的困境、要素与路径》,《国家教育行政学院学报》2020 年第 10 期,第 31—36 页。

④ 肖香龙、朱珠:《"大思政"格局下课程思政的探索与实践》,《思想政治教育研究》2018 年第 10 期,第 133—135 页。

"理论修养、方法素养、科学认识并遵循规律三方面起到'应然'引领作用"①。专业课教师则要积极提升自身思想政治素养与思想政治教育专业素养，从"知任到胜任再到善任"，积极提高育德能力，积极打造"同心圆式"课程体系。

在过程要素上要善于挖掘思政元素、创新方法载体。挖掘课程中的思政教育元素是课程思政实施的首要环节，任何一门课程都蕴含着思想政治教育元素，开发专业课程的思想政治教育功能，能使课程思政更具有感染性，要结合课程内容发挥专业课程中的思想政治教育功能，实现课程育人②。要从教学内容设计着手，将思想政治教育元素纳入课程体系之中，对高校的课程体系进行整体的设计，结合课程教学内容和特点，合理设计课程思政的教学内容和方法，找出其蕴含的理想信念教育、道德品质教育、团队合作教育和创新创业教育等内容，使专业教育与思想政治教育协同③。在具体的实现路径上，董勇指出"课程思政"的实践创新要注重由单一化向多学科融入的路径转型、由灌输说教向隐性渗透的方法转型，要注重话语体系重构、内容体系重构以及传播体系重构，实现显性教育和隐性教育相融通、知识传授和价值引领并重④。

在结果要素上要完善评价反馈机制。"课程思政"的具体实施，既要注重过程性的创新，也要科学对照课程发展诉求与实际发展结果，做到课前有谋划，课中有监控，课后有反馈⑤。课程思政的实施与效果要有科学的评价机制保障，要完善教师绩效考核与学生德育评价两方面，在教师的绩效考核上，应该重点关注教育目标是否适当、明确具体，教育元素挖掘是否充分到位，"思

①　武群堂:《试论思想政治理论课教师在学校教师队伍中的引领作用——基于课程思政的视角》,《学校党建与思想教育》2018 年第 6 期,第 70—71 页。

②　杨守金、夏家春:《"课程思政"建设的几个关键问题》,《思想政治教育研究》2019 年第 5 期,第 98—101 页。

③　朱强、谢丽萍等:《财务管理专业"课程思政"的理论认识与实践路径》,《学校党建与思想教育》2019 年第 6 期,第 67—70 页。

④　董勇:《论从思政课程到课程思政的价值内涵》,《思想教育研究》2018 年第 5 期,第 91—92 页。

⑤　程舒通:《职业教育中的课程思政:诉求、价值和途径》,《中国专业技术教育》2019 年第 5 期,第 79—83 页。

政"与"专业"是否做到了有机融合，是否具有较强的实效性，是否包括了对错误观点和思潮的批判和抵制，是否具有较高的达成度等六个方面。[①] 在对学生的德育效果评价上，陆道坤认为"评价原则应该坚持过程性评价、定性评价和发展性评价，评价内容应该包括情感、态度和价值观三个方面，评价方法可以采取档案法、关键事件法以及评价表法"[②]。

（四）国外的相关研究

"课程思政"虽然是中国特色的高等教育，其他国家虽然没有"课程思政"概念的提出，但其早就已经形成了一套比较成熟完整的思想政治教育体系，注重道德教育的渗透性，隐含在公民教育、公民道德教育、民主主义等教育中，以实现学生全面素质的培养。这与"课程思政"的理念是相一致的。国外课程建设都强调道德品质和思想素质的重要性。国外一些高等教育体系中，专业课程中经常融合道德伦理、社会责任等方面的教育内容，通过这些教学实践，帮助学生积极践行社会价值观，提高其道德关注和情感能力，增强学生为社会做出贡献的使命感和责任感。还注重培养学生的思想素质，将探究性学习与综合素质培养相结合，引导学生主动思考、挑战传统思维，培养创新精神和综合能力。

虽然不同国家的专业课程融入思政教育的方式各不相同，但目的都是为了提高学生的综合素质，促进学生全面发展，能够应对当代社会的各种挑战和问题，为社会发展和进步做出更好的贡献。高职学生思想政治教育要顺应新时代发展要求，探索与时俱进的思想政治教育模式，推动课程思政教育理念在学术研究和教学实践中不断创新，切实增强协同育人实效，提高人才培养质量。

---

① 成桂英、王继平：《教师"课程思政"绩效考核的原则和关注点》，《思想理论教育》2019年第1期，第79—83页。

② 陆道坤：《课程思政推行中若干核心问题及解决思路》，《思想理论教育》2018年第3期，第64—69页。

第二节 教书育人与课程思政

一、教书育人与立德树人

教书育人是中国教育的优良传统，是中国学校教育的永恒主题，也是高校做好思想政治工作必须遵循的一条基本规律。"如果用一句最简单的说法来代表学校的育人途径或渠道，那么通常是'教书育人'来代表"[①]。在中国教育的传统语境中，"教书育人"一直被视为"教育的核心功能、教学的首要内容、教师的第一职责"[②]。"师者，所以传道、授业、解惑也。"唐代韩愈的名言，这是把传道视为教师的第一职责，亦是强调"教书育人"不仅仅是"授业""解惑"，更是对"道"的传递、传承和传播。2014 年第 30 个教师节前夕，习近平总书记考察北京师范大学时发表重要讲话，勉励广大教师做有理想信念、有道德情操、有扎实学识、有仁爱之心的"四有好老师"。要求教师要做好"四个引路人"：要做学生锤炼品格的引路人；做学生学习知识的引路人；做学生创新思维的引路人；做学生奉献祖国的引路人。要坚持"四个相统一"：坚持教书和育人相统一；坚持言传和身教相统一；坚持潜心问道和关注社会相统一；坚持学术自由和学术规范相统一。习近平总书记对广大教师提出的这些要求，概括了一个好老师的标准与教书育人职责。

2019 年 3 月 18 日，习近平总书记在学校思想政治理论课教师座谈会上强调，高校贯彻党的教育方针，落实立德树人根本任务，"要完善课程体系，解决好各类课程和思政课相互配合的问题"。"要坚持显性教育和隐性教育相统

---

① 刘建军：《论高校思想政治工作的育人格局》，《思想理论教育》2017 年第 3 期，第 15—20 页。

② 张智：《"传道"是第一位的——学习习近平总书记关于教师责任和使命的重要论述》，《思想理论教育导刊》2016 年第 2 期，第 40 页。

一，挖掘其他课程和教学方式中蕴含的思想政治教育资源，实现全员全程全方位育人"。所谓"立德树人"，亦即追求育人与育才相统一，履行"为党育人、为国育才"的教育使命。育人的根本在于立德，"立德"是培养德行，树立德业，强调人之为人的根本，"树人"是培养人才，强调的是人才培养目标的全面性。"立德树人"是在德育为先前提下的全面树人以及全面树人基础上的德育为先。各科教师要努力培养德才兼备、和谐发展之人，这也正是"课程思政"的根本旨归所在。但长期以来，有些教育者要么只教书不育人，要么只育人不教书，演化成"教书匠"或"说教者"，尤以前者为甚。"好老师"就是能担负起教书育人职责的老师，课程思政就是一个好老师应有的教学理念和教学实践，其根本宗旨就是立德树人。课程思政其实是"教书育人"优良传统的自然延续、"三全育人"总体格局的适时强化、"课程育人"政策要求的落细落小。[①]

二、课程思政建设的基本问题

《高等学校课程思政建设指导纲要》（以下简称《纲要》）首次清晰界定了课程思政建设的基本内涵。《纲要》指出：全面推进课程思政建设，就是要寓价值观引导于知识传授和能力培养之中，帮助学生塑造正确的世界观、人生观、价值观，这是人才培养的应有之义，更是必备内容。让所有高校、所有教师、所有课程都承担好育人责任，守好一段渠、种好责任田，使各类课程与思政课程同向同行，将显性教育和隐性教育相统一，形成协同效应，构建全员、全程、全方位育人大格局。同时，还明确学校教务部门和教师工作部门牵头负责课程思政建设，课程思政管理在学校有了具体的责任部门。课程思政建设工作要围绕全面提高人才培养能力这个核心点。

课程思政与思政课程协同育人的目标是让各类课程与思想政治理论课程同向同行，使学生在专业学习的同时也接受思想道德的熏陶和培养，形成协同效

---

① 李慧玲、孟亚：《课程思政：回归"铸魂育人"价值本源》，《理论导刊》2020 年第 10 期，第114—119 页。

应，构建全员、全程、全课程的育人格局，共同实现立德树人的根本任务。在课程实施过程中实现三个"有机统一"：思想政治教育与知识体系教育有机统一，价值引领与知识传授、能力培养有机统一，教书与育人有机统一。它既是新时代的教育理念，也是一种新的教育教学模式，是一种课程教学体系和教育实践活动创新。其本质是立德树人，其目的就是为了实现各类课程与思想政治理论课的同向同行，协同促进学生的全面发展和综合素质提升，更好地服务于国家、社会和人民的发展需要。

课程思政的内容应当全面覆盖，涵盖学生所学课程以及课程的各个层面，从文化、科学、技术到社会学、历史、哲学等思想政治领域，力求在学科内引导学生弘扬社会主义核心价值观，培养健康的人格和积极的社会责任感。

课程思政并不是单独设置独立的思想政治课程，其主要形式是将思想政治教育元素融入各门课程中去，深化课程目标、内容、结构、模式等方面的改革，把理想信念、政治认同、家国情怀、文化素养、法治意识、道德修养等课程思政内容供给与各类课程固有的知识、技能传授有机融合，采用显性与隐性教育有机结合的方法，潜移默化地对学生的思想意识、行为举止产生影响，全员全程全方位实现知识传授、能力培养与价值塑造的多元统一。

三、课程思政与思政课程的关系

思政课程是高校落实立德树人根本任务的关键课程，是立德树人的主渠道和主阵地，其他各类课程要各自守好一段渠，实施课程思政，与思政课同向同行，形成协同效应。这就意味着课程思政与思政课程既各自独立，又彼此依存。二者在理论上既有关联又有区分，实践上相互影响和相互作用。

（一）二者的区别

思政课程和课程思政是两个不同的概念。思政课程是指专门开设的一门必修课程，高职思政课程是对大学生进行系统的马克思主义理论教育的课程，注重全面性与系统性，是显性思政。课程思政是将思政元素有机融入各门专业课程和公共课程中，借助学科优势和课程特色进行思想政治教育，着重于为价值塑造提供丰富的细节与落叶生根的土壤，把蕴含的思想政治教育元素融入知识传授、能力培养过程中，强调专业教育与思想政治教育的有机结合，如春风化雨、润物无声般的发挥思想政治教育作用，促进学生在专业学习中实现全面发展。

思政课、公共课、专业课共同构成高职院校"三位一体"的协同育人课程体系。但是，思政课、专业课和公共课是三种不同类型的课程，三者"各司职守"，承担不同的使命。思政课是高职院校意识形态工作的主阵地和主渠道，是全面贯彻党的教育方针、巩固马克思主义在意识形态领域的指导地位、坚持社会主义办学方向、落实立德树人根本任务的关键课程，也是加强和改进高职院校思想政治工作、实现高职教育内涵式发展的灵魂课程。思政课的主要目的是通过对大学生进行系统的思想政治理论教育，培养他们正确的世界观、人生观和价值观，提高他们的思想政治素质和道德素质，注重培养职业道德和职业精神。公共课程主要包括英语、数学、计算机、人文历史等课程。其目标是提高大学生思想道德修养、人文素质、科学精神等，增长知识见识，培养奋斗精神，提升学生的综合素质。专业课程则是针对特定学科领域所需的理论知识、技能训练和实践应用。其主要目的是培养学生的专业知识和技能，为他们未来的就业和职业发展奠定基础。为了增加课程的知识性和人文性，提升课程的引领性和时代性，我们需要研究不同学科专业的育人目标，挖掘和提炼专业知识体系中所蕴含的思想价值和精神内涵。使课程更具有启发性和引领性，更好地满足学生的思想需求，提高他们的综合素质。

尽管这三类课程的根本目的都是立德树人，但这并不能否定或抹杀它们的独立性。各门各类课程都要充分体现课程特色，注重课程自身质量。无论公共课还是专业课，都是内容质量为王，价值引导必须在知识传授与能力达成中实现。课程思政不是把专业课和公共课上成思政课，而是侧重在知识传授和素质养成过程中的价值引导和政治导向，要基于对学科专业的研究，并基于学科课程特点以及学生身心发展特点，具体制定课程所要承载的思想政治教育内容体系与规划，不能失去专业知识和公共课程本身的知识魅力。知识本身就蕴含价值元素，"金课"才能在培养学生素质、技能时塑造价值信念。"假大空"的"水课"只会腐蚀学生正确的价值体系。

（二）二者的联系

从联系上来看，一方面，二者相互影响、相互促进、相互支撑。思政课程要发挥育人主渠道作用，要为课程思政提供基本的理论指导，为课程思政的设计与规划、课程思政内容的开发与运用、思想政治教育理论与问题的阐释等方面提供支持，而这种支持是课程思政高效运行的重要保证。课程思政实际上是思政课程在专业课程和公共课程的延伸和拓展，是思政课程的重要补充，并与之形成协同效应。全面推进"大思政课"建设，必须全面推进课程思政高质量建设。课程思政离不开思政课程的指导和引领，思政课程更需要专业课程和公共课程的拓展深化，以提升其教育效果。另一方面，这三类课程常常存在交叉或共通之处，如公共课教学时常穿插来自专业课程的某些内容，思想政治理论课在施加思想政治教育影响的同时势必要以马克思主义学科的相关知识作为载体，专业课程教学又总带有世界观、人生观、价值观的教育意味或意蕴。

二者在本质上是一致的，其根本目标都是立德树人。高职思政课程与课程思政共同的培养目标是培养高素质、高技能的社会主义建设者和接班人。为了实现这一目标，需要将两类课程的教育目标统一于"立德树人"的根本任务，并尊重二者之间的异同，找准两类课程改革中共同的基本立足点，寻找彼此融合的切入点，并明确各自的界限，使二者同中有异、异中求同。唯有如此，才能实现"思政课程"和"课程思政"在协同育人改革中相辅相成、相互促进、相得益彰，形成协同效应。

总之，高职院校落实立德树人根本任务，必须推进思政课程与课程思政协同育人建设，二者协同并进，才能相得益彰。思政课程是育人的关键课程，任何课程不可替代；课程思政的育人功能不可缺失。二者协同育人的唯一通道是"立德树人"，二者协同并进的起点和终点都是立德树人。立德树人的应然目标既是二者协同并进的起点，奠定二者耦合之基，也是二者协同并进的终点，结出二者耦合之果，支撑起从应然到实然的整个进路。①

第三节　思政课程与课程思政
协同育人建设的难点

各高校纷纷进行"课程思政"教育教学改革探索，积累了一些宝贵的实践经验，但总体来看，"课程思政"与思政课程协同育人的深入推进仍面临许多困境亟待解决。新时代二者协同育人仍然存在一些难点需要去突破，这些难点既包括课程建设客观方面存在的原因，也包括主观方面的一些原因。对于这些问题和难点的研究分析，是有效开展协同育人建设的前提。

一、高职思政课改革创新存在难度

思政课建设长期以来形成的一系列规律性认识和成功经验，为思政课建设守正创新提供了重要基础。尤其是党的十八大以来，教师素质稳步提升，教学方法不断创新，思政课建设成效显著，但教学实效性仍然不高，由于一些主客观方面的原因，思政课教学始终存在着教学内容干涩枯燥、教育理念传统、教学手段单一、学生积极性不高等难点问题。

（一）思想认识方面的问题

一些地方和学校对思政课重要性认识还不够到位，学校、家庭、社会协同推动思政课建设的体制机制没有形成。各级党委虽然在思想上把思政课建设摆上重要议程，但实际工作措施成效并不是很大。高职教育的人才培养目标是高素质的劳动者和技术技能人才，由于其技能性和应用性，加上当前就业压力比

---

① 唐德海、李枭鹰、郭新伟：《课程思政三问：本质、界域和实践》，《现代教育管理》2020 年第 10 期，第 52—58 页。

较大，导致有些老师和学生轻视思政课，认为只有专业技能才是实实在在、重要的。在学生的思想认识上，思政课对将来找工作没有明显帮助，感受不到学习的好处，认为学不学都可以，严重影响了学生学习的积极性，也制约和影响了思政课的改革创新效果。

（二）课程和教材内容方面的问题

教材针对性不足。思政课程是针对不同学生群体的教育课程，教材和教学内容应根据学生的性格特点、心理特征、知识背景等需要进行定制设置，以使学生更好地理解课程内容，并将知识转化为实践能力。目前高职思政课教材使用的是全国高校统编教材，思想理论性强，逻辑体系好，知识量比较大。但与高职院校学生的接受能力和专业脱节，不符合高职学生的特殊需求，针对性、可读性不强。另一方面，与普通高校相比，高职教育的思想政治理论课程更加注重实用性。其教学内容需要更好地融入职业教育中，涉及产业链、职业规划等方面。需要教师具备丰富的行业经验和知识背景，就现有的师资力量来看，比较难以实现。

（三）教师素质和能力方面的问题

随着党和国家对思政课的重视，按照思政课教师配足配齐的要求，大量教师转岗到思政教师队伍，加之大量高校毕业生进入高职学校任教，更容易出现思想政治理论不系统、教学经验不足等问题。讲好思政课很不容易，由于教师素质和能力方面的不足，不能很好地把教材体系转变为教学体系，容易照本宣科，使教学内容脱离学生和社会实际，不够鲜活生动，缺乏时代感和亲和力。教育内容针对性不强、说服力不足，必然影响学生的学习兴趣和课程的教学效果。

（四）教学手段和方法方面的问题

近年来，高职院校思想政治理论课教学方法不断完善，教学质量和效果不断提升，但受多重因素影响，仍然存在一些问题，使思政课缺乏亲和力和吸引力。一是缺乏多元化教学方法的组合使用，难以激发学生的兴趣和积极性，也难以培养学生的思辨和创新能力，导致课堂单调枯燥，无法提高教学效果。部分教师仍然存在照本宣科的空洞说教，理论分析不深、不透、不活，这种脱离学生生活实际的枯燥说教，难以让学生真正掌握和理解，更难以引发学生的情感共鸣。使得课程教学效果大打折扣，而且这种情况在短期内很难改变。二是现代教育技术的应用不到位，部分思政课教师的知识更新跟不上新技术发展，其运用新技术提升教学效果的能力还需要进一步加强，线上线下混合式教学实效性不足。三是由于多种条件的限制，很多教学实践环节无法正常开展。重理论轻实践，重课堂轻课外的思想认识，使本来就薄弱的实践教学环节雪上加霜。

（五）考核和评价方面存在的问题

思政课程关乎学生的思想政治素质、价值观念等的培养，这已超出了传统考试的范围。思政课程的特殊性要求其评价方式既能符合育人任务，也能更好地反映学生的综合素质。这决定了其考核评价始终存在一定的困难。一是思政课程的考核内容较为广泛，不仅包括理论知识，还包括学生的思想品质、态度、价值观、社会实践、创新精神等方面的表现。这些目标的评价标准比较模糊，难以确定标准化的评价方式。二是学生表现因素较多，评价难以全面。学生的表现因素包括日常表现、课堂表现、社会实践、志愿服务等，难以全面、综合地统计学生的表现，存在一些主观和难以量化的因素，导致评价不够准确。三是能力评价不足。对学生的批判性思维能力、独立思考能力、创新能力等评价标准比较模糊，甚至被忽略，学生不能得到应有的评价和反馈，对其学习积极性和全面发展的影响很大。

思政课是坚守马克思主义指导地位、确保意识形态安全的关键课程。高校历来是国内外意识形态斗争的重要阵地。新时代，意识形态领域面临的形势和斗争更加严峻复杂，网络新媒体的跨时空性、跨地域性、跨文化性对思政课内容和教育主体的权威性形成了巨大挑战。要切实发挥思政课立德树人的主阵地作用，必须坚持在改进中加强、在创新中提高，努力让内容"活起来"，让办法"火起来"，让学生"爱起来"，让"高大上"变"接地气"。不断改善课堂教学状况，切实提高教学实效。

二、专业知识与思想政治教育融合存在难度

课程思政协同育人是一项系统工程，在这一系统工程中，"专业思政"是高职院校构建大思政育人格局最为核心、最为关键和最难解决的部分。因而，课程思政的难点首先在于如何将专业知识与思想政治教育相融合。

（一）教师对课程思政的认识问题

调研发现，当前部分教师对课程思政存在认识不足甚至误解的情况，与新时代党对教育"立德树人"的要求还有一定差距。对教师教书育人职责与课程思政的内涵意义认识不足，未能精准把握课程思政的"政治灵魂"，甚至认为实施课程思政会干扰专业课程自身的教学活动和减弱教学效果，导致相当多的专业教师在教学中不想、不敢、不愿、不会实施课程思政。

随着科技革命的不断发展，专业课的教与学往往只注重了各种定义、公理等的知识学习，而忽视了蕴含在知识本身的价值与素养，人们逐渐淡忘了学习知识的初衷、价值和意义。新时代，世界百年未有之大变局和中华民族伟大复兴的关键期同步交织、相互激荡，我国发展面临的各种风险和挑战前所未有，社会主义核心价值观作为整个社会凝心聚力根本内核的位置日益凸显，如何让社会主义核心价值观贯穿于专业课教学全过程，是课程思政建设面临的首要问题。每一位任课教师都要深入挖掘专业课中所蕴含的价值追求，回溯各个知识体系的初心，自觉将价值塑造融入专业知识传授和能力培养中。

（二）教师思想政治理论素质方面的问题

课程思政最终要通过教师这一关键主体去实施，师资力量是事关"课程思政"实施质量的关键要素。就专业思政而言，专业课教师的思想政治教育

意识和能力都还存在着一定差距。如何使专业课教师在课程教学过程中把专业知识和思想政治教育融合，成为课程思政推进中的最大难点。高职院校由于专业和职业性强的特点，各类课程教师多数是来自理工类和经管类的大学毕业生，有的是来自企业的能工巧匠或技术工程人员，他们在大学所学的专业、学科都是专业性较强的专业，虽然也学过思政课，但总体来说，对马克思主义理论把握不够，对马克思主义理论的现实价值理解不深，部分教师马克思主义理论素养不高。导致相当多的专业教师在教学中不想、不敢、不愿、不会实施课程思政。这既影响了专业教师实施课程思政的积极性和主动性，也影响课程思政的实施能力和教育效果。

（三）课程思政设计与实施方面的问题

课程思政协同育人涉及课程和思政教育的有效融合，需要精心设计和组织实施，这是课程思政的重点。部分专业教师对思政元素的挖掘与开发能力、课程思政的设计能力与教学管理能力不足，导致课程思政内容供给数量不多、质量不高，思政元素融入课程内容的方式生硬，融入课堂的方法不当。一些学科可能没有较为明显的思政元素，需要考虑如何在该学科中渗透思政元素，以达到思政课程与专业课程的有机结合。在课程思政协同育人中，跨学科的合作是必不可少的，但由于课程设置的限制，可能难以实现跨学科合作。只能生搬硬套、牵强附会地"勉强融入"，这就会导致"课程"＋"思政"的形式化误区，更容易导致"低级红高级黑"的负面效应，难以达到立德树人的根本要求。

因此，要着力提升专业教师对课程思政的认知，激发专业课教师教学主动性，提升专业课教师的课程思政能力。使专业教师以"愿教""乐教""会教""能教"的态度开展课程思政，不断提高课程思政教育效果。

三、协同育人机制的完善与建构存在难度

思政课程与课程思政协同育人要实现的目标是各类课程与思想政治理论课

同向同行，形成协同效应。实现二者协同育人效应，需要形成全方位的"大思政"工作格局和高效的协同育人机制，并通过一体化的顶层设计和实践来实施推进。但在现实的工作中，由于多种主客观因素的影响，目前高职院校还难以形成完善的协同育人机制，而且在协同育人机制的形成过程中也存在一系列问题。针对教师"既要教书也要育人"主要停留在柔性倡导和要求，仍然缺乏规范性指导和可抓可查的制度安排。

（一）缺乏强有力的领导机制

尽管高职院校基本建立了"党委统一领导、党政齐抓共管、教务部门牵头抓总、多部门协同推进"的协同育人工作机制。但领导机制的建立更多是形式化、抽象化的，在具体内容的推进落实中，缺乏相配套的保障措施。如具体的工作内容与方法，工作效果及评定等措施。不利于强化高职院校协同育人的主体责任与工作方向，从而影响工作效果。目前，大多数高职院校没有建立起各类课程教师与思政课教师之间在思政育人上通力合作的联动机制，在实践上也就不能实现专业课教师与思政课教师的互补互通和分工协作。思政课教师不能以理论优势为课程思政建设提供理论支持以及实践层面的答疑解惑，专业课教师不能以专业优势为思政课教师提供思想政治教育的素材支持和智慧支持，二者未能真正形成有效的思政协同育人合力。

（二）缺乏有力的保障机制

协同育人开展需要依靠制度和物质的保障机制，习近平总书记曾经指出："要增强制度意识，善于在制度的轨道上推进各项事业。"当前，高职院校推进思政课程与课程思政协同育人建设，除了制度层面上的缺失，具体的保障制度也滞后，严重影响和制约着协同育人建设实效。一是考核评价制度不健全。当前，高职院校教育行政部门在对教师进行评价与考核时，一般都以"教师是否公开发表过论文以及论文的数量、教师是否出版过著作、教师获得过怎样的教学与科研成果等，以便评价与考核更具有可操作性。但是，要对一个教师进行科学合理的评价与考核，仅仅通过这些指标做出判定是不够的，长此以往，教师的发展必然会出现严重的片面性"①。因此，需要建立健全考核评价制度，改进片面的评价标准，将教师的思想道德素质、教学能力、学生的到课率和抬头率、合作互助参与度、对学生的关注度等作为新的重要评判标准。②《高等学校课程思政建设指导纲要》指出，课程思政涵盖教师、教材、课程、专业、质量评价、学生、保障机制等教学要素，由此，对课程思政建设成效的评价应该是多维度、多层次的系统。目前的课程思政评估指标体系尚不完备，亟待建立科学有效的评估机制。二是缺乏有效的教师激励机制。由于缺乏教师激励机制，很难激发教师的潜能，在课程思政和协同育人教育理念提出后，会很难有代入感。不健全的评价机制，以及对教师实行物质激励、精神激励、职业奖励等激励政策的缺失，影响了教师协同育人建设的创造活力，使教师队伍在教书育人中难以达到整体优化。

第四节　思政课程与课程思政
协同育人的建设策略

课程思政与思政课程协同育人作为一种新型的教育理念和教育实践，不仅对高职思想政治教育，而且对整个高职教育都是一个大变革。因此，思政课程与课程思政协同育人建设是一项系统工程。包括工作体系的构建、体制机制的创新、实施规划、推进路线、保障条件等。

一、构建协同育人工作体系

构建完善的协同育人工作体系，是高职院校落实立德树人根本任务的逻辑必然，是提高高职院校人才培养质量的根本保障。具体而言，应该从以下三个

① 叶琳:《协同创新视域下高校人才培养研究》,中国水利水电出版社 2018 年版,第 163 页。
② 路涵旭:《课程思政视域下专业教师与思政教师协同育人路径研究》,河北师范大学,硕士学位论文,2020 年 6 月。

136

方面进行构建：

（一）加强一体化领导

推进思政课程与课程思政协同育人，学校要充分发挥领导作用，为整个协同育人工作提供方向和支持。加强一体化领导，可以实现学校与各教育主体之间的密切联系，推动"大思政"理念深入人心，建立思政课程与课程思政协同育人的有机联动体系，更好地发挥各方的职能作用，推进形成"教师人人讲育人、课程门门有育人"的思政育人格局，提升协同育人的效果和质量。

一要设立专门机构负责课程思政协同育人。学校各级领导应该充分认识课程思政协同育人的重要性，设立专门机构或部门负责课程思政协同育人，以实现统一领导和协调管理。明确各个教育主体（包括学校、教师、学生、家长等）的职责，引导教师注重学生价值观、道德观等的塑造和形成，打造新时代思想文化阵地，不断提升学生的道德素质、文化素养和实践能力。

二要加强协同育人工作评估和推进。学校要建立完善的协同育人工作评估机制，强化评估和指导，及时调整和改进协同育人工作。同时，学校要制订具体的工作计划和推进方案，充分发挥各教育主体的作用，促进协同育人各种机制的完善和发展。

（二）搭建"强融合"的联动性机制

一要建立良好的沟通机制。学校应该设立校内协同育人工作组，由各个教育主体共同参与，定期进行协调和交流，解决问题和发现新的机会。同时，学校也应该营造宽松的环境，让学生、教师和家长之间建立起互信和共同进步的氛围。

二要完善协同育人平台和制度体系，促进育人要素和资源的集聚优化、共建共享，强化育人队伍协同建设，建立科学评价考核体系，系统推进全员全程全方位育人。借助信息技术的发展，依托在线教育平台、微信平台等技术手段提供跨越时空的在线教育支持，实现资源共享和个性化自主学习。

（三）构建全时空协同育人体系

把握学生成长成才的每一个关键阶段和关键环节，学校应该建立健全"贯通式"教学体系，横向上贯通"三课堂"的课内课外、校内校外、线上线下"六维度"，纵向上贯通学生在校的时间维度，强化教学的连续性和衔接性。考虑不同教育阶段的差异性和特点，立足全局视角和整体性思维，对教学体系进行系统化布局规划。

一要推进大中小学思政课一体化育人。教育部门应该加强对大中小学思政课一体化工作的指导和管理。各级教育机构和学校领导要认识到推进大中小学思政课一体化的重要性和紧迫性，并根据实际情况，建立起大中小学思政课一体化的教学体系。积极开展课程、教材、教育技术资源的共享，促进资源的合理配置，提高教学效果，节约教育资源。

二要推进高职院校在协同育人、学科互通、资源共享等方面的协作开展，确保不同学段的学生能够有机会相互学习、相互交流，形成全方位、高效率的教育环境，激发学生的内在动力，为学生的成长成才搭建起完善的教育平台。突破学科藩篱，创新多元化的教学手段，重视全员育人，多措并举激励和推动各角色承担并充分发挥育人作用，让他们真正成为学生成长中的重要支持力量。

二、完善协同育人体制机制

（一）建立健全以章程为统领、规范统一的制度体系

加强制订和完善相关制度和政策，明确各类教育机构和教师的职责、任务、涵盖范围、评估标准等方面。进一步落实全员育人主体责任，创新多主体协同、资源协同、各管理部门协同的协同育人机制，统筹育人资源、凝聚育人力量，为开展专业思政育人工作提供坚强的政治保障和组织基础，从而构建起从宏观设计到微观落实的完整思想政治工作体系，并不断进行迭代和深化，形

成一个育人闭环。

（二）建立健全科学动态评估反馈机制

为了更好地推动协同育人理念在高职课程建设中的实施，必须建立健全科学的动态评估反馈机制，确保坚持育人导向、问题导向、实践导向，切实做到守土有责、守土负责、守土尽责，使思政课程与课程思政协同育人建设真正干在实处、落到实处，促进协同育人建设的科学化、规范化、民主化和现代化。

通过科学的数据和反馈机制，可以及时发现课程设立、内容及教学方法等方面存在的问题，不断调整和优化课程设置及教学方式，使之更加符合学生的需求和实际情况，增强课程的适应性和针对性。从而，提高教学质量和学生的满意度，达到更好的协同育人效果。

（三）创新建立"分层、分类、分众"管理机制

为了更好地推进思政课程和课程思政协同育人工作，要建立"分层、分类、分众"管理机制。针对不同层面的组织、不同类别的任务以及不同岗位的个体，实施"分层、分类、分众"管理。明确相应职责或要求，完善相应的制度配套保障。将不同学科、不同班级、不同层次的师生进行分层、分类、分众管理，推进深度协同育人，提高协同育人质量和效率。

一是可以提高协同育人针对性和有效性，根据不同的学科、层次、类型，选择采用最适宜的方法进行教学，保持多元化教学方式，让教学更加有针对性和有效性；二是可以提高教学效率和教学质量，将教学资料和教学资源进行优化配置，让学生能够更好地掌握知识和技能；三是可以更好适应不同需求，高职学生生源复杂，不同层次、不同类型的学生所面临的问题和需求不同，通过细分管理，实现个性化教育，让每个学生都能得到个性化的关注和教育，最终实现教育公平。

（四）完善教师培养、考核、激励机制

通过教师中心学习、岗位培训、"三会一课"等学习载体作用，推动"课程思政"理念和"协同育人"理念在教师的思想层面领航。发挥"典型示范"

作用，通过开展形式多样的活动，如"请进来""走出去""集中研讨"等，促使更多的个体和组织充分地、创造性地吸收典型的做法和经验，从中获取启发和借鉴，进而发挥创造性思维，将这些典型的做法和思考融入自己的工作和实践中，实现教师育人能力的提升，推动"协同育人"理念在教师的能力层面定标。以"大思政"理念为指引、以人才培养质量为导向，深化教师评价考核制度和教学质量评价考核制度，完善资源配置、职务、职称、职级晋升等评价体系，推动"大思政"理念在教师的动力层面牵引。使"协同育人"理念不断深入人心，把"三全育人"真正落细、落小、落实。

三、着力突破重点难点

推进思政课程与课程思政协同育人建设，最重要的是明确课程思政推行中的核心问题及解决思路，紧紧抓住教师队伍"主力军"、课程建设"主战场"、课堂教学"主渠道"，重点解决以下几个关键问题：如何提升专业课教师思想政治素养和思想政治教育能力问题？如何挖掘专业课程的思政元素？如何将思政元素融入专业教学？如何协同推进各类课程与思想政治理论课同向同行？如何结合不同课程、学科、学段、专业、对象进行课程思政系统设计与规划？如何从制度上推动课程思政的实施？如何评价课程思政实施效果？

（1）重点通过完善教师培养、考核、激励机制，推动思政课程与课程思政协同育人理念在教师的思想层面领航、能力层面定标和动力层面牵引。

（2）重点通过建立"分层、分类、分众"管理机制，突破思政课程与课程思政协同育人建设中不同主体间的藩篱，打破不同部门间存在的条块分隔，促进"三全育人"落地落实落细。

（3）破解思政育人考评机制不健全的问题。深化教师育人考核制度和教学质量评价考核制度，完善教师思政育人质量在职务、职称、职级晋升等方面的评价体系，推动"大思政"理念在教师的动力层面牵引。综合评价学生"三课堂"表现，完善学生德育评价指标体系。

（4）破解"实践思政"指导不力、管理粗放问题。利用信息技术实施信息化管理，依托大数据，实现动态准确摸排，不断提升"精准度"，建立师生双元多维立体评价体系，全过程全方位跟踪管理评价。

第五节　思政课程与课程思政协同育人建设方案

一、明确工作思路

(一)明确指导思想，推进协同育人

以习近平新时代中国特色社会主义思想为指导，坚持和加强党的全面领导，以立德树人为根本，以理想信念教育为核心，以社会主义核心价值观为引领，以"三全育人"和"十育人"为工作导向，推进思政课程和课程思政协同育人，切实提高思想政治工作亲和力和针对性，形成全员全过程全方位育人格局，着力培养担当民族复兴大任的时代新人，开创新时代学校思想政治工作新局面。

(二)坚持问题导向，注重精准施策

立足课程育人主渠道和课堂教学主阵地、聚焦专业思政育人的重点任务和薄弱环节，以"三课堂"建设为抓手，强化优势，补齐短板，着力破解思政课程与课程思政协同育人中存在的问题。

(三)把握工作主线，增强育人实效

以教师育人意识、能力提升和动力牵引为主线，完善教师培养、考核、激励机制，推动思政课程与课程思政协同育人理念在教师的思想层面领航、能力层面定标、动力层面牵引。在推进思政课程与课程思政协同育人建设中，把"三全育人"真正落细落小落实。

（四）遵循育人规律，坚持守正创新

遵循思想政治工作规律和学生成长规律，把握学生思想特点和发展需求，优化内容供给，改进工作方法，不断创新协同育人工作形式和育人载体。

（五）推进协同联动，强化责任落实

建立党委统一领导、宣传统战部统筹协调，各部门分工负责、协同参与的联动机制和责任体系，强化督导考核。

二、思政课程与课程思政协同育人实施路径

（一）完善思政课程与课程思政协同育人推进机制

课程思政是专业思政的重要组成部分，也是进行专业思政建设的重要依托。在高职院校中，我们需要统筹开展专业思政和课程思政建设，既要确保课程思政在专业思政建设中具有核心地位，又要将专业思政的目标要求传达给教师，努力实现专业思政和课程思政的一体化建设。这意味着高职院校要将思想政治工作贯穿于专业体系、教学体系、教材体系和管理体系之中，深化课程思政建设，确保思政课程与课程思政同向同行，形成协同效应，促进学生全面发展。

（二）完善教师培养、考核、激励机制

通过对教师的培养、考核和激励，推动思政课程与课程思政协同育人理念在教师的思想层面领航、能力层面定标和动力层面牵引，广泛激活育人主体的意识和能力。

一要推动协同育人理念在教师的思想层面领航。构建全校性、学院性、学科性、专业性等多层次、立体化的课程思政相关理论培训体系，加大宣传力度，强化教师师德师风建设，通过多种方式提高教师对于协同育人理念的认识

和理解，增强教师的跨学科理解能力、人文素养和职业素养。加强思政教师和课程思政教师的互联互通、协同联动，实现二者优势互补、相互促进，有效推进课程思政和思政课程协同育人。

二是推动协同育人理念在教师的能力层面定标。制订符合教育教学实际的协同育人能力指标，明确每个能力指标的具体含义、评价标准和评价方式，定期对教师进行能力评价，客观记录和分析教师的教学效果。发挥"典型示范"作用，通过"请进来""走出去""集中研讨"等形式将典型的做法、经验、思路让更多的个体和组织充分地、创造性地吸收，提高教师将知识传授与价值引导相结合的能力。

三要推动协同育人理念在教师的动力层面牵引。以"协同育人"理念为指引、以人才培养质量为导向，深化教师评价考核制度和教学质量评价考核制度。构建科学合理的教师考核机制，注重教师的教育教学质量、职业素养和科研能力的平衡发展。通过基于课堂教学、教学个案和成果的多种方式，对教师进行考核和评价。完善资源配置、职务、职称、职级晋升等评价体系，建立行之有效的激励机制，提高教师职业荣誉感，激发教师的工作积极性。

（三）健全协同育人管理机制

建立"分层、分类、分众"管理机制，突破思想政治工作中不同主体间的藩篱，打破不同部门间存在的条块分隔，推进育人力量的有效联结，促进"三全育人"落地落实落细。

针对高职院校协同育人过程中的不同组织层面、任务类别和岗位个体，我们可以实施"分层、分类、分众"的管理方法，明确其相应的职责和要求，并完善相应的制度配套保障。在分层管理方面，我们可以从学校、处室和系部、个体三个层面完善制度体系，确保每个层面都能明确任务和着力点，从而提高制度的适用性和有效性。在分类管理方面，我们可以针对思政课程、课程思政、教师思政、职工思政等不同任务类别，制定相应的项目化、平台化、标准化的制度规范，明确工作目标、考核指标，实施路径和推进策略，通过制度设计来提高思政育人的实效。在分众管理方面，我们可以根据不同育人主体的任务、特点和需求，编写各类规章制度，制作操作手册，让教师清晰了解在课程育人中的着力点、能力提升点和发展激励点，让学生清晰了解在德智体美劳各方面应完成的重要学习任务、实践任务和相应的等级标准，确保制度得到真正的应用和落实。通过这种管理方式，可以提高思政协同育人工作的针对性和有效性。

（四）凝心聚力深化课程改革

课程是人才培养的核心要素，思政课程和课程思政协同育人，要推进课程协同，构建专业思政"一体两翼"课程体系，思政课程是主体，专业课和公共课是两翼，二者同向同行，协同育人。思想政治理论课教师和专业课程教师应结合思想政治教育的特点和课程的特点，对专业课程群蕴含的思政元素进行挖掘整理，并对可承担的思想政治教育内容进行系统梳理，然后根据课程的安排进行部署和实施，从而形成课程思政的整体安排。在课程教学中，需要综合考虑学段、学生身心发展特点、学科专业特点等因素，设计科学有序的一体化思想政治教育内容。

首先，以"思政课"改革为关键点，提升政治方向和价值引领作用。着力推动思政课程精品化、系统化建设，构建思政课特色资源平台和课程教育体系，实现学段纵向衔接、逐层递进，学科、课程协同联动的一体化思政课课程体系。开好"四史"选择性必修课程，切实提高实践教学实效。精心研制优秀教案、课件和案例等，推进数字资源和网络信息资源库建设，构建立体化教材体系。加强系统理论研究和课堂教学设计研究，打造思政"金课"和特色课程群，培育打造思政课程示范项目，开发一批学生喜闻乐见的特色课程。

其次，高职院校结合专业特点分类推进课程思政建设。针对高职开设较多的七大专业群分别开发思政内容，挖掘课程思政元素，确定课程思政建设的"自选动作"，绘制各专业群"课程思政"课程地图。以每门专业课思政元素"五步融入"为突破点，增强课程思政育人效应和专业思政人才培养质量。"思政盐"逐步分解，融入专业教学内容体系，创新实施"育人协同构体系、价值引领建标准、元素渗透供内容、暖心设计备文案、寓德于教启思想"五步融入供给侧改革。建设一批"课程思政示范课程""课程思政典型案例"。

再次，以"公共课"体系构建为切入点，形成思政协同育人氛围。挖掘公共课课程和教学方式中蕴含的思想政治教育资源，优化课程结构设置，构建全面覆盖、类型丰富、层次递进、相互支撑的公共课程体系。设立美育教研室，开设公共基础类、艺术素养类、职业素养类、创新创业类和工匠精神类等通识教育课程，提升学生的综合素质、创新能力和社会责任感。编撰新形态校本教材、校级规划教材和活页教材，用好脱贫攻坚、抗击疫情等鲜活教材。促进思想政治教育元素在各类课程中的共享与融合，探索"启智润心"育人模式，营造"门门有思政、人人讲育人"的良好氛围。

（五）协同推进教学改革

课堂是高职学生思想政治教育的主渠道和主阵地。思政课、公共课程、专业课程三类不同属性的课程，在分类厘定各自功能定位、分类开展重点建设的基础上，落实"三全育人"总要求，遵循"知行合一，止于至善"的育人理念，充分发挥网络育人作用，按照"知行悟"三境界育人规律，深化"三课堂"教学改革，协同打造"三课堂"育人模式，提高协同育人实效。

1. 建设以"知"为主的"专业思政"第一课堂

落实立德树人根本任务，在学校办学理念的指导下，以培养高素质高技能专业人才为使命，确定各专业群人才培养目标，构建"一体两翼"的专业群课程体系，思政课是育人主体，发挥价值引领主渠道作用；通识课和专业课是两翼，发挥价值渗透协同育人作用。通识课拓展提高人文和科学素养，助推全面发展。专业课以社会主义核心价值观为引领，聚焦专业群职业道德，将专业特色思政元素融入课程内容，实施课程内容供给侧改革，建设思政课程示范课、课程思政示范课和典型案例，协同开展教书育人。

2. 建设以行为主的"实践思政"第二课堂

作为第一课堂的延伸，落实"知行合一，止于至善"育人理念，以各专业群职业道德和职业精神培养为指引，开展丰富多彩的实践活动，建设各具特色的实践育人课堂。围绕"理想信念教育、价值观念引导、责任担当培塑"

等关键点位的教育引导，开展各专业群实践活动，在实践活动的锤炼、磨砺和检验中，培养坚定理想信念，筑牢精神之基；培养诚信敬业、爱国奉献等职业精神和职业素养，奠定坚实的社会主义核心价值观基础；培养社会责任与担当，增强学生的志气、骨气和底气。让学生在"实践、认识、再实践、再认识"的螺旋式上升过程中，实现价值观的改造与升华。

3. 建设以"悟"为主的"网络思政"第三课堂

适应微时代网络思政的新要求，建设具有各专业群文化特色的新媒体工作室，以微信公众号、QQ、抖音、系部官网等为运行平台，用推文、图片、音频、微视频等大学生喜爱的形式，师生共建平等交流的云端社区，共同创作优秀网络文化作品，交流思想、感悟人生，传播正能量，形成"有态度""有厚度""有温度"的网络文化育人氛围，让学生在学思感悟中提升自我修养，打造师生"互通互享""悟心修身"的第三课堂网络思政育人阵地。

"三课堂"贯通"课内课外、校内校外、线上线下"六个时空维度，形成网格化全方位育人矩阵。第一课堂通过"翻转课堂+混合式教学+校外实习"贯通"六维度"；第二课堂通过"规定+自选"贯通"课内课外"，通过"校园实践+社会实践"贯通"校内校外"，通过"平台管理+现场实践"贯通"线上线下"；第三课堂通过"主管+参与"贯通"课内课外"，通过"师生+社会"贯通"校内校外"，通过"网络交流+线下延伸"贯通"线上线下"。三课堂与六维度纵横交错，形成 3×6 育人矩阵，每一个"矩阵元"都代表一个思政育人单元，每个单元都包含"任务书"、"线路图"、"时间表"等要素，具有系统性和可操作性，为全面落实"三全育人"工作机制，提供有效可行的整体解决方案和专业思政育人范式。

（六）完善全面保障体系

思政课程与课程思政协同育人是一个系统工程，需要学校有组织地有序推进。思政部要成立课程思政研究中心，主动对接各系部各专业课程思政建设。各专业应主动对标《高等学校课程思政建设指导纲要》和《专业教学标准》，根据学校课程思政评选标准和评价体制，从加强组织领导、注重教师培养，共建平台载体、形成激励机制、完善评估反馈等维度完善全面保障体系。

1. 建立党建引领的三级协同育人组织体系

建立学校党委、院系党总支、专业党支部三级专业思政组织体系，发挥"双带头人"职能，完善相关实施与保障制度，实现组织保障和制度保障。从宏观、中观、微观三个层面，强化高职院校协同育人统筹推进；把握教师、课程、教学三个关键要素，从制度规范层面，建立和完善课程思政培养培训体系，推动课程思政培训常态化，建立课程思政集体教研制度，实施课程思政金课名师打造计划，深化课程思政内涵建设；把握特色、标准、评价三个突破环节，找准课程思政建设和协同育人建设的突破口，激励教师乐教善教，形成引领课程思政改革创新的标志性、示范性成果。重点解决教师不主动做、不知道怎么做、不能长期坚持做的问题，着力将课程思政改革内化到学校的治理体系和治理结构中，让思政课程与课程思政协同育人能够真正落地生根，逐步固化为现代大学制度的内在组成部分。

2. 完善协同育人组织保障和制度保障

成立课程思政与思政课程协同育人领导小组，党委书记任组长。建立起以党委书记为直接负责人、各部门各单位齐抓共管的协同育人工作局面。党委书记牵头制订实施二者协同育人的一系列规章制度，并定期督导推进。如建立实施"课程思政共建人"制度（每一门其他各类课程都有一名思政课教师作为课程共建人参与，与专业课教师共同建设。实现协同备课、资源共享等）、建立专业课教师、思政课教师、政治辅导员等座谈交流制度等；教务处应加强对课程协同的统筹规划，改革教学质量考核和评价机制，将课程思政效果纳入其中；人事处应进一步完善教师评聘制度，加大对教师的思想品德和政治考核；后勤部门要为教师创造良好的教学环境，等等，有效整合各种育人资源，汇聚各种育人力量，提供协同育人的最大合力保障。

3. 提高协同育人师资保障

打造专思结合（专业课教师与思政专业教师）、专兼结合、新老结合、教辅结合（专业教师与辅导员等）的结构化团队。一是规划引领，实施教师分层分类培育提升工程，建立教师分层分类培养模式和路径，营造"崇德尚能、追求卓越"的教师文化。二是培训推动，开展新知识新技能常规培训、个性化培训和精准培训。提高教师课程思政意识水平和课程思政设计能力。三是教研驱动，建立教师团队（至少有 1 名思政教师）"手拉手"备课制度和"结对子"传帮带制度，加强工作交流和督导检查，提高教师整体育人水平。四是实战演练，通过组织教学设计大比武和"卓越课堂"评选，提高教师思政育人的实战能力。五是示范带动，打造教学名师，创建示范课程和示范课堂，组织公开课和示范课，使每一位教师都能在观摩、模仿、操作中习得相应的教育教学技能。

4. 健全考核评价激励机制

健全考核评价激励机制，完善动力保障。以"三全育人"理念为指引、以人才培养质量为导向，深化教师评价考核制度和教学质量评价考核制度，建立多维度综合教学评价工作体系，完善资源配置、职务、职称、职级晋升等评价体系，推动思政课程与课程思政理念在教师的动力层面牵引。用好思政课程和课程思政教学评价结果，作为对各系部和班子成员考核的重要指标，重视教学过程评价，增加教学研究和教学成果在评价体系中的权重。作为思政课教师绩效考核、职称晋升、评奖评优等的基本依据。如学院也可以设立一些课程思政改革创新试点科研、教学项目，鼓励全体教师积极申报。鼓励各学院在自身内部建立适当的奖惩制度，对于达到学校要求标准的教师给予额外奖励，反之对其进行一定的扣除；在涉及教师职务（职称）晋升和各类评优评先表彰中，可优先推荐积极参与课程思政建设的教师。

5. 健全科学动态评估反馈机制

科学的动态评估反馈机制，是教育改革和发展的重要手段和保障。可以帮助教师和学校及时了解学生的学习情况、教学效果和教育环境等方面的问题，并及时采取改进措施。有助于学校和教育管理部门进行资源优化和配置。通过不断的评估、反馈和改进，促进实现教育的持续优化，提高教学质量和学生的综合素质。

建立健全科学动态评估反馈机制，需要全面考虑教育的各个环节和参与者，确保评估的全面性和有效性，还要注意确保评估过程的客观性、公正性和透明度，以保证评估结果的可信度和有效性。同时，也需要根据实际情况和需求进行灵活调整和改进，不断完善评估机制。具体要做好以下五个方面的工作：

一是要设计科学合理的评估指标。既要考虑到教育质量的本质，也要考虑到个性化、多元化的要求。针对不同类型、不同层次的育人部门和学生，制定包括教育质量、学生素质、教师能力、社会反响等方面的评估指标。学生素质指标可以包括学生的学习成绩、知识掌握程度、思想政治觉悟等方面的评估要素。

二是要建立动态监测体系。依托信息化建设，建立一套动态、科学的数据监测体系，通过多种方式收集整理、分析解读数据和信息。重点关注教师教学质量、学生学习情况、课程运行效果等方面的数据，及时捕捉到问题和不足，为校内定期评估和外部评估提供数据基础。

三是要采取多种评估方式。在评估方式上，采取多种手段，包括定期问卷调查、学生学习反馈、教师评估互动、社会反响评估等方式，使评估结果的真实性和权威性受到广泛认可。

四是要及时提供反馈和建议。根据数据分析的结果，向教师、学校和相关部门提供评估报告和反馈信息。报告可以包括学生整体表现、优点和改进点等方面的内容，并提出相应的建议和改进措施。

五是要加强评估结果应用。评估结果应该重点应用于制订教育改革发展规划、制定质量标准和评价体系、推进教师教育培训、推动教育投入和资源合理配置等重要方面，优化教育发展生态，促进教育现代化进程，实现教育的可持续发展。

第七章 ◀◀◀
推进高职院校"大思政"育人体系构建

　　"大思政"作为一种新的理论名词和研究趋势，近几年在思想政治教育领域逐渐兴起，并在高校思想政治工作中得到越来越多的关注。在"大思政"视域下推进高校思想政治教育，既是对中华优秀传统思政教育理念的传承，又是适应新时代发展变化的必然要求。推动构建高职院校"大思政"育人体系，是对高校"为谁培养人、培养什么样的人、怎样培养人"这一时代之问的实践回应，也是破解新时代高职院校思政育人困境、实现高职院校人才培养目标的重要保证。

第一节 "大思政"提出的背景

习近平总书记多次从不同层面、不同角度强调大学生思想政治教育工作的重要性，强调思政课建设的战略性、全局性和时代性意义，结合新时代中国特色社会主义的建设要求，依据我国高校思想政治教育工作的实际情况，提出了"大思政"教育理念。2016 年 12 月，习近平总书记在全国高校思想政治工作会议上指出："要坚持把立德树人作为中心环节，把思想政治工作贯穿教育教学全过程，实现全程育人、全方位育人，努力开创我国高等教育事业发展新局面。"① 正式确立了思想政治教育关于"大思政"战略目标定位及新的教育教学理念。强调各类课程要与思想政治理论课同向同行，形成协同效应。2019 年 3 月 18 日，习近平总书记在全国思想政治理论课教师座谈会上强调指出："要坚持显性教育和隐性教育相统一，思政课要做思想政治教育的显性课程……同时，要挖掘其他课程和教学方式中蕴含的思想政治教育资源，实现全员全程全方位育人。"② 2021 年 7 月 12 日，中共中央、国务院印发《关于新时代加强和改进思想政治工作的意见》中，提出要"构建共同推进思想政治工作的大格局"③，也就是"大思政"格局。2021 年 3 月 6 日下午，习近平总书记在看望参加全国政协会议的医药卫生界教育界委员时指出"思政课不仅应该在课堂上讲，也应该在社会生活中来讲"，"大思政课"我们要善用之，一定要跟现实结合起来。

"大思政"成了思想政治教育相关讨论中的常见术语，进一步明确了新时代高校思想政治教育的要求和实践思路，也为高校落实立德树人根本任务提供了重要遵循。一方面，当前，世界之变、时代之变、历史之变正以前所未有的

---

① 《习近平谈治国理政》第二卷，外文出版社 2017 年版，第 376 页。
② 习近平：《思政课是落实立德树人根本任务的关键课程》，人民出版社 2020 年版，第 23 页。
③ 中共中央、国务院：《关于新时代加强和改进思想政治工作的意见》，http://www.gov.cn/zhengce/2021-07/12/content_5624392.htm。

方式展开①，对高校思想政治教育提出了新的要求和挑战。高校承担着"为党育人、为国育才"的重大使命，为适应时代要求，培养德智体美劳全面发展的社会主义建设者和接班人，加强思想政治教育势在必行。另一方面，一些高校思想政治教育存在思政课孤军奋战、教育资源单薄、教学内容陈旧、手段方法单一、教师队伍建设不足等问题，需要进行改革和提升，而"大思政"为其提供了全新的视角。"大思政"要求把思想政治教育贯穿于人才培养的全过程和各环节，统筹协同所有的育人资源，形成强大的育人合力。这与"三全育人"理念和"十大"育人体系的价值诉求是一致的。

目前我国高职院校的思想政治教育工作还存在着一些问题，导致协同育人效果不够理想。在制度和管理方面，存在制度设计不完善、管理不规范等问题，缺乏统一的思想政治教育规划和组织机制，导致思政教育工作的开展缺乏整体性和协同性。在育人文化氛围方面，学校内部存在较为明显的协同育人氛围不浓的问题，缺乏全员参与的意识和共同价值观基础，思想政治教育工作容易变成形式主义，缺乏真正的育人效果。在育人资源方面，存在思政教育资源分散的问题，育人资源散落在各个学科、课程中，缺乏整合和协同利用，导致资源的有效利用率较低。在育人环节的衔接度方面，存在思政教育各个环节之间衔接度较差的问题，缺乏有效的衔接机制和教育路径，使得学生在思想政治教育中难以形成系统性的思考和认知。在师资队伍方面，部分高职院校教师在思想政治教育方面的专业素养和能力有待提高，存在教书与育人之间、思政课与其他课程之间的"两张皮"现象。在专业课教师的意识方面，存在育人意识不强、育人能力不高的问题，部分专业课教师对学生的价值引领存在困难或抵触情绪，甚至有一些对主流意识形态有一定稀释、消解作用的观点，影响了思想政治教育的有效开展。以上这些问题相互影响、交互作用，导致高职院校思想政治教育的协同育人效果不够理想，需要进一步加强协同合作，促进主体协调、要素联动和资源整合，构建"大思政"协同育人方式和机制，以更好地满足学生的需求和提升思想政治教育的效果。

---

① 习近平：《高举中国特色社会主义伟大旗帜 为全面建设社会主义现代化国家而团结奋斗——在中国共产党第二十次全国代表大会上的报告》，人民出版社 2022 年版，第 60 页。

第二节 "大思政"的基本内涵

何为"大思政"？"学术界还未有一致的定论，它是一个历史课题，同时也是一个现实课题，随着时代潮流的变革不断被赋予新的内涵。"① "大思政"既是一种思想政治教育理念和教育模式，也是一种思想政治教育工作格局，更是高校思想政治工作的一种应然状态。

一、"大思政"是以立德树人为根本的协同育人理念

作为一种教育理念，于高等教育而言，"大思政"是指高校运用一切资源来做好大学生的思想政治教育工作，其根本点是通过将教师的教书育人、学生的成长成才、学校的思想政治教育规律结合起来，形成一个完整统一的育人体系，全面统筹办学治校各领域、教育教学各环节、人才培养各方面的育人资源和育人力量，推动知识传授、能力培养与理想信念、价值理念、道德观念的教育有机结合，把"立德树人"作为教育的根本任务的一种综合教育理念。是从根本上对大学生思想政治教育的方式方法进行创新的总和，旨在将思想政治教育贯穿到教学的各个领域、各个阶段及学校各个层面，让全体教职员工自觉担负起学生的思想政治教育工作，并且借助信息技术将各领域资源运用起来，建立起一个更加贴合高职学生实际的、有效统筹多元教育资源的、全面拓展教学时空的、"全员、全过程、全方位"的思政教育平台。

二、"大思政"是一种立体化工作格局

"大思政"需要通过全员育人、全过程育人和全方位育人的方式来实现。

---

① 张茜:《"大思政"视阈下高校"十大"育人体系整体建构研究》,华中师范大学硕士学位论文,2019 年 5 月,第 13 页。

从方法论的角度来看，可以将"大思政"视为一种思想政治教育工作格局。这一工作格局是通过一定的活动或机制，将所有对思想政治教育产生影响的因素联系起来，形成一个育人的合力体系。"简而言之，就是整合一切可能的力量协同推进高校思想政治工作，使高校思想政治工作的机制、体制和运行形态转化为一体化的育人格局。"① "大思政"工作格局突出的是一个"大"字，实质上也是对高校思想政治工作应然状态的实践要求，具体表现在育人主体的多元性、育人场域的广泛性以及育人过程的持续性。

育人主体的"多元性"意味着多主体的参与。与传统的高校思想政治工作相比，"大思政"工作格局的育人主体不再局限于思想政治理论课教师、辅导员和班主任，而是包括所有教师、学校管理者、社会实践指导师以及学生自身。他们共同参与和推动大思政课的教育实践，促进学生思想政治素质的培养。"大思政"工作部门也从思政部等一线部门扩展到高校教学管理部门、学生工作部门、党建部门、宣传部门、人事部门、教育研究机构、后勤服务部门等等。这些部门共同协作，多元育人主体分工协作、紧密配合，形成一个完整的大思政工作体系，以推动学生的思想政治教育发展。

育人场域的"广泛性"意味着育人平台载体的拓展。大思政育人场域不再局限于课堂和校园，而应该放眼于整个国家和社会，育人平台和载体应该广泛多样。所有课程、课堂教学、实践教学、在线教育平台、实践基地、校园文化、教材和教辅资料、学生社团和组织、微博、微信公众号、在线论坛等网络社交平台，等等，这些平台和载体可以相互结合和补充，形成多层次、多维度的大思政育人体系，以满足学生的多样化需求，提高思想政治教育的效果。

育人过程的"持续性"意味着育人时间的延展。高校要做好思想政治工作，需要持之以恒，这不仅涉及学校工作的各个方面，还贯穿于学生成长的整个过程。要取得良好的思想政治教育效果，必须构建大中小学一体化的课程体系，使各学段之间实现纵向衔接和逐层递进，使各学科、各课程实现协同联动。高职院校"大思政"育人工作，要做好从新生入学到毕业的各个阶段的

① 张茜:《"大思政"视阈下高校"十大"育人体系整体建构研究》,华中师范大学硕士学位论文,2019年5月,第14页。

相应规划，甚至在工作之后也能产生持久的影响。这样才能真正体现出"大思政"的整体性和系统性。

"大思政"格局追求的是高校思想政治工作全面和动态的平衡，个体系统（教师与学生）良性互动，群体行动（单位与部门）协调一致，整体系统（各个影响因素）相得益彰。①

三、"大思政"是高职思想政治教育的应然状态

马克思主义认为，整个物质世界、人类社会以及现实的所有事物都是普遍联系的，都应该被视为一个整体系统来对待。人的思想政治品质的形成是一个复杂的过程，思想政治教育是一个涉及多元主体、多个环节、多样领域的复杂系统。② 因此，高职学生思想政治教育就应该是一个全员、全方位、全过程的"大思政"育人工作。虽然学校系统的思想政治教育对学生思想品德的形成是至关重要的，是促进学生全面发展的主阵地，但学校思想政治教育的实效性，与家庭教育、社会教育的协同配合密切相关。"大思政"的提出正是顺应了以马克思主义系统论理论来统率思想政治工作的思想，因而在这一层面上，"大思政"可以理解为是高校思想政治工作的一种应然状态，是高职院校思想政治教育增强实效性的应有状态。然而，在现实的思想政治工作操作中还存在着一些实然的困境，立德树人根本任务呼唤着"大思政"时代的到来。

综合看来，"大思政"的基本内涵是打造由家庭、学校、社区、政府等共同参与的"思政教育共同体"，统筹教育全过程各学段思政教育目标、内容、方式、途径、资源，构建覆盖学校、家庭、社会、网络等全领域的育人体系，形成全员全过程全方位育人格局，培养德智体美劳全面发展的社会主义建设者和接班人。其主要特征有四个方面：一是大主体，是包括父母、教工、社会名人、技能指导师、学生等在内的全员育人合力；二是大过程，是贯通学生成长

---

① 张茜：《"大思政"视阈下高校"十大"育人体系整体建构研究》，华中师范大学硕士学位论文，2019年5月，第14—16页。

② 吴长锦：《思想政治教育协同创新研究》，中央编译出版社2019年版，第49页。

成才的各学段全过程育人衔接；三是大场域，是覆盖学校、家庭、社会、网络等全领域的育人体系。四是大资源，充分发挥课程、科研、实践、文化、网络、心理、管理、服务、资助、组织等方面工作的育人资源和育人功能，形成全方位育人的整体效应。

第三节　"三全育人"理念与要求

构建"大思政"育人体系是高校落实立德树人根本任务，实现"三全育人"的必然要求和重要举措。落实立德树人根本任务，必须推动"三全育人"。习近平总书记在全国高校思想政治工作会议上也着重强调，"要坚持把立德树人作为中心环节，把思想政治工作贯穿教育教学全过程，实现全程育人、全方位育人，努力开创我国高等教育事业发展新局面"[①]。"三全育人"理念的提出，源于高校思想政治理论课实效性不高的背景，也是党和政府对新时代学校思想政治工作的重视和要求，是新时代推进育人理念和育人方式变革的重大命题。

一、"三全育人"的含义及提出

"三全育人"即是"全员育人、全过程育人和全方位育人"，其核心词汇是"育人"。词汇溯源，我们发现"育人"理念自古就存在，在改革开放后，"三全育人"理念开始兴起。随着社会主义市场经济的发展，西方的思想文化价值理念对人们思想观念的冲击越来越大，进入新时代，新问题新情况不断出现，社会对人才素质的需求不断提高，这对高校思想政治教育也提出了新的挑战与要求。党的十八大以来，党和国家高度重视大学生的思想政治教育工作。2016 年，习近平总书记在全国高校思想政治工作会议上强调，要坚持把立德

---

① 《习近平谈治国理政》第二卷，外文出版社 2017 年版，第 376 页。

树人作为中心环节，把思想政治工作贯穿教育教学全过程，实现全程育人、全方位育人，进一步提出了"三全育人"要求，明确了高校"大思政"育人格局与战略地位。2017年，为贯彻落实全国高校思想政治工作会议的要求，教育部出台了《高校思想政治工作质量提升工程实施纲要》，对"三全育人"格局提出了基本原则和基本任务。由此可以看出，"三全育人"与"大思政"之间存在紧密的联系，都是新时代对高校思想政治教育的必然要求，是与我国的具体国情相适应的。可以说，"三全育人"的提出是应运而生的。

二、三全育人的要素组成

"三全育人"指"全员育人、全程育人、全方位育人"。有三方面要素组成。

（一）人员要素——全员育人

全员育人即人人育人，强调育人主体的人员之"广"。全员育人的目标就是要强化高校全体教师和职工的育人意识，调动学生参与的积极性，引起社会各界对立德树人的重视。发动全部育人力量包括学生自己也参与到育人工作中来。改革开放以来，由于受市场经济的一些不良影响，尤其是对高职院校职业技能性特征的片面化理解和追求，导致出现部分教师只教书不育人，甚至与思政教育背道而驰的现象。学校思想政治教育工作成了仅仅是思政课教师、班主任、辅导员的职责，甚至认为思想政治教育就等于思政课，就是思政课教师的事情。这势必造成思政课教师单兵作战，思政课被边缘化的局面，思想政治教育效果也就可想而知了。"全员育人"要求所有教师和工作人员、家长、社会等多个方面的力量共同参与，产生上下联动的效应，体现学生与教职工之间的良性互动，形成人人参与、内外协同的开放式育人格局。

（二）时间要素——全过程育人

全过程育人即时时育人，强调育人过程的时间之"久"，突出了育人的全过程和过程的衔接性。全过程育人主要是从时间的维度上，关照人的成长阶段和历程，构建大中小学一体化育人体系，紧紧围绕学生身心成长的规律和关键节点进行有针对性的教育，将思想政治工作渗透进教育教学的全过程和人才培养的全过程，实现由入学到毕业的培养但不仅限于这个范围之内，在时间、内容、形式等方面具有延展性，"渗透"学生入学之前的准备工作到离校走入社会后的职业道德养成，衔接起人才培养中的所有时刻，形成一个全程性的育人链条。[①] 遵循学生成长发展规律，针对不同身心发展水平、发展阶段的学生，设计既有关联性又有差异性的教学内容和教育方法，实现思想政治教育的有效衔接和循序渐进，达到由浅入深、逐步深化的育人效果。

（三）空间要素——全方位育人

全方位育人即处处育人，强调育人空间的场域之"大"。全方位育人以实现人的全面发展为目标，从不同的角度和维度出发，运用多样化的手段和方法，从全方位的育人渠道开展育人工作，形成多联互动、多措并举，充分挖掘并整合一切能对受教育者的道德品质养成产生影响的教育资源，进而达到学生全面发展的目的。系统整合课程、科研、实践、文化、网络、心理、管理、服务、资助、组织等多种育人途径和方法，使各种育人力量相互配合、取长补短，发挥各自不可取代的作用，使所有育人资源形成优势互补、相得益彰，产生"融通效应"，实现育人目标、资源、策略、评价等各个要素的相互融合，增强协同育人效果。

（四）"三全"之间的关系

"三全育人"的三要素之间相辅相成、缺一不可，是一个既有联系又各有侧重的有机整体。其核心是育人，是立德树人，所有要素都是为了育人这一目的而存在的，任何要素都不是孤立存在的，各要素之间既有联系又各有侧重。"三全"所有工作的实施都是为了实现育人目标而服务的，其目的是最大限度挖掘思想政治教育资源，调动各方面育人要素，运用各种育人手段，培养德智

---

① 于天奇：《立德树人视阈下高校"三全育人"的创新路径研究》，河北科技大学硕士学位论文，2019年12月，第26页。

体美劳全面发展的社会主义建设者和接班人。

育人主体在"三全育人"中具有关键作用。育人队伍的力量是否强大直接决定了育人成果的好坏，如果没有优秀的育人队伍发挥核心作用，就算是再宏伟的育人目标都难以实现，再科学的育人规划也是海市蜃楼①。育人工作是一项长期的系统工程，是朝朝夕夕贯穿于学生学习和生活中的点点滴滴，要关注到处于不同阶段的学生身心发展的特点和规律，在教育教学的全过程不能有丝毫的松懈。要在全方位的教育领域和范围，运用相应的育人程序和方法，详细开展育人工作，力求培养德智体美劳全面发展的大学生。育人不仅仅要教授学生专业知识和培养优秀品质，更要注重学生独立人格和兴趣爱好的培养，破解传统育人方式的狭隘性，将学生放在首要位置目标②。真正地让学生享受到自由发挥的空间，从而最大限度地挖掘自己的潜能，成为一个拥有专业技能又富有高尚道德品质的独特的人。

三、"三全育人"的内涵

"三全育人"既是一种教育理念，也是对新时代思想政治教育的一个全面的、系统的指导原则，同时又是一种育人机制，它包括全员育人、全过程育人和全方位育人这三个方面的内容③，明确回答了"为谁培养人""培养什么样的人""怎样培养人"的问题。

作为教育理念，"三全育人"包含了高校立德树人的德育思想和思想政治工作的内容，同时它的内涵还延伸到更加开阔的领域，重申育人的综合素质以及核心素养的形成；作为育人原则，"三全育人"指导了高校的育人工作，指导思想政治教育工作的开展，是师生进行教育教学活动的根本遵循；作为机

---

① 寇光涛、岳敏、武镒：《新形势下高校"立德树人"和"三全育人"的发展路径研究》，《教育探索》2018年第4期，第84—88页。

② 于天奇：《立德树人视阈下高校"三全育人"的创新路径研究》，河北科技大学硕士学位论文，2019年12月，第16页。

③ 杜丹玉：《高校思想政治工作"三全育人"机制研究》，《长春师范大学学报》2018年第3期，第171—173页。

制，"三全育人"的内涵要更加丰富，比之前的一些育人模式更易掌握运用，也更符合立德树人的根本要求，有助于贯彻党和国家加强大学生思想政治教育工作要求的整体部署。

"三全育人"是在我国特定的历史条件和背景下产生发展的，并随着时代的发展变化而不断更新内涵。"三全育人"的提出不仅是党和国家对高校思想政治教育的高度重视，也是新时代高校对育人方式进行改革创新的内在要求。"三全育人"的提出和发展是对高校思想政治教育的一种突破。它是新时代思想政治教育的新理念、新格局、新体系，打造了社会、学校、家庭等协同育人的良性互动平台，形成校内外实践相互协调、隐性课程和显性课程相互结合的新局面，有利于充分调动全体教育工作者和高校各个部门的工作热情，共同构建起"大思政"的育人格局①。

第四节　构建高职院校"大思政"育人体系的应然要求

为进一步贯彻落实高校立德树人根本任务，构建"大思政"育人格局，大力提升高校思想政治工作质量，2017年教育部制定出台《高校思想政治工作质量提升工程实施纲要》（以下简称"《实施纲要》"）明确提出：要充分发挥课程、科研、实践、文化、网络、心理、管理、服务、资助、组织等方面工作的育人功能，挖掘育人要素，完善育人机制，优化评价激励，强化实施保障，切实构建"十大"育人体系。② 以此作为构建"大思政"育人格局的具体措施和落脚点。这为新时代高职院校构建"大思政"育人格局指明了方向，奠定了基调。

---

① 郑永廷：《把高校思想政治工作贯穿教育教学全过程的若干思考——学习习近平总书记在全国高校思想政治工作会议上的讲话》，《思想理论教育》2017年第1期，第4—9页。
② 中共教育部党组：《高校思想政治工作质量提升工程实施纲要》，http://www.moe.gov.cn/srcsite/A12/s7060/201712/t20171206_320698.html。

一、育人体系更加系统耦合

"十大"育人体系整体功能的实现，离不开系统性和协同性思维的指导，只有内部各要素协同有序、匹配契合，"十大"育人体系才能形成育人合力，发挥最大整体功效、运作优良。高职院校"十大"育人体系的系统耦合，离不开一以贯之的总体育人理念、全面覆盖的育人网络以及各有侧重的学段育人定位。①

（一）贯彻一致性的整体育人理念

思想政治教育活动是一个动态发展着的系统，人的思想政治素质的养成不是一蹴而就的，而是长期受教育的结果，真正有效的思想政治教育过程必然处于一个不断反复的持续进程之中，在这个过程的每一个环节中，思想政治教育内容、教育目的是具体的、各有侧重的，但在整体指向上是高度一致的。无论高职院校在每个具体育人环节的目标是什么，都需要以一个整体的育人理念来统领方向。在"十大"育人体系中，每个子系统都有不同的目标，强调的育人重点也不尽相同，但它们都是为高职院校实现立德树人根本任务服务的。这些子系统的共同目标是不断提高学生的思想水平、政治觉悟、道德品质和法纪素养，使他们成为德才兼备、全面发展的社会主义建设者和接班人。"立德树人"作为总的育人理念贯穿其中，确保了高职院校"十大"育人体系在建设过程具有正确的方向性和目的性。

（二）形成全覆盖的育人网络

在思想政治教育活动中，不同的思想政治教育要素担负着不同的职能，不同的职能要求各要素都要发挥不同的效能，从而实现思想政治教育的最大合力。

---

① 张茜:《"大思政"视阈下高校"十大"育人体系整体建构研究》,华中师范大学硕士学位论文,2019 年 5 月,第 31 页。

从横向上看，"大思政"理念指导下的高职思想政治教育要渗透到学生工作的各个方面，形成全场域覆盖的育人网络。一方面，"十大"育人体系中的每一个子系统都应得到充分的发展，另一方面，这十个育人子系统之间也需要相互协调和配合。教育部在《实施纲要》中对这十个育人体系的主体、内容、任务、路径等进行了详细规划。只有实现各个育人子系统之间的协作互补，才能使育人工作发挥最大的功效。从纵向看，"大思政"理念指导下的高职思想政治教育要贯通学生成长成才的各学段和全过程，打造全过程覆盖的育人网络。

（三）明确各有侧重的学段育人定位

虽然高职学制只有短短的 3 年，但学生的成长也有一定的规律性和阶段性。"十大"育人体系的构建应该遵循思想政治工作规律、学生成长规律和教书育人规律，并充分考虑不同学年和学生层次的差异，明确各个学段育人的重点。各个学段各有侧重的育人定位在高职教育中相互衔接和渗透，形成一个完整的育人体系。从横向上看，高职院校的"十大"育人体系贯穿于高职学生在大学期间生活、学习和成长的各方面。从纵向上看，"十大"育人体系的构建应贯通高职学生在大学期间生活、学习和成长的全过程。而大学生在大学教育的每一个学段，个体差异和具体情况不同，面临的主要任务都不一样，因此，要明确其各有侧重的学段育人定位。

二、育人主体更加多元优化

"大思政"格局的一大特征就是大主体，全员协同育人。要结构化育人主体，形成实质上的多元协同。高校思想政治工作发展得好不好，关键取决于有什么样的工作队伍。"大思政"育人体系的构建关键看师资队伍的优化协同。单纯育人队伍的数量增加，思想政治工作的质量依然提升不起来。有信仰、有能力、讲协同是优质思想政治教育队伍的明显特征。

（一）育人主体要有坚定信仰

教师是人类灵魂的工程师，承担着神圣使命。传道者自己首先要明道、信道①。思政课是一门信仰课，"大思政"更是兼具理论和实践的信仰课。要让信仰坚定的人讲信仰。心中有信仰，行动才有力量。教师只有深信不疑、身体力行，才能用情感和力量感染学生、打动学生，才能让信仰在学生心中落地生根、开花结果。思想政治教育工作者要有坚定的马克思主义科学信仰，要深刻认识并切实担负起教书育人的职责使命。

高职思想政治工作不是简单的知识传递过程，而是关乎培养担当民族复兴大任的时代新人的工作。因此，构建"大思政"育人体系，需要所有育人主体深刻认识到思想政治工作的长远效益和重要意义，明确自己的职责使命，以坚定的科学信仰和乐教爱生的奉献精神，自觉承担起为党和国家培养高素质技术技能人才的使命，以实现自身最大价值为光荣，以培养全面发展的时代新人为自豪。

我们的执政党是马克思主义指导下的政党，我们的国家是以马克思主义为指导的中国特色社会主义。习近平总书记强调："我们的高校是党领导下的高校，是中国特色社会主义高校。办好我们的高校，必须坚持以马克思主义为指导，全面贯彻党的教育方针。"② 高职院校思想政治工作者必须是坚定的马克思主义信仰者和中国特色社会主义的拥护者。无论何时何地，他们都应站在正确的政治立场上，敢于并善于批判和澄清错误思潮，教育引导学生运用马克思主义的立场观点方法来思考和分析问题，确保思想政治教育与党和国家的发展方向始终保持一致。

（二）育人主体要有德有才

习近平总书记指出："思政课教师，要给学生心灵埋下真善美的种子，引

---

① 《习近平谈治国理政》第二卷，外文出版社 2017 年版，第 379 页。

② 《习近平谈治国理政》第二卷，外文出版社 2017 年版，第 377 页。

导学生扣好人生第一粒扣子。"[1] 第一，政治要强；第二，情怀要深；第三，思维要新；第四，视野要广；第五，自律要严；第六，人格要正。习近平总书记对思政课教师的寄语，也是对广大高职院校思想政治教育工作者的希望和素质要求。思想政治教育需要言传身教，教育者要德才兼备。思想政治教育者既要有渊博的学科知识、优秀的教育教学能力，良好的沟通与协作能力等，还要有高尚的道德品质和良好的职业素养。作为思想和真理的传播者，教师首先要成为学为人师、行为楷模的典范，在言传身教、潜移默化中实现对学生的思想启迪、价值引领和道德培养。努力成为先进思想文化的传播者，党执政的坚定支持者，更好地承担起指导学生健康成长和引领前进道路的责任。

（三）育人主体要联动协同

"大思政"之大，其一是在于人员之"广"，高校所有师生员工都可以而且必须作为思想政治教育者而存在，而且要打造成一个分工合理、联系紧密、有机协调的育人共同体，只有这样，高校思想政治教育工作才能实现育人功能最大化。因此，要加强党对高职院校思想政治工作的领导，落实主体责任，建立党委统一领导、部门分工负责、全员协同参与的责任体系，把育人主体打造成为一个高度协作、目标一致的育人共同体。坚持全校一盘棋，各部门既要各司其职又要联动协同，全体教育工作者自觉守好一段渠、种好责任田，紧紧围绕"立德树人"这一着力点，真正实现十大育人体系的协同融通，合力绘制"大思政"图景。

三、供给结构更加科学合理

在"大思政"格局的理想状态中，人尽所能，物尽其用，很少产生供给资源不足或者浪费的现象。虽然高校思想政治教育的供给不能完全参照经济学中的形式，学生需要什么就提供什么，但是针对思想政治教育供给侧存在的供

---

① 《习近平谈治国理政》第三卷，外文出版社 2020 年版，第 330 页。

给内容枯燥乏味、供给方式单调陈旧等突出问题，高校"十大"育人体系的整体构建需要深化内容供给侧改革，实现多样的供给内容、多态的供给方式以及优化的资源配置。

（一）丰富多样的供给内容

高职学生思想政治教育的供给内容一定要贴近学生的生活和思想实际、贴近社会实际，突出职业道德与职业精神，为学生构架新时代的价值坐标，不断满足他们多领域、多层次的动态诉求，满足不同专业、不同水平学生成长的发展需求和期待。丰富思政教育内容供给，用好思政大教材。引入历史长河、时代大潮、全球风云、社会万象中的生动素材，让学生走进历史，触摸历史记忆、赓续红色血脉，坚定理想信念；让学生把握世界和中国发展大势，理解中国特色社会主义制度和国家治理体系的强大生命力和巨大优越性，增强"四个自信"；让学生感应时代脉搏，深刻领悟思想的魅力，自觉做到"两个维护"。帮助学生打开视野、树立格局、涵育情怀、激励担当。

（二）立体多态的供给方式

作为实施"大思政"格局的具体措施之一，"十大"育人体系在教育内容和方法上融合了知识性、实践性和社会性等育人要素。它的供给内容呈现出多层次、多方面、多来源的特征。多样的供给内容呼唤多态的供给方式。[①] 使育人方式进一步呈现出立体化格局。虽然传统的课堂讲授仍然是"大思政"课的主要供给方式，思想政治教育的方式不仅仅来自课堂，还来自社会和网络，不仅学校承担育人责任，社会和家庭也要参与育人；课堂教学既有传统教学法，也有小组讨论、模拟表演、虚拟仿真、研讨会和讲座、实践活动、视频和多媒体教学等多种教学内容供给方式；育人体系的资源供给方式可以是显性的，也可以是隐性的；既包括线上，也包括线下等等。

需要注意的是，虽然多样性的育人供给方式并不限定于特定的形式，但选

---

① 张茜：《"大思政"视阈下高校"十大"育人体系整体建构研究》，华中师范大学硕士学位论文，2019年5月，第29页。

择什么样的供给方式需要根据具体场合和具体方面进行判断。多样化的供给方式要根据具体需求和时代特点进行选择和优化，以更好地实现思想政治教育目标。首先，我们应该根据具体需求来选择供给方式。在"十大"育人体系中，每个育人工作渠道的侧重点略有不同，因此在选择供给方式时会存在差异。例如，课程育人主要通过理论方式进行，辅以实践方式，同时扩展"网络课堂"育人，以有效地衔接内化与外化的过程。而科研育人、资助育人等则一般采用隐性方式，潜移默化地发挥育人作用。其次，我们应根据时代特点来优化供给方式。供给方式也需要与时俱进，因时而新。例如，在网络育人方面，我们可以借助信息化技术，有效地运用普遍性教育和个性化教育，以提升育人工作的针对性和科学性，更好地适应新时代的需求和变化。

（三）协调优化的资源配置

即使教育资源非常丰富，如果得不到良好的协调配置，也很容易导致资源的重复浪费。"大思政"育人体系中的各种教育资源必须得到合理的配置，确保各要素之间协调一致，才能形成协同效应。相反，如果资源配置不合理，各要素之间就会相互冲突消减，制约"十大"育人体系的协同发展。因此，我们需要对所需的教育资源进行优化配置，从而实现供给资源的功能和效益最大化。高职"大思政"育人体系的构建，需要统筹协调各个方面资源，进行整体优化配置，实现育人资源的合理流动和共建共享。这样才能确保教育资源的有效利用和最优的育人效果。

四、运行机制更加健全完善

一套良好的机制对"大思政"工作的开展和良好育人效果的实现起到重要的激励和促进作用。"大思政"育人格局，需要完善的工作机制来统筹全局，"十大"育人体系的建设与落实也需要一套完整、有力的机制来加以保障。

（一）成熟的领导机制

中共中央、国务院印发的《关于加强和改进新形势下高校思想政治工作的意见》强调："要加强和改善党对高校的领导。要完善高校党的领导体制，坚持和完善普通高校党委领导下的校长负责制，高校党委对本校工作实行全面领导，履行管党治党、办学治校的主体责任，切实发挥领导核心作用。"[①] 高职院校的"大思政"育人体系几乎涉及整个学校的各个部门，动员了全校师生的力量。这给管理和组织工作带来了相当大的难度，需要构建成熟的领导机制，尤其要建立科学有效的管理机制，充分发挥领导机构和教师团队的作用。首先，"大思政"育人体系的构建应该得到高层领导的高度重视和支持，建立党委统一领导、各部门各司其职，校、院、系、班等全面落实的领导体制，把"大思政"育人体系的构建纳入学校教育发展的整体规划，并提供必要的资源和支持。可以设立专门的机构或部门，有效组织和管理"大思政"育人体系的构建。领导建立培训和交流机制，定期组织教师培训和学术交流活动，促进教师之间的互相学习和进步，提高教师的教学水平和专业素养。领导建立科学的质量评估和监督机制，加强督导考核，建立问责制度，严肃追责问责，把"软指标"变成"硬约束"，做到有责必问、有责必查、有责必究，使各级领导真正做好思想政治工作的核心和带头人。高校党委要推动与政府部门、社会组织、企业等建立合作关系，促进学校与社会的合作，让学生更好地了解社会现实和发展需求。同时，高校党委也要与时俱进，密切关注时代的发展趋势，根据时代环境的不断变化，深入研究新时代对高校思想政治工作的要求和挑战，广泛征求各方面的意见和建议，及时制定新时代育人工作的任务，明确工作方针，并形成科学的指导思想，为学生提供更加符合时代需求的思想政治教育和引导。

---

① 中共中央、国务院：《关于加强和改进新形势下高校思想政治工作的意见》，http://www.gov.cn/xinwen/2017-02/27/content_5182502.htm。

（二）健全的监督机制

高职院校思想政治工作成效如何，"十大"育人体系是否真正落实，与思想政治教育的监督管理机制是否科学健全息息相关。为保证高职学生思想政治教育实效性，必须发挥好监督的作用，构建健全的监督管理机制，检查思想政治工作的运作情况，督促其向健康的方向发展。高职院校领导以及整个思想政治工作队伍都要高度重视这一问题，建立并完善包括舆论监督、自下而上的群众监督和定期与非定期的检查监督等监督机制。舆论监督主要由高职院校党委宣传部门牵头，发挥好校报、学报、校广播台、网络中心以及新闻宣传部等部门的工作优势，统筹好全校舆论宣传工作。自下而上的群众监督的核心就是要建立一种自下而上的渠道，让学生和教师的意见可以顺畅充分地反映，因为在高职院校思想政治工作成效的评价中，教师和学生才最具有发言权。最后，上级主管部门定期检查、抽查与非定期的检查也至关重要。

（三）完善的考评机制

考核评价是规范和促进高校思想政治教育的有力法宝。通过考核评价，可以及时发现并解决育人信息中反馈出来的问题；可以激励促进学生的全面发展；可以检验思想政治工作队伍的育人成效和工作成效等等。因此，完善的考评机制是高职院校构建"大思政"育人体系的必然要求，对于推动思政教育目标的实现、提高教学质量和效果、激发学生的学习动力、优化资源配置等具有重要作用。一套科学合理、公正透明的考评机制，应综合考虑多个方面的因素，既要确保评价的科学性和客观性，又要注重对学生发展的指导和促进作用。一方面，完善的评价机制要基于实际工作来确立全面的考评目标和内容，考评目标要明确，考评内容要全面。"大思政"育人体系的考评目标应该围绕"育人"这一核心展开，对学生的思想道德素质提高情况、教师队伍的育人质量、学校的思想政治教育成效等进行考核评估。考核内容应对思想政治工作的工作过程、工作态度、工作效率和工作业绩等各个方面进行全方位评估。在进一步明确考评内容、目标和要求的基础上，还要以岗定责、责任到人。另一方面，完善的评价机制要有科学合理的评价方法和评价标准。由于思想政治教育过程、结果和目标的特殊性，应采用多种评价方法和评价标准，以尽可能还原真实的结果。评价方法可以包括领导考核、学生评议、专家评估、自我评价等，评价标准可以包括定性和定量指标，定量指标的权重要高于定性指标的权重以综合评估思想政治工作的质量和效果。此外，考评机制应具有动态性，能够随着高职院校思想政治工作的发展和变化进行调整和完善，能够及时反映工作的实际情况，为工作的改进和提高提供有效的反馈和指导。通过建立完善的评价机制，可以更好地评估高职院校思想政治工作的质量和效果，为"大思政"育人体系的落实提供有效的指导和保障。

第五节 构建高职院校"大思政"育人体系的现实困境

自 2016 年全国高校思政工作会议召开以来，在党和国家的高度重视和号召下，高职院校思想政治工作取得了明显成效。一方面，高职院校对思想政治工作的重视程度有所提升，全员全方位全过程的育人思想已初步形成；另一方面，高职院校思想政治教育的实效性也得到明显改善，学生的思想政治文化水平和道德素养不断提高，综合能力不断提升。但是，高职院校"大思政"育人体系在现实构建过程中还存在明显的不足，离应然状态仍有很大的差距。具体有以下几个方面。

一、育人主体不协同

在"大思政"育人体系的建构中，协同是思想政治教育工作的核心要义。而主体队伍表现出来的人员多而不齐整、部门广而不协同，导致了整个育人体系的不融洽，没有形成应有的育人合力。

从个体层面来看，随着高校"大思政"育人格局的不断拓展，思政育人队伍逐渐壮大，人员从单一化转向多元化。大致可以划分为三个阵营，即专业课程教师、思政课教师和其他行政教职人员。一方面，高职院校思想政治工作专职队伍不断得到扩大。除了思政课教师外，高职院校还将学校党政干部、共青团干部以及班主任、辅导员和心理咨询教师等纳入思想政治工作队伍。另一方面，思想政治工作兼职队伍的育人作用也日益凸显，全员育人的思想和意识不断形成。广大教职工都具备一定的育人意识，承担育人责任，发挥育人功能。尽管思想政治工作队伍的扩大对于高校思想政治工作的开展是有利的，但由于各自分工不同、各司其职，使得思想政治工作队伍内部呈现出复杂的状态。目前的情况显示，并不是每个人对"十大"育人体系的构建工作都高度重视，而且在"十大"育人体系中，各个育人小系统之间发展不平衡，存在一些工作交叉的问题。这就导致许多高职院校出现了一种现象，即虽然每个人都有责任参与工作，但在实际配合中往往出现"事不关己，高高挂起"的情况，思想政治工作存在着重复低效和工作盲区等问题，育人实效性不高。

在部门层面上，构建"大思政"育人体系需要高职院校各相关部门之间的密切配合。"十大"育人体系要求每个工作部门都要守好自己的一段渠道，种好责任田，与思政课同向同行。然而，在目前的实际操作中，高职院校的各职能部门呈现出两种不良状态。一是部分高职院校仍未摆脱传统理念的影响，育人意识认知不足，没有充分认识到自身在"大思政"育人体系中的重要性和责任，把思想政治工作仍然看作是学工部门和思政类课程的事情，忽视了其他部门和课程的育人作用。二是大部分高职院校各部门存在组织沟通不畅、目标不一致、资源分散和重复，以及缺乏协同机制和评价体系等问题。虽然已经认识到各个部门的责任，并对每个部门的育人工作进行了详细规划和安排，但各部门之间仍然各自为战，缺乏有效的交流协作，以至于有些部门实际的个性化教育功能处于丧失状态。

二、育人机制不完善

育人机制不完善主要表现在两大方面：一是绩效考评机制不完善，二是奖励激励机制不健全。

科学评价并增强高职院校"大思政"育人成效，需要建立起系统、科学的绩效考评制度。绩效考评机制不仅需要考虑到最终育人成果的产出，调动育人主体的积极性，进而达到立德树人的目的，还需统筹兼顾"大思政"育人工作的阶段性成果，按照合理规范的评价标准进行综合考评，检验是否达到了既定育人标准，为之后进一步改善"三全育人"的各方面工作提供有力参考和方向目标。但当前的绩效考评机制在实际操作中还存在许多问题，无法达到预期效率。在人员的考核方面，对思想政治工作队伍的考核不够规范以及过程考核不够全面。对思想政治工作主体队伍的考核评价不够规范，存在一些问题。一是考评内容不全面，有些高职院校过于注重量化指标，以业绩论成绩，而忽视了其他方面的评价内容。二是考评方式不完善，有些高职院校则过度看重学生的评价，而学生主要接触辅导员和班主任，对其他岗位的思想政治工作者，特别是领导干部无法做出科学评价。这种不完善的考核评价自然会影响考评结果，导致管理、考核和奖励之间的脱节，削弱了很多人的积极性。三是考评对象不全面，存在对思想政治工作兼职队伍的考核缺失现象。例如后勤部门的育人工作，往往存在评价空白，或者仅以开展活动的数量作为评价指标。此外，在过程考核中，很多高职院校主要集中在期末或年末进行，而思想政治工作是一个贯穿全时段的任务，这导致一些人员或部门中途懒散，末期赶工，影响了工作的质量。

为了使思想政治教育工作更有实效，需要建立科学完善的奖励激励机制。创建高职院校"大思政"育人奖励激励机制，要充分询问作为激励主体的教职工人员的意见建议，充分发挥多种奖励激励形式的功能作用。不仅要满足育人主体和育人对象提出的要求，还要有大局意识，统一协调各部门全员参与。对于能够认真完成育人工作并取得良好绩效考评结果的教师，主动积极参与育人工作的学生，要及时适当予以奖励激励，起到鼓舞人心的作用。但就现有情况来看，高职院校"大思政"育人激励机制仍存在不足之处，达不到预期效果，且极易产生不公正、效率低等现象。许多高职院校的激励机制仍不完善，并不能精准找到时间和空间上的平衡，在最需要进行激励奖励的时候错失机会，甚至根本不重视激励制度的作用，这在一定程度上令教师和学生感到失望，打击了"三全育人"积极性。

三、育人体系不平衡

早在 20 世纪 80 年代中后期，教育界就逐步形成了"教书育人，管理育人，服务育人"的共识。2004 年 10 月，中共中央、国务院发出《中共中央国务院关于进一步加强和改进大学生思想政治教育的意见》，强调增加了"科研育人"和"实践育人"。随着高校教育理念的革新、时代的发展以及大学生自身实际情况的变化，学术界又提出"七育人"概念，增加了"文化育人"和"组织育人"。2017 年底，中共教育部党组贯彻落实"大思政"育人理念，印发《高校思想政治工作质量提升工程实施纲要》，正式确立了高校思想政治工作的"十大"育人体系，将"网络、心理、资助"育人纳入其中。高校"十大"育人体系形成发展的先后过程，使其呈现出发展不均的状况，同时各高职院校工作重心和能力的不同，也同样使得"十育人"发展有强有弱。

在课程育人方面，思政课作为育人主渠道和关键课程，缺乏针对性和亲和力，在发挥政治方向和价值引导作用上有待增强实效性，教师课程思政意识和能力有待提高，思政课和课程思政协同育人机制有待完善。在实践育人方面，实践教育机制仍存在许多问题，基础建设还不健全，实践平台的创设有待加强，缺乏对受教育者实践能力、实践意识的启发培养，缺乏对实践教育理论的深入研究与教学实践，有些实践活动并不能使理论与实践、知识与能力有效结合，最关键的是无法保证实践教育机制的长效性。在心理育人方面，还缺乏科学性的机制建设，学生中存在一些心理健康方面的问题，骇人听闻的极端事件时有发生。两方面的原因值得重视：一是当前快节奏工作、学习、生活的状态下滋长的心理压力，往往不能被教育者和受教育者敏锐察觉到，导致不能及时疏导缓解，容易导致一些心理疾病的产生，严重时还会爆发许多负面情绪，甚至轻生。二是学校未能将心理育人的政策和重要性及时宣传到位，学生对心理学的相关专业知识知之甚少，又畏惧将这些问题宣之于口，甚至讳疾忌医，耽误了接受辅导的最佳时机。在管理育人和服务育人方面都存在一定的强制性，管理和服务又太过分散，存在"走过场"的弊端。一些高职院校的服务育人理念仍然不清晰，管理人员在执行育人任务时，往往忽视学生的主体地位，不注重方式方法，容易导致师生间的矛盾。这些问题和现象，不利于高职院校"大思政"育人的实施开展，对新时期落实立德树人任务具有消极影响。

四、育人资源不充分

从某种角度来看，思想政治工作可以被视为一定社会或阶级通过有效利用和整合各种教育资源，开展思想政治教育活动，旨在引导、影响和塑造人们的思想、意识形态和政治行为，以实现特定的思想政治教育目标。因此，教育资源是高职院校思想政治工作的重要载体，教育资源的开发和整合是思想政治教育有效运行的重要前提。然而，在高职院校"大思政"育人工作中，育人资源仍不充分，存在师资力量不足，内容陈旧、手段单一、教材教辅不完善、校园文化氛围不浓厚、社会资源缺乏支持、信息技术支持不足等问题。

高职院校"十大"育人体系教育资源的建设滞后于育人工作，"十大"体系师资力量不平衡，有些育人体系师资力量严重不足，教育理论和教育理念陈旧落后，教育内容的创新和更新不够，缺乏对新兴领域和新思想的及时引入和应用，导致思政教育内容滞后于时代发展和学生需求，无法有效地满足学生的成长需求。教育方法单一和创新不足，无法满足学生信息多样化的需求。在课程育人资源方面，专业教材的开发滞后于课程思政建设要求，只能仅依靠专业教师的力量来发掘教材中的育人要素。在文化育人方面，校园文化氛围不浓厚，育人资源往往以寓教于乐的方式存在于校园文化活动中，重视形式而轻视内涵，对于"十大"育人工作的承载性不够强。缺乏社会资源支持，革命文化的育人内涵挖掘不充分，未能充分利用当地的有效资源。在管理育人方面，部分管理岗位和服务岗位的育人资源没有得到充分挖掘，思想政治工作的内容还没有充分渗透到高职学生日常管理活动中。在科研育人方面，一些学校无法提供学生开展科研活动所需的条件和支持。缺乏科研导师、科研实验室、图书馆和科研平台等资源，限制了学生参与科研活动的机会，影响他们的科研能力培养和创新素质发展。在网络育人方面，对于现代科技手段的运用也不够充分，未能充分利用互联网、多媒体等技术手段来支持思政教育的开展。在资助育人方面，育人仍主要体现在奖助学金、勤工俭学岗位等形式上，"扶贫"和"扶志"的结合还不够完善，等等。

第六节　构建高职院校"大思政"育人体系的有效路径

"大思政"育人体系的现实困境与应然要求还有一定的差距，有些方面甚至还有相当大的差距。新时代高职院校落实立德树人的根本任务，为中国特色社会主义培养高素质的劳动者和技术技能人才，需要从以下几个方面创新构建"大思政"育人体系，实现从实然向应然的理想转变。

一、树立正确思想与原则

思想是行动的先导，高职院校"大思政"育人体系的构建离不开正确思想理论的科学指导。党的十八大以来形成的习近平教育思想对高等教育提出的一系列新思想、新要求，是高职院校构建"大思政"育人体系的思想纲领和行动指南。

（一）坚持以党的领导为核心，提升引领力

"办好中国的事情，关键在党"[1]，历史和现实都充分证明。

坚持党对高校的领导，一个核心要义就是毫不动摇坚持中国特色社会主义办学方向，牢牢把握高校意识形态领域的主导权，让党的指导思想、方针、政

---

[1] 《习近平谈治国理政》第二卷，外文出版社2017年版，第43页。

策在校园思潮中唱主角。旗帜鲜明地讲好思政课,坚持不懈地进行马克思主义理论传播,推进习近平新时代中国特色社会主义思想"三进"工作;坚持不懈地进行社会主义核心价值观教育,以此来规范师生的言行,教育引导广大师生成为信仰者、传播者和践行者。

坚持以党的领导为核心,就要完善高校党委治理体系。高职院校要把"大思政"工作摆在重要位置,形成党委统一领导、各部门各方面齐抓共管的工作格局。为保证党委的核心领导地位,高职院校要完善规章制度,明确规定党政职权的划分、成员权利、议事程序和决策规则等;发挥党建引领作用,加强全面从严治党,以党风建设带动学风建设,不断创新工作思路,推动高职学生思想政治教育质量不断提升。

进一步发挥好学院党委或党总支的核心作用,将"大思政"育人体系构建纳入党建工作过程,必须牢牢抓好基层党组织建设。抓好高职院校教职工和各系部大学生的党支部建设,把党组织建设融入教学团队、科研团队、学生社团之中,扩大党在学校日常工作和生活中的影响力和引领力;持续做好普通党员的跟踪教育和再教育工作,教育引导每一位师生党员做到在党爱党、在党言党、在党为党,切实提高党的号召力和凝聚力。还要把党建思想融入学生群体,转化为思政育人的绝对优势;着重进行对学生党员的发展工作,考察他们的觉悟程度、思想品质,强化对入党积极分子的教育管理,以党章为基本行为准则严格要求自己,把学生成长成才与学校党建教育紧密结合,在思想上引导学生走向正确的方向。

(二)坚持以立德树人为根本,提升协同力

高职院校是广大青年成长成才的重要通道,肩负着培养高素质劳动者和技术技能人才的重要职责。要提高人才培养质量,必须把立德树人作为办学根本。高职院校构建"大思政"育人体系,将立德树人作为根本任务和中心环节,有利于充分发挥各种育人资源和育人主体的育人作用,形成协同效应,并保证工作过程和工作结果的不偏颇。2017年中共中央办公厅、国务院办公厅印发的《关于深化教育体制机制改革的意见》中明确提出,要健全立德树人

系统化落实机制，并详细划分了具体机制和举措，以及这些举措如何与育人和各种体制机制改革相衔接，融入"三全育人"的全员、全方位和全过程。为高校构建"大思政"育人体系，将立德树人全面融入育人工程之中，提供了行动指南和路径指引。

一是构建全员立德树人的主导机制。育人决策活动是一个自上而下的过程，从顶层设计开始就要关注立德树人，建立党委统一领导、齐抓共管、专兼结合的全员育人机制。首先，高职院校要增强全体师生对"立德树人"的共识意识，通过广泛开展各种形式的宣传教育活动，强化立德树人的理念和重要性，将德育放在一切教育工作的首位，发挥德育的先导性和引领性作用。① 其次，教师要明确教书育人职责，坚持立德先立师，树人先正己，健全师德评价体系和考评制度，造就一支高素质的教师队伍。还要注重对立德树人骨干力量的培育，发挥好示范带动和引领作用，推进班主任、辅导员、党政干部等的专业化、科学化和职业化。

二是推进全过程立德树人的融入机制。"立德树人"是一项复杂的系统工程，高职院校要综合考虑内部和外部多方面的因素，优化全方位育人环境，拓展立体化育人渠道，创新现代化育人方式，在"大思政"体系的建构过程中，有目的、有计划地把立德树人的根本任务渗透和分解到各个具体的育人渠道和教育管理服务部门之中。将立德树人充分贯穿于"十大"育人体系的全过程，融入教育活动的方方面面，使立德树人工作层层深入、有机衔接，更加适应时代发展和学生需求，更具有针对性和有效性。

三是挖掘全方位立德树人的教育资源。高职院校要按照党中央的统一部署，全方位挖掘课程育人、文化育人、网络育人、心理育人、管理育人、资助育人、服务育人等的教育资源，统筹推进一体化育人资源建设，形成强大育人合力。具体措施包括：抓好课程育人，推动思政课程和课程思政教学改革，构建涵盖中华优秀传统文化课程、创新创业教育课程等共同组成的课程体系，发掘各学科、各专业的育人元素，加强课程育人资源建设。巩固和强化思想政治

---

① 张茜：《"大思政"视阈下高校"十大"育人体系整体建构研究》，华中师范大学硕士学位论文，2019年5月，第53页。

教育的优势领航地位，打造育人"同心圆"。推进教育教学一体化，使课堂内外的教育资源有效衔接，使课堂教育与日常生活匹配衔接。加强传媒载体建设，推进媒体融合，丰富网络育人资源，坚守意识形态主阵地。要重视实践活动和各种宣传教育活动，弘扬正气、树立新风。要重视管理育人，使专兼职政工干部寓教于管、教管结合，真正发挥管理部门的育人作用。聚焦以学生为主体的价值导向，因势、因群、因业、因材把立德树人渗透到学生成长成才的全过程。

（三）坚持以育人规律为遵循，提升实效力

2016 年，习近平总书记在全国高校思想政治工作会议中提出："做好高校思想政治工作，要因事而化、因时而进、因势而新。要遵循思想政治工作规律，遵循教书育人规律，遵循学生成长规律，不断提高工作能力和水平。"① 2017 年《纲要》再次提出："坚持遵循规律，勇于改革创新。遵循思想政治工作规律、教书育人规律和学生成长规律……"② 可见，思想政治工作规律、教书育人规律和学生成长规律这"三大规律"对于办好学校、培养人才具有重大指导意义。

一要正确把握三大规律的科学内涵，尊重其客观性。思想政治工作规律是指在教育过程中，符合人的思维规律和社会发展规律的一系列原理和规律。强调从受教育者的认知水平和发展需求出发，通过思想政治教育活动，并通过受教育者内部思想的矛盾运动，形成符合社会要求的思想政治品德。新时代，高职院校遵循思想政治教育规律，就要根据高职学生的特点和需求，用习近平新时代中国特色社会主义思想铸魂育人，提高学生的思想政治觉悟和理论水平，使之成为能够担当民族复兴重任的时代新人。教书育人规律是指在教育过程中，符合教育对象（学生）的学习规律和发展规律的一系列原理和规律。强调通过教育活动，促进学生知识、品德和能力的全面发展。新时代高职学生思

---

① 《习近平谈治国理政》第二卷,外文出版社 2017 年版,第 378 页。

② 中共教育部党组:《高校思想政治工作质量提升工程实施纲要》,http://www.moe.gov.cn/srcsite/A12/s7060/201712/t20171206_320698.html。

想政治教育遵循教书育人规律，要注重在培养受教育者过程中教书和育人之间的本质联系，克服过去"只教书不育人"的现象，增强教师的使命担当和能力，发挥全员育人的协同作用，提升育人效果。学生成长规律是指学生在成长过程中，符合其生理、心理和社会发展规律的一系列原理和规律。强调根据学生的特点和需求，提供适宜的学习环境和教育资源，促进学生全面发展和成长。新时代高职学生思想政治教育遵循学生成长规律，就要制定适合学生发展的教育方案和措施，根据学生的成长需求进行教育和指导，促进学生的全面发展和成长成才。

二是要促进"三大规律"的有机统一，增强其协同性。这三大规律相互依存、相互影响、相互作用，共同构成了教育领域的基本规律体系，为教育实践提供了理论依据和指导原则。思想政治工作规律是高职学生思想政治教育过程中的指导和支撑，为教书育人规律提供了价值观和人生观的引领。教书育人规律是在思想政治工作规律的指导下，根据学生的学习和发展规律，进行教学活动的规范和实施。而学生成长规律是教书育人规律的基础，教育者需要了解学生的成长规律，因材施教，促进学生全面发展。这"三大规律"最终的落脚点都是促进人的全面发展，是一个有机统一的整体。构建"大思政"育人体系正是遵循"三大规律"系统性的表现，是对以往育人渠道各自为政的改变和突破，也是对"三大规律"认识的进一步深化，反映了教师教书育人职责的内在要求。在高职学生思想政治教育过程中，要注重教育理念、教育内容、教育方法、教育评价、教育环境等的协同性和系统性，促进"三大规律"有机统一，实现教育目标的全面达成。

二、健全协同育人运行机制

构建高职院校"大思政"育人体系，必须注重协同育人机制的构建。没有协同机制的"大思政"育人，不是真正的"大思政"教育。健全完善的运行机制主要包括领导机制、考评机制、监控机制、保障机制等。

（一）加强顶层设计，建立健全领导机制

设立由党委书记直接负责的专门的"大思政"协同育人组织机构，在学校层面强化党委的组织领导，完善大思政协同工作体系；在部门层面强化协同育人意识和组织推动，务求增强育人实效；在院系层面强化重点实施，系统推进协同育人落实落细。首先，要全方位构建协同育人工作的制度体系，以制度的"硬约束"力，推动各方面育人资源、育人力量以及育人环节的优化整合，实现"大思政"育人的协同合作、互联互通。其次，要制订完善协同育人相关制度，将协同育人队伍的素质建设要求体现在规章制度中，从制度上要求育人队伍定期进行理论素养培训与考查，育人工作反思与交流，增强育人队伍的育人意识，提高育人队伍的素质。再次，健全协同育人常态化和长效化体制机制。以党建为引领，加强党的组织建设，充分发挥基层党支部和党员的模范带头作用，增强党的号召力和威信力，发挥党的先进性。同时要立足于经常性工作，在教学和管理中创新思政育人的好形式好制度。在党委的统一领导下，形成上下联动、其他各部门各司其职，协力合作的全员育人格局。

（二）明确责任主体，健全完善考评机制

建立科学、规范的考评体系，是高职院校构建"大思政"育人体系不可或缺的重要环节。考评工作是高校协同育人工作的重要环节，是实现高职院校立德树人根本任务的重要保证。科学的考评制度与实施，既可以全面地了解学生的思想政治品德表现及其发展水平；又能够通过德育信息的反馈，及时发现并解决问题，有利于加强和改进协同育人工作；还可以激励学生的全面发展以及教师教书育人的完善。科学合理的考评方法是保证考评结果准确的基础和前提。针对当前高职院校思想政治教育评价制度存在的不完善不全面等问题，要健全完善"大思政"育人评价体系，明确育人责任、适当丰富育人指标，增加对专业教师、公共课教师、班主任、辅导员等思政育人的评价指标；注重对学生的思想态度、价值尺度、道德修养的教育评价；重视完善对于管理干部队伍和后勤工作人员等育人责任的评价，因为他们是贴近学生日常生活的一个群

体，其育人责任与效果对育人质量影响很大。

（三）明确职责权限，建立科学监控制度

高职院校"大思政"育人工作的正常运转，需要建立对协同育人系统实时监测的制度，根据实时监测到的信息，及时处理育人系统中出现的突发事件以及异常问题，以便对思政育人系统进行适时调节与控制，以维持高职"大思政"育人系统的有序统一运行。完善和健全监控机制，进一步加强思想政治教育的日常督导和专项检测。首先，要建立以立德树人为指导的监控制度，以育人为核心，确立监控目标。监控制度所设计的内容应该包括思政育人教学，思政育人科研，思政育人管理及服务等一系列思想政治教育活动，这样才会对整个思政育人系统实施全面有效的监控，随时准确掌握思政育人系统的发展动态，推动其更好的发展。其次，要成立监控机构，明确各自的职责、任务以及相互之间的权限关系。根据学校部门职责分工，监控机构可由教务处、学工部、团委和各系部组成。教务处负责对教学活动的全过程进行调度、控制、监督和协调。学工部和团委主要是负责对学生的教育和管理过程实行监督和控制。各系部协同教务处和学工部团委对教师和学生进行监督和控制。各自的分工不同，监控的对象也不同，权责也有所区别。

（四）畅通信息交流，构建科学的信息管理机制

系统的健康有序运行，离不开严密、科学的信息交流与传递。正是通过内部和外部信息的联系和作用才形成了整个系统整体的秩序。信息管理机制是实现整个思想政治教育系统内外信息传递、交流的桥梁和必不可少的手段，因此，高职院校"大思政"育人体系的构建，必须有一个严密的、科学的信息管理机制。

首先，要善于运用信息技术全面搜集与监测信息。信息是否全面和真实，直接关系到信息分析与诊断的准确性，进而影响对育人情况的把握和判断，以及对所出现问题的正确判断和有效应对。因此，全面、真实地搜集信息才是有意义和有价值的。为此，高职院校的信息管理机制要保障全方位、多渠道信息

搜集，建立由教师、学生、行政管理人员等不同群体组成的信息搜集队伍，明确分配各群体的信息搜集任务，通过不同渠道从不同层面广泛搜集信息，以保证信息的客观真实性及全面性。比如教师主要负责搜集教育教学领域的专业动态，德育研究前沿、热点等问题，把握国内外时政热点问题。还可以在教学过程中，通过沟通交流与日常观察等途径了解学生的知识水平、性格特征、成长需要等；班干部通过开展班级活动、日常交流以及班级智慧群等，搜集学生内部的思想动态及表现。后勤管理部门可以通过意见箱或者校园信息平台，搜集学生对校园环境及食堂服务情况的信息，了解学生的生活需求，在提供更好服务的同时以自身良好的职业道德育人。学工部、团委、学生会等部门要定期进行交流座谈会，汇报各自部门搜集到的信息动态。同时应加强各部门之间的信息交流和合作共享，要充分利用互联网的优势，善于利用信息技术进行信息搜集与数据分析，共同为学生的成才服务。

其次，要善于对信息进行科学分析与诊断。搜集到的原始信息往往是各种信息掺杂在一起，尤其是互联网获得的海量信息更可能是万象包罗，因此需要信息管理部门对信息进行去伪存真、去粗取精的筛选处理，以获得能够反映真实情况的客观有效的信息，并通过及时反馈与调节信息，增进思政教育的实效性。例如通过对学生的考核以及对学生的问卷调查等信息进行分析诊断并及时反馈，可以检测教师的育人效果，找出存在的问题与不足，更好地在教学中进行改进，不断提高教学质量。

再次，要适时对反馈出的问题作出调整。信息管理各部门及工作人员，虽然各司其职，但要相互协作和配合。信息经过搜集、分析、反馈等环节之后，相关人员要根据前面所诊断出的问题或不足，适时做出调整措施，及时弥补先前存在的不足或者避免重蹈覆辙，同时根据新的判断和形势制订新的育人计划，推动"大思政"育人系统有序、有效地运行，在不断解决育人工作存在的问题与困境中，切实增强育人实效性。

（五）健全规章制度，完善协同育人保障机制

良好的保障机制对于高职院校"大思政"育人工作的落地实施和长远发

展有非常重要的影响和保障作用。保障机制的建立，有利于各部门和各主体之间形成共识和理解，提高育人工作的统一性和协同性；可以有效保障各育人环节的紧密联系和顺利衔接；还可以及时进行调整和改进，提高监督和反馈的效果，提高育人工作的质量和效果。

首先，要完善人、财、物、组织保障等各项规章制度。为了推进高职院校思想政治教育，各部门需要采取具体措施。教务部门要根据协同育人的教学要求，制定可操作的教学细则，并在教学资源配置上优先考虑思政教育的需求，保证思政教育的有效实施。人事部门应围绕思政育人工作，制定教师培养方案、考核标准和激励措施等制度，促进教师队伍素质和能力不断提升，打造一支优秀的德才兼备的教师队伍。科研部门在制定科研经费和科研奖励等政策时，应优先考虑支持思政教育研究工作，推动思政课程与课程思政协同育人。各部门紧紧围绕立德树人根本任务，把思想政治教育摆在突出位置，积极构建"大思政"育人格局。

其次，要深度挖掘相关各个部门、岗位以及环节的育人因素，将相关工作人员岗位定期考核评估融入部门制度设计和具体操作，重点打通"三全育人"存在的隔断、盲区，切实将各项育人工作的主要目标落在育人成效上，切实做好"三全育人"工作，更高水平地完成立德树人提出的新要求、新目标，满足学生成长成才过程中的需求，适应社会进步的需求，不断提升"三全育人"的科学化水平。

三、构建"大思政"协同育人体系

构建高职院校"大思政"育人体系，必须注重协同育人机制的构建。围绕立德树人根本任务，主动适应新时代思想政治工作的新特点、新变化和新趋势，充分激活理论与实践、专业与课程、教师与学生、文化与环境等关键要素，实施以课堂思政为主体，日常思政为支撑，文化思政为浸润，网络思政为抓手，管理思政为纽带的思想政治工作育人体系建设，建立完善育人体制机制，把思想政治工作贯穿于人才培养全过程，全面提升学校育人质量，促进学生全面发展和个性发展，全方位构建"大思政"育人新格局。

（一）系统推进"课堂思政"育人建设，构建"一体两翼"理论教学体系

用好课堂教学这个主渠道，切实发挥思政课程的主体地位和课程思政的协同育人作用，构建"思政课为主体、专业课、公共课为两翼"的思想政治教育教学体系，实现思政课程与课程思政同向同行，深化"三教"改革，推进习近平新时代中国特色社会主义思想进教材、进课堂、进头脑，帮助学生树立正确的世界观、人生观和价值观。

一要深化"思政课"教学改革，提升思政课教学质量。围绕"培养什么人、怎样培养人、为谁培养人"这个根本问题，全面实施"创优"提升计划，推动思政课程精品化、系统化建设，建设思政课特色资源平台，构建"3+1+X"思政课程教育体系。按照习近平总书记提出的"八个统一"的要求，改革教材和教学内容，加强系统理论研究和课堂教学设计研究，系统开展集体备课、专题研讨、教学沙龙等主题活动，打造思政"金课"和特色课程群，培育打造思政课程示范项目，着力提升思政课的亲和力和针对性。开展马克思主义理论教育，重点围绕习近平新时代中国特色社会主义思想、"四史"、中华优秀传统文化、宪法法律等设定课程模块，开设系列选择性必修课和选修课，积极采用案例式教学、探究式教学、体验式教学等，开发一批学生喜闻乐见的特色课程，开展"大学生讲思政课"等主题活动，激发学生的课堂参与感，让思政课堂活起来、动起来。

二要以"专业课"思政融入为突破点，增强课程思政育人能力。教务处和各系部要切实提高思想认识，加强顶层设计，将课程思政纳入人才培养体系，修订课程教学大纲，将爱国主义、民族精神、理想信念、职业道德等融入专业教学。深入挖掘思政元素内涵，按照各专业特点探索案例式、嵌入式等多元化课程思政教学方法，组织开展产业、企业元素进课堂等系列主题活动。鼓励思政课教师与专业课教师结对共建，系统推动以"课程思政"为主题的课堂教学改革与研究，持续设立课程思政研究专项，培育选树一批"课程思政示范课程"、"课程思政教育案例"和"卓越课堂"。

三要以"公共课"体系构建为切入点，形成思政协同育人氛围。充分挖掘公共基础课等其他课程和教学方式中蕴含的思政教育资源，优化课程结构设置，构建全面覆盖、类型丰富、层次递进、相互支撑的通识课程体系，全面提升学生的综合素质、创新能力和社会责任感。编撰新形态教材、各级规划教材和活页教材，用好新时代鲜活教材。促进思政教育元素在各类课程中的共享与融合，探索"启智润心"育人模式，营造"门门有思政、人人讲育人"的良好氛围。

四要以"实践课"平台搭建为落脚点，提升思政教育的吸引力。规范实践教学，拓展实践教学平台，积极参与实践教学过程中的"思政教育"，融"课程思政"理念入实践教学，培养学生的创新精神，提高学生的实践能力。充分挖掘体育育人中的思政元素，在团队建设、日常训练、特色活动中融入社会主义核心价值观元素，将"育体""育心""育人"与体育实践课相结合。推进劳动教育课程和思政课程协同发展，推进沉浸式劳动教育主题实践活动，开展思政课程和劳动教育课程互嵌式教学活动，实现在课堂内传承劳动精神。实施企业实践育人，挖掘思想政治教育元素，引导学生体验企业文化、感受职业要求、遵守操作规程，实现自我管理、自我教育。

（二）融合推进"日常思政"育人建设，构建"育人共同体"的实践锻炼体系

组织人事部门、团委和各系部要协同推动建设日常思政活动载体，将思政育人实践融入"第二课堂"，发挥好党建引领、社会实践、志愿服务、心理育人、创新创业等活动载体的养成作用，构建思政育人协同联动的"实践育人共同体"。

一要加强理想信念教育，突出党建思想引领。抓好学生"关键期"，在新生入学、军训、毕业等重要节点突出党建思想引领，组织优秀党员师生开展主题宣讲，引导学生积极向党组织靠拢。办好学生入党积极分子培训班，发挥好学生党员的辐射带动作用，开展"我和国旗有个约定""我和我的祖国"等党建团建系列文化赛事。建设红色教育主题党员之家，推进"智慧党建平台"

项目，推进理想信念教育与主题教育深度融合。

二要拓展实践平台基地，创新思政育人形式。培育思想政治工作新载体，将思想政治教育融入校内实训基地，融入社会课堂，建设一批稳定的校外实践育人基地，利用各级示范基地和传承平台等开展思政人。结合专业特色，以培养学生的职业精神和创新能力为着力点，优化实践教学体系，创办形式多样的"户外课堂"。通过多种形式开展社会实践活动，加强校地、校企合作，发挥专业优势，打造一批有社会影响力的品牌化社会实践项目。

三要健全志愿服务体系，强化实践育人品牌实效。深化拓展志愿服务内涵与活动，完善"专业+服务"模式，实施青年志愿者提升计划和青年志愿者服务社区行动，推动系部团组织与街道、社区结对进行志愿服务。做实"西部计划"、乡村振兴等志愿服务项目，营造扎根西部、服务基层、实现人生价值的浓厚氛围，将志愿服务精神培育作为青年学生思想引领的重要内容。

四要实施心理、资助育人，丰富思政教育载体。精细化推进心理健康教育，强化心理咨询服务，提高心理示范中心的工作水平。上好大学生心理健康教育课，建立心理健康教育课程体系。培育一流的心理健康服务团队，打造大学生心理健康教育活动品牌。创新资助育人形式，强化励志教育、诚信教育、感恩教育和社会责任感教育，完善各类奖助学金评选办法，实现资助育人暖人心、扶人志。

五要推进创新创业教育，构建双创育人生态。将创新创业与思政教育有机融合，做好各类创新创业大赛组织参与工作。加快推进专创工坊培育、"挑战杯""互联网+"等项目培育与提升，培养创新创业人才，实施创业引领就业计划，以创业就业推介等提升学生职业化素养。

（三）深入推进"文化思政"育人建设，构建"校园品牌"文化育人体系

切实发挥校园文化的引领与浸润作用，找准文化育人立足点，将文化传承与创新和思想政治工作充分融合，将文化建设融入思政课程体系建设、队伍建设和校园建设等要素，充分发挥好校园文化的育人功能，积极营造具有高职特色的校园品牌文化氛围。

一要厚植校园文化精神，丰富思政教育新内涵。组织开展校史校情教育，不断优化教风学风，充分发挥楼宇建筑、校史馆、文化长廊等的育人功能。培育高职院校特色品牌文化与精神，并融入课程思政和思政课程，让校园品牌文化深入师生内心。大力培育匠心精神，打造行业工匠，讲好匠心故事和大赛故事，开设大国工匠课程，将工匠精神融入思想政治教育，打造行业匠心品牌。

二要蓄力传统文化，创新思政教育新路径。推进中华优秀传统文化、革命文化、社会主义先进文化与思想政治教育有效融合，实施"中华经典诵读工程""中国传统节日振兴工程"等文化建设活动，增设相关传统文化选修课程。实施"革命文化教育资源库建设工程"，开展"传承红色基因、担当复兴重任"主题教育活动，发挥好党史馆、展厅走廊作用，利用重大纪念日开展革命文化教育。

三要打造文化品牌，塑造文化思政新形象。建设学校特色文化品牌和"一系一品"建设，丰富深化校园文化节、书香校园、志愿服务等校园文化活动，营造良好的文化思政育人氛围。将宿舍区打造成集学生思想教育交流、文化生活服务于一体的教育生活园地。各系部要建设和发展突出专业特色的系部文化和专业文化，打造文化育人共同体的品牌形象。

四要创建文明校园，推动行为习惯新养成。发挥文明创建在思想政治教育中的作用，创建培育文明系部、文明社团、文明班级、文明宿舍，强化学生行为养成教育。推进五育并举，强化劳动教育，建设美育、体育活动品牌，引导高雅艺术、非物质文化、民族民间优秀文化走近师生。建设美丽校园，推动实现校园建设使用和教育功能的和谐统一。加强学校形象标识系统建设，营造美丽和谐的文明校园环境与氛围，以美丽校园建设推进思想政治教育。

（四）创新推进"网络思政"育人建设，构建矩阵式网络传播体系

宣传统战部、思政部、学工部、各系部等要以网络思政为重要抓手，创新网络育人平台，拓展网络思政育人的广域与深度，不断提升网络育人质量，发挥全媒体育人功能，全面提升网络思政引导力和影响力。

一要创新网络思政工作机制，提高网络文化育人水平。打造以网络平台建

设、网络文化建设、网络思政队伍建设为主体的网络思政工作机制。打造一批网络思政育人课程，持续孵化和培育网络思政名师工作室、网络思政达人工作室。

二要创新网络动态运行方式，提高网络舆论引导水平。强化师生网络意识形态斗争意识，引导师生增强网络安全意识，遵守网络行为规范，养成文明网络生活方式。强化网络舆情监测和研判，做好重大活动、热点问题和突发事件的网上舆论引导。拓展网络平台，丰富网络内容，发挥好党建与思政教育工作网站作用，开设精品栏目、制作精品内容，牢牢掌握网络思政主导权。

三要创新网络传播内容，提高网络作品创作能力。探索"互联网+思政育人"新路径，发挥高校校园网站联盟作用，依托融媒体中心和网络文化工作室，推选展示一批名站名栏。引领建设校园网络思政育人媒体矩阵，开展"大学生网络文化节""高校网络育人优秀作品推选展示""网络文明进校园"等网络文化建设活动。丰富网络思政内容，创作有态度、有温度、有深度、有热度的网络文化作品，促进优秀网络文化内容创作，打造师生共享的云端社区。

四要创新队伍培育方式，提升网络思政育人能力。加强网络信息员、网评员队伍人才选拔和业务能力培训工作，提升舆论引导的能力。培育和孵化一批网络思政课主讲人，推进以抖音、快手、B站、视频号等短视频平台为主要载体的网络思政内容制作和传播。

（五）协同推进"管理思政"育人建设，构建管理服务育人体系

学校各部门要牢固树立协同育人理念，切实发挥管理思政的协同与纽带作用，以组织育人、管理育人为保障，以制度协同、组织协同和人员协同为主线，健全完善协调运行的工作机制，增强办好中国特色社会主义教育自信。

一要推进制度协同，健全协同运行机制。落实学校章程，建立健全运行畅通、保障有力、有效协同的制度体系，建立学校党委统一领导、党政齐抓共管、相关处室、系部各负其责的思想政治工作格局，建成学校、系部、教师、学生"四线联动"的工作机制。系部党总支通过党总支会议、党政联席会议

讨论和决定本单位重要事项，健全集体领导、党政分工合作、协调运行的工作机制。教职工党支部发挥教育管理监督党员和凝聚服务师生员工的作用，学生党支部加强思想政治引领，筑牢理想信念根基，引导学生刻苦学习、全面发展、健康成长。实施师德师风考核"一票否决"等措施，建立师德档案和投诉举报平台，切实把政治考察和师德师风建设贯穿思想政治教育工作全过程。（牵头部门：组织人事处　责任部门：各系部）

二是组织协同，推动联建联办联育。加强党对思想政治理论课建设的领导，实施好党委书记、院长"带头履职尽责、带头担当作为、带头承担责任"作用。发挥党员在思想政治工作中的先锋模范带头作用和党支部的战斗堡垒作用，共同创建学习型、服务型、创新型党支部，全面提升基层党建和育人成效。完善党组织领导下的团学组织体系，完善社团建设和公寓建团，开展团支部"对标定级"规范化建设，对团员开展评议评价。规范社团建设，加强社团专业指导，提高社团活动质量，打造精品社团，扩大社团活动影响力，通过青马工程、青年大学习、厚德大讲堂、主题团日、主题团课等教育形式，团结引领全校青年学生坚定跟党走、建功新时代。（牵头部门：组织人事处　团委　责任部门：各系部）

三是人员协同，提升队伍育人能力水平。加强思政教师队伍建设，实施思政课教师综合提升计划，培养"政治高、情怀深、思维新、视野广、自律严、人格正"的思政课程教学名师和团队。加强专业教师队伍建设，不断提高专业教师的思想政治理论水平和业务能力。加强学工队伍建设，建设省级辅导员工作室和班主任工作室，持续提升教师的思想政治工作水平。加强教师培训和教学研究，不定期组织教师开展习近平新时代中国特色社会主义思想研修、马克思主义经典著作研读等专项培训活动，在"大思政"工作背景下，实现队伍协同和思想政治工作全覆盖。（牵头部门：思政部　教务处　学生工作处　责任部门：各系部）

四、加强协同育人制度建设

"一种新的德育理论要对实践产生比较大的影响力，往往要借助于制度才能实现。"① 没有制度保障的思想政治教育思想,是不会成为实际的教育行动的,没有制度保障的思想政治教育,是无法取得良好教育效果的。可以说,一个成熟而良好的思想政治教育模式和体系,除了要有一个坚强而卓越的领导班子和一支素质过硬的思想政治教育队伍、先进的教育理念、完善的保障措施等,还必须有一套完整严密的制度,从而挖掘整合各种育人资源,打造协同育人共同体,以保证"大思政"育人体系有序、有效运行。

(一)建立育人主体协同制度

在"大思政"育人体系中,"大思政"之一"大"就在于育人队伍之"广",是多主体参与且结构复杂,要想取得良好的育人实效,必须要建立育人队伍整合制度,从制度上对育人队伍的整合进行具体的规定,打造一支素质优良的结构化育人队伍,实现德育资源的优化和效益的最大化,以形成育人主体的协同育人合力。因此,建立整合制度既是高职院校思想政治教育工作的现实需要,也是构建"大思政"育人格局的内在要求。鉴于此,高职院校应建立相应的规章制度,明确规定全体教职员工的育人职责,划分各部门的职责权限并对其进行合理分工,形成以党委为统领,全员各司其职,各尽其责,联动融通,协同育人的"大思政"格局。从纵向上,建立"学校、系部、专业、教师"多主体协同育人的领导制度。压紧压实各主体的育人责任,层层落实,形成党委统一领导、各职能部门统筹规划、各系部推进落实、师生共同参与、家社积极配合的多主体协同联动的育人机制。从横向上,全面梳理十大育人体系的育人职责、育人元素、育人特点和育人要求,促进互联互通、深度融合,建立"十大"体系育人主体同向同行的协同机制。夯实育人"主阵地",深化课程改革,全面推动课程思政,提高思政课程与课程思政协同育人,建立跨专业教学组织,整合育人资源;推进产学研创协同育人;建立对实践活动的领导与监管制度,推进实践教学,规范实践活动的组织和管理,促进学生的实践能力和综合素质的提升。重视心理健康教育,及时发现和解决学生心理健康问

① 胡斌武:《学校德育制度十年:问题与走向》,《学校党建与思想教育》(高教版)2006年第3期,第16—19页。

题，并提供心理咨询和辅导服务，促进学生的全面发展和健康成长。建立完善相关制度，对校园网络教育进行统一规划和管理，提供适当的网络教育资源，确保网络教育的质量和安全，促进学生的信息素养和创新能力的培养。加强校园文化建设，培育积极向上的校园文化氛围，倡导良好的价值观和道德观念，以确保文化育人的实效性。深化教育评价改革，建立完善的监督与指导制度，对学校各项工作进行监督和评估，加强学校管理与服务工作的针对性和效果，确保各项育人工作的顺利实施和落实效果。

（二）建立育人主体培养制度

为提高育人主体的协同育人能力，高职院校还要建立相应的培养制度。把对育人队伍的素质建设要求体现在规章制度中，完善对育人主体进行培训、考核等具体要求。把教师职业理想、职业道德教育融入培养、培训和管理全过程，构建高职院校师德建设制度体系，实施师德师风建设工程。在职称评聘、职务晋升和业务考评中强化师德考查。制订常规系统培训、个性化培训和精准培训相结合的教师培养行动计划，树牢教师"大思政"理念和协同育人理念，创造良好的教书育人环境，增强教师队伍的育人意识，提高育人队伍的思想政治素质和育人能力。

（三）建立育人资源统筹制度

"大思政"课之"大"在于其育人场域之"广"，在于多维时空协同育人。即在学校、家庭、社会等多元育人场所联通学段、打通隔阂、融通内容、贯通过程，实现育人资源的共建共享与协同育人。高职院校"大思政"育人格局的构建需要学校、社会和家庭等多方共同努力，可以说，社会和家庭对学生思想政治教育效果的影响很大，因此，加强对高职学生思想政治教育，不仅需要充分发挥学校育人资源和育人力量的作用，同时也更加需要充分调动家庭及社会多个方面的力量与资源来共同进行教育与培养。这就需要建立育人资源统筹制度，整合多方资源，形成"大思政"育人合力。

一是建立家校社联合制度，促进家校社协同，打造全方位育人空间。

习近平总书记指出："家庭是人生的第一个课堂，父母是孩子的第一任老师"，父母要承担起对大学生实施家庭教育的主体责任，以自己的言传身教引导大学生养成良好的思想品德和政治觉悟，帮助他们迈好人生的第一个台阶。学校是立德树人的主阵地，要充分发挥十大育人体系的育人作用，提升学生的思想政治理论水平和理论认同，培养学生的理论思维，不断提升学生运用马克思主义立场观点和方法认识问题、分析问题、解决问题的能力，增强政治自觉和"四个自信"。社会是一个大家庭，也是一所大学校，要大力宣传习近平新时代中国特色社会主义思想，弘扬社会主义核心价值观，充分用好图书馆、文化馆、博物馆等公共文化服务机构，营造涵养良好思想道德素养和政治认同的社会环境。同时要注重开发家庭教育类公共文化服务产品，设立社区家长学校、公益性家庭教育服务机构等，组织开展文化家庭、家庭教育等活动，为良好家庭教育提供指导和帮助。各级党委和政府要制订和出台相应的政策措施，加强宣传引导，强化家庭社会协同育人的责任感，构建有关部门协同联动的工作机制，最大可能引导各种社会力量参与到思想政治教育中来，促进家校社有效衔接、协同联动。

二是加强家教家风建设，促进家校协同育人。家庭教育是学生思想品德最早、最直接、最深远的影响因素。高职学生思想政治教育，需要政府与学校双管齐下，引导家庭形成符合我国意识形态的价值取向，发挥好家庭教育对大学生思想政治教育的影响作用。中华民族历来重视家风建设，注重以家风传承育人兴家。建设好家风，引领社会文明新风尚，也是我们党的优良传统。习近平总书记高度重视家风传承问题，指出："家风是一个家庭的精神内核，也是一个社会的价值缩影。"党的二十大报告将"加强家庭家教家风建设"作为"推进文化自信自强，铸就社会主义文化新辉煌"的重要内容加以强调。可见，家风不仅关乎小家之兴衰，更关乎民族大家之未来。正"所谓治国必先治其家者，其家不可教而能教人者，无之"。高职院校必须重视与家庭教育互动协同，制订和探索更加有效的家校联合制度和方案，积极开展与家庭教育的互动联合，制订更加贴合学生个性化特征的教育教学方法，增强学生思想政治教育实效性，更好促进学生健康成长。

三是整合社会育人资源，构建协同育人大环境。高职学生思想政治教育面对的是学生，但更是生活在社会中的人，社会上的方方面面的事、形形色色的人，都会对学生在学校所受到的教育产生一定程度的影响。因此，高职院校落实立德树人根本任务，单纯依靠教师或仅仅局限学校都难以完成。对学生的思想政治教育工作不仅要发挥好学校这个主阵地和主渠道作用，还要重视社会资源对育人产生的影响，重视挖掘并整合利用社会上的育人资源对高职学生进行教育教学，比如挖掘利用红色资源、文化资源、科学技术资源、国防教育资源和体育类的教育资源等，把育人空间拓展到社会全域。还要把思想政治教育融入社会实践活动中，把行动落实到为人民服务的实践上，把论文写在新时代的祖国大地上。为了提升高职学生思想政治教育的质量和效果，应该全方位整合可利用的社会教育资源，建立交流与合作平台，促进学校、社会组织、企业和政府之间的沟通与合作，发挥包括专业知识、专家智力、教育机构和社会组织等育人资源的力量，形成学校、政府、企业、社会组织等共同参与的合作模式，为高职学生提供多样化的思想政治教育资源，建立起社会层面的思政育人合力，共同开展思想政治教育活动，为学生提供更好的成长和发展环境，从而为社会做出更大的贡献。

第八章
高职院校善用"大思政课"的理念和思路

  党的十八大以来，习近平总书记关于教育的重要论述，为高职院校思想政治教育守正创新、构建大思政格局指明了方向。2021年3月6日，习近平总书记在看望参加全国政协十三届四次会议的医药卫生界、教育界委员时指出，"'大思政课'我们要善用之，一定要跟现实结合起来"。这一重要命题的提出，既为落实立德树人根本任务、理直气壮办好思政课提供了遵循，也为深化新时代思政课改革创新指明了方向。2022年8月，教育部等十部门联合印发了《全面推进"大思政课"建设的工作方案》，调动全社会力量和资源，合力建设"大课堂"、搭建"大平台"、建好"大师资"，全面推进"大思政课"建设，用习近平新时代中国特色社会主义思想铸魂育人，教育引导学生坚定"四个自信"，成为堪当民族复兴重任的时代新人。

  何为"大思政课"？何以"善用"？何为"善用"？善用"大思政课"必须在厘清"大思政课"的深刻内涵，领会其时代价值、遵循思政育人规律和学生成长成才规律的基础上，探索创新"善用之"的建设理路，以时代为题材讲好使命担当，以历史为依据讲透思想理论，以实践为素材深化知行统一。使思政课更加富有鲜活力、引领力和亲和力，在守正创新中更好发挥铸魂育人的主渠道和主阵地作用。

第一节 "大思政课"的基本内涵及特点

善用"大思政课"的逻辑起点和首要问题就是要搞明白"何为'大思政课'",明确其基本内涵及特点。"大思政课"蕴含着丰富的理论和实践内涵,对于这一问题,目前学术界还未形成统一认识。通过梳理总结已有的研究成果,学界有种共识,认为"大思政课"是思政课的延伸和拓展,是克服传统意义的思政课时空局限性和孤岛化困境的思政课创新形态。从课程组织形式上看,拓宽了思政课教学场域。"大思政课"既应该在课堂上进行,也应该在社会上进行,既要把社会"请进"课堂里,又要把学生"带到"社会中。从课程教学主体上看,拓展了思政课育人主体。除了思政课教师,可以邀请地方党政领导干部、企事业单位管理专家、社科理论界专家、各行业先进模范以及高校党委书记、校长、院(系)党政负责人、名师大家和专业课骨干教师、日常思想政治教育骨干等加入思政课教师队伍,讲授思政课。从课程实现载体上看,创新了思政课教学形态。学生参与的党团活动、社会实践、志愿服务、校园文化活动等都可以纳入"大思政课"范畴。因此,可以说"大思政课"是指高校在思政课守正创新的建设过程中,围绕立德树人根本任务,优化整合多方教育力量,挖掘运用课内课外、校内校外、线上线下等各种育人资源,融合各种思想政治教育要素,将思政小课堂与社会大课堂、理论与实践、历史与现实、中国与世界结合起来,发挥各协同要素的整体效应,促进学生全面发展与思想政治教育创新发展。

从课程角度来说,"大思政课"也可以说是思政课之"大",思政课的地位作用之大、教学目标之大、教学内容之大、课程体系之大,是有大格局、大目标、大视野、大体系的思政课。从教育主体角度,要求思政课教师在教学中要有大视野、大融入、大协同,讲好科学"大道理"、回应现实"大问题"、把握时代"大趋势"。可以说,"大思政课"归根结底还是思政课,其目标是讲好思政课,增强育人实效。其根本任务是立德树人,旨在促进人的全面发展与思想政治教育创新发展。其核心在"育人"，其特点在于"大"，主要体现在四个方面。

一、大格局

思政课地位作用之"大"，要放在"大格局"下来认识思政课的重要地位和关键作用。习近平总书记指出：当前形势下，办好思政课，要放在世界百年未有之大变局、党和国家事业发展全局中来看待，要从坚持和发展中国特色社会主义、建设社会主义现代化强国、实现中华民族伟大复兴的高度来对待。思政课改革创新，要紧密结合当前的时代背景，关注百年未有之大变局所带来的重大变化和挑战，关注学生的需求和关切点，重点讲清楚他们在大变局中产生的困惑和疑问，关注国家的使命和发展目标，引导学生回答好中国之问，关注世界的发展和全球性的问题，引导学生回答好世界之问，关注人民群众的期待和需求，引导学生回答好人民之问。大思政课的"大格局"就是站在时代的高度，关注国家和民族的发展需要，关心学生的成长和发展，引导学生形成正确的思想观念和价值取向，促进学生全面发展和社会进步。

二、大目标

思政课教学目标之"大"在于人才培养目标的全面性和持续性。"大思政课"的培养目标是提高学生的思想道德素质，增强国家认同和使命感，增强创新精神和实践能力，具备全球视野和跨文化交流能力，促进学生德智体美劳全面发展，为学生的终身发展提供重要保障。旨在把学生培养成为有思想、有道德、有能力、有担当的社会主义建设者和接班人。为了实现"大目标"，思政课要加强对新时代中国特色社会主义理论的宣传和教育，让学生全面系统地了解其历史依据、理论体系和实践成就，培养学生的爱国主义情感和民族精神，让学生从热爱祖国、亲近人民、文化自信、弘扬中华文化等方面追求自我完善，增强国家意识、文化自信和民族自豪感。深入推进用习近平新时代中国特色社会主义思想铸魂育人，引导学生把握其精髓以及其中的世界观和方法论，提高学生的社会责任意识和自主创新精神，明确自身在新时代所肩负的使命担当，以实际行动自觉投身到中华民族伟大复兴的事业中。

三、大视野

思政课教学内容之"大"在于涉及学科内容之广与范围之大，要具备"大视野"。思政课教学内容涉及马克思主义理论，涉及经济、政治、人文、历史、社会，涉及世情、国情、党情、民情，等等，对教师的综合素质要求很高。讲好思政课不仅需要教师要有深厚的知识视野，还要有宽广的国际视野和历史视野，要善于通过历史看现实、透过现象看本质，学会洞察人类发展进步潮流。思政课教师除了具有马克思主义理论功底之外，还要广泛涉猎其他学科知识。思政课的本质是讲道理；教师只有注重方式方法，才能把道理讲深、讲透、讲活。"把思政小课堂同社会大课堂结合起来，教育引导学生立鸿鹄志，做奋斗者"，才是思政课的意义所在。大思政课不能照本宣科，也不能只在课堂上讲，要在历史和现实中，从国内外的事实、案例、素材的分析比较、批判辨析中解疑释惑、明辨是非。要从5000多年中华文明史、500多年世界社会主义发展史、中国近代史、党史和中华人民共和国史中，通过生动、深入、具体的纵横比较，把道理讲明白、讲清楚，达到沟通心灵、启智润心、激扬斗志。

四、大体系

思政课课程体系之"大"在于全时空多维度协同育人。在时间上，"大思政课"强调贯穿个人成长发展的各个时段，是层层递进、螺旋上升的全过程教育；在空间上，"大思政课"是学校、家庭、社会、政府等多主体全员参与，课内与课外、校内与校外、线上与线下各场域全方位覆盖。"大思政课"要求构建时空上的"大体系"，整合调动各种育人资源和育人力量，实现协同育人。从纵向的时间维度上，高职院校“大思政课”是指打通各学段、各课程壁垒，探索大中小学一体化视域下思政课资源的内容供给和教育形式，使大中小学思政课有效衔接和系统整合，形成循序渐进、螺旋上升的高职思政课课程群，切实提升思政课育人实效。从横向的空间维度上，高职院校“大思政课”贯通“课内课外、校内校外、线上线下”六维度育人场域，形成网格化“三全育人”大格局。“大思政课”不再局限于学校，而是“借助社会资源和网络资源把思政课课堂空间由学校拓展到社会全域和网络空间，倡导构筑家庭、学校、社会、政府等多元主体共同参与的协同育人体系。”[1]

第二节　善用“大思政课”的依据与价值

善用“大思政课”是为了讲好思政课，更好发挥思政课立德树人的主体地位和关键作用。讲好“大思政课”就要在遵循马克思主义教育教学规律、遵循思想政治教育规律、教书育人规律和青年成长成才规律的基础上，敏锐洞察时代大势，关注时代变革，将思政课教学内容与社会现实和学生思想生活实际紧密结合，把思政小课堂与社会大课堂有机融合，善用鲜活生动的社会资源、时代资源、实践资源、网络资源以及历史资源等教育资源，回应学生的关注和困惑，激发学生的学习兴趣和参与度，讲好思政课。

一、善用“大思政课”是遵循马克思主义教育教学规律的必然要求

办好社会主义教育，必须以马克思主义及其教育发展理论为指导。马克思主义实践观认为，实践是认识的基础和来源，是认识发展的动力，是检验认识正确与否的唯一标准。认识又反作用于实践，推动实践不断发展。实践与认识是辩证统一的关系，理论必须与实践相结合。因此，讲好思政课必须

---

　　① 杨增崒、赵月：《善用“大思政课”：深刻内涵、时代价值与建设理路》，《学校党建与思想教育》2022 年第 5 期，第 19—23 页。

与实践相结合。马克思在《资本论》中明确指出："从工厂制度中萌发出了未来教育的幼芽，未来教育对所有已满一定年龄的儿童来说，就是生产劳动同智育和体育相结合，它不仅是提高社会生产的一种方法，而且是造就全面发展的人的唯一方法。"① "教育必须要与生产劳动相结合"是马克思主义关于人的全面发展教育思想中的一个重要命题，也是我们党发展教育事业的重要遵循。教育只有和社会实践相结合、与生产劳动相结合，才能更好实现人的全面发展和社会的发展进步。思想政治教育必须要根植于社会实践、社会现实等客观世界。善用"大思政课"，正是强调了理论与实践的有机统一，强调了理论与社会实际的有机融合，是遵循马克思主义及其教育观的必然要求。

二、善用"大思政课"是应对"两个大局"挑战的必然要求

当今世界正经历"百年未有之大变局"，新一轮科技革命和产业革命不仅深刻改变了人类社会的生产生活方式和思维方式，也带来了全球政治格局的深刻调整。影响和平与稳定的不稳定性、不确定性日益突出，推动大变局不断向纵深发展。中华民族伟大复兴正处于关键时期，面临的问题、困难和挑战前所未有。"大思政课"理念的提出，正是作为"大变局"中主要推动力量的中国对思政课成熟而广博的视野诉求。讲好"大思政课"才能把握和抓住"大变局"带来的大挑战与大机遇；用好"大思政课"，才能有效应对"大变局"中党和国家对大学生素质的要求；善用"大思政课"，才能培养好担当民族复兴大任的时代新人。善用党的百年光辉历程、历史经验，为学生讲好"中国共产党为什么能""马克思主义为什么行""中国特色社会主义为什么好"，认清中国共产党领导的巨大优势，坚定跟党走、听党话，为中国共产党治国理政服务。善用改革开放和中国特色社会主义取得的伟大历史成就及丰富的社会实践资源，彰显中国特色社会主义制度优越性，增强四个自信。让学生在社会大课

---

① 马克思、恩格斯:《马克思恩格斯全集》第四十三卷,人民出版社 2016 年版,第 510 页。

堂中厚植爱国情、砥砺报国行。

三、善用"大思政课"是实现思政课高质量发展的必然要求

思政课是落实立德树人根本任务的关键课程，高职院校落实立德树人根本任务，需要善用"大思政课"。思政课是一门综合性很强的特殊课程，对教师的学术深度和广度要求很高，讲好"大思政课"是一项难度较高的系统工程。为此，必须在"善用"上下功夫。善用"大思政课"，正是深化思政课改革创新、推动实现思政课高质量发展的必然要求。善用"大思政课"才能充分调动各种教育资源和教育力量，有效推动思政课的改革与创新，丰富、拓展和深化思政课的场域、视野和格局，将课堂、网络、实践三种教学方式有机结合起来，将思政小课堂与社会大课堂有机融合，有效破解当前思政课教学中存在的突出问题和面临的困境，让思政课切实有效地入脑入心。习近平总书记指出，"做好高校思想政治工作，要因事而化、因时而进、因势而新"①，"大思政课"不应是"没有生命、干巴巴的"，"因事而化、因时而进、因势而新是思想政治教育的应有品格"②。善用"大思政课"才能使思政课在不断"化、进、新"中更加富有活力；才能不断提高和优化"供给"，在教书育人过程中达到精准施策、实现内容"供给侧"与学生"需求侧"的同步对接，更好回应时代之问和思想困惑，真正发挥铸魂育人的关键作用；才能引导学生客观、立体、全面地感知社会生活，参与社会实践，帮助学生在实践中深化认识、提升能力。

第三节　善用"大思政课"的建设理路

善用"大思政课"的重点是把握"善用什么"以及"如何善用"，实质就

---

① 《习近平谈治国理政》第二卷，外文出版社 2017 年版，第 378 页。
② 沈壮海、刘灿：《论新时代思想政治教育的高质量发展》，《思想理论教育》2021 年第 3 期，第 4—10 页。

是在时空领域如何深化、拓展、延伸思政课，处理好政治性与学理性、历史和现实、理论和实践、思政小课堂和社会大课堂、传统和现代等教育资源和教育力量的关系。

一、善用科学思维方法，使思政课与社会热点难点问题相结合

思政课要教会学生科学的思维，要教会学生观察认识当代世界、当代中国的立场、观点、方法。"大思政课"无论怎么讲，最终都要落到引导学生树立正确的理想信念、学会正确的思维方法上。现代科技的迅猛发展和信息化的广泛应用，社会呈现出多元化的趋势以及复杂性、时代性特征。而青年大学生正处于世界观、人生观和价值观形成的阶段，思想认识不成熟不稳定，极易受各种社会思潮和观点影响，难以明辨是非。因此，在面对重大历史事件和社会热点问题时难免产生价值认知和价值选择的冲突和困惑。善用"大思政课"就要善于运用战略思维、历史思维、辩证思维和创新思维，善于运用矛盾分析方法抓住关键、找准重点、阐明规律，引导学生运用马克思主义的立场观点和方法认识问题、分析问题和解决问题。

一是要以战略思维做好"大思政课"的顶层设计工作。

即从长远看当前，把"办好思政课"放在世界百年未有之大变局、党和国家事业发展全局中来看待。以此作为思政课新的时代定位和深层次的建设要求，搞好顶层设计，推动思政课建设高质量发展。

二是要运用历史思维推进"大思政课"建设。

通过历史对比与中外对比，引导学生深刻领会中国特色社会主义道路、理论、制度、文化等的鲜明特点和独特优势，从而增强"四个自信"，坚定"两个维护"。

三是要以辩证思维贯穿"大思政课"教学实践。

坚持和运用辩证唯物主义和历史唯物主义，在问题辨析时要讲清楚区别与联系、主流与支流、现象与本质、内因与外因等，引导学生掌握辩证分析问题、解决问题的方法，学会辩证科学看问题，避免走向片面和极端。

二、善用各种社会资源，把思政小课堂与社会大课堂有机融合

习近平总书记要求思政课教师"把思政小课堂同社会大课堂结合起来，教育引导学生立鸿鹄志，做奋斗者。"①。思政小课堂是高校思想政治教育的主阵地和主渠道，"大思政课"主要依靠思政小课堂对学生进行系统的理论讲解，提升其思想性和理论性。但小课堂离不开大社会，思政小课堂只有通过社会大课堂提供的丰富教育素材，并运用马克思主义基本原理进行分析和阐释，其理论讲授才更具阐释力和信服力，才能增强理论认同和理论自信。

（一）要在搞好思政小课堂上下功夫

注重构建协同育人课程体系，实施课堂革命，提高课堂教学质量。从纵向上系统推进大中小学思政课一体化建设，构建起从入学到毕业各个学段先后相继又有机衔接的课程体系；从横向上，构建同一学段各门思政课贯通协同、思政课程与专业课程协同育人的课程体系。努力建设好思政课线上资源，丰富教学内容，创新各种新媒体教学手段，提高思政课的亲和力和吸引力，切实增强育人实效。

（二）要在善用社会大课堂上下功夫

一是要把社会资源引入思政小课堂进行理论讲授，把社会大课堂中鲜活具体的典型案例、社会热点、时政新闻、历史故事等融入理论讲述，并运用基本原理进行分析和阐释，增强理论的针对性和亲和力。

二是要拓展教学时空，让思政课堂走入广阔天地。通过学校社团、课外实践基地、网络空间等课堂外的社会生活载体，利用好爱国主义教育基地、纪念馆、博物馆、工厂车间等具有育人效果的社会资源，按照思政课的标准和要求转化为课程资源。引导学生走出教室、走进校园，走到乡村基层、工厂车间、

---

① 《习近平谈治国理政》第三卷,外文出版社 2020 年版,第 331 页。

社区街道等，通过参加志愿活动、社会调研、支教服务等社会实践活动锤炼意志品质、增进爱国情怀、增强报国能力。

三是要搞好思政小课堂与社会大课堂的融合。提高教师综合素质，挖掘整合社会教育资源，丰富实践教学平台，将理论学习与社会实践统一起来，促进科教融合、产教融合。统筹推进课堂教育、校园浸润、家庭熏陶、社会影响融合互构协同育人的大格局。

三、善用历史资源，把历史、现实与未来贯通起来

习近平总书记多次强调"历史是最好的老师"。善用"大思政课"要有大历史观，善于将历史资源融入思政课教学，突出历史与现实的鲜活联系。在了解历史的基础上把握今天、展望未来，从历史长河的演进中总结经验启示，掌握科学理论与规律。

（一）善用历史中的思政教育资源

要善用党史、新中国史、改革开放史、社会主义发展史、中华民族文明史中蕴藏着的思政课教学资源。特别是要将党的百年奋斗史融入"大思政课"，将可歌可泣的党史故事、党史人物、党史文物等作为生动的思政课教材，尤其要抓住重要的历史节点，如建党百年这样的重要历史节点，在全社会上好"大思政课"，使学生深刻认识历史和人民为什么选择中国共产党，中国共产党为什么能，为什么要坚持中国共产党的领导。在明理、增信、崇德、力行的基础上赓续红色基因，传承党的伟业，在党史学习教育中铸魂育人。

（二）善于"活化"历史文化资源

善用历史资源，要善于"活化"历史文化资源，使文物、遗产等历史文化资源变得更加生动、活跃、有力，特别是要"活化"红色文化资源、开展红色研学活动、创新红色文化供给，让历史文化资源发挥更好的育人作用。高职院校教师要对历史文化资源进行深度挖掘和开发，创造出更加有特色、有吸

引力、有教育力的思政育人资源，从而更好地传承、弘扬和发展我国优秀的历史文化遗产，让学生在了解和感知优秀历史文化遗产的过程中，增强其身份认同感和文化自信心。

（三）善于抓住历史和现实的鲜活联系

善用历史资源，要突出历史和现实的鲜活联系，善于通过历史看现实。研究历史、善用历史，是为了更好地关照社会现实，让历史照进现实、昭示未来。善用历史资源是为了在当下的社会现实问题中找到穿越时空、叩问心灵的结合点，让学生在历史发展中学会全面、客观地评判现实社会生活中的事件。要抓住当下的时政热点话题，历史比对着讲、客观真实地讲。因势利导帮助学生运用马克思主义的立场、观点和方法剖析时政热点、坚定理想信念、不负使命担当。

四、善用时代资源，把思政课与时代发展密切结合

习近平总书记指出：思政课教学内容要跟上时代，只有不断备课、常讲常新才能取得较好教学效果。"'大思政课'我们要善用之，一定要跟现实结合起来"①。善用"大思政课"就是要顺应时代变化和善用时代资源。

（一）要引领学生走进新时代的伟大实践

善用"大思政课"，就要引领学生走进新时代的伟大实践和社会生活，紧随时代发展的脉搏，切身体悟时代之变、时代主题和时代使命。实现理论与现实、理论与实践有机统一。

首先，高职院校应根据新时代的需求，结合社会发展的趋势和特点，调整和创新课程体系，设计符合时代需求和学生发展需要的课程内容。其次，高职院校应结合社会和行业需求，积极开展专业实践和社会实践，让学生深入了解

---

① 《"大思政课"我们要善用之》，《人民日报》2021年3月7日。

社会、了解职场，熟悉和适应新时代的职业发展。再次，高职院校要适应新时代的发展需求，在实践中培养学生的创新能力和创业精神，为新时代的社会发展增加新的智力支持。

（二）要善于运用鲜活的时代素材

讲好大思政课，要注重与时俱进，善于运用国内外的鲜活事实、典型案例等时代素材，在辩证分析比较中为学生答疑解惑，引导学生全面客观认识当代中国和外部世界，让学生真正领会理论的实践意义和现实价值，帮助学生跟上时代发展的思想脉搏。

首先，要善于运用当前的社会热点事件，如重大国际事件、科技创新和数字化革命、社会经济变革等，引发学生的兴趣，激发学生的思考，让学生更好地理解和把握时代发展的脉搏和特点。其次，要善于运用新时代的鲜活素材，解读新时代中国特色社会主义思想等重要思想的内涵，深刻理解其实践意义，使学生认识到时代赋予的历史使命和责任，培养学生对国家整体发展的信仰和信心。再次，善于运用现代媒体等学生喜闻乐见的形式，从大众文化的角度，运用音乐、电影、文学等元素，让学生感受体悟时代素材，激发奋进新时代的动力，进而凝练个人的坚定信仰和职业理想，增强政治意识和事业认同，更好地为国家为社会作出贡献。

（三）要善于把握学生的时代之问

要善于把握学生困惑的时代问题，坚持问题导向，从学生关注和困惑的关键核心问题切入，精心设计问题情境，深入研究问题解答，把事实和道理讲清讲透讲活，从而达到触类旁通，不仅带动很多关联问题的解决，还能增强学生认识问题、分析问题、解决问题的能力。

首先，教师要善于通过多种途径获取、分析学生的思想信息，可以通过访谈、交流、问卷调研等多种教学方式，了解学生的困惑和疑问，可以在课堂上主动询问学生对时代问题的想法和看法，鼓励学生互换信息，分享个人的体验和观察。其次，教师可以多参与或举办现场专题讲座、工作坊、电视网络访谈、在线报告等活动，获取社会各界对时代问题的思考与回应，从而准确把握和回应学生对时代问题的困惑。再次，教师要研究学生的文化特征和思维方式。通过分析学生的社会文化特点和心理特征，把握其对时代问题的思维方式和思考习惯，更有针对性地解决学生对时代问题的困惑。

（四）要善用新时代的教育技术手段

要善用现代教育技术手段，推动构建"互联网+思政课"新模式。现代信息技术革命使"大思政课"在教学手段上实现了跨越式发展。互联网、多媒体等信息技术和资源平台与思政课堂教学的深度融合，有力提高了思政课课堂教学质量。网络信息技术进一步优化了大学生获取知识信息的方式，也让课堂教学的互动性更强，学生的获得感更多。数字化资源的建设与共享，促进线上线下深度融合，拓展教学时空，增加互动体验，满足个性学习，将极大提升思想政治教育有效性。

五、善用实践资源，把思政教育理论与实践有机统一起来

理论只有与贴近社会、贴近实际、贴近生活的实践活动相结合，才能推动思想政治教育往深里走、往实里走、往心里走，切实增强思想政治教育的实效性。善用"大思政课"要坚持理论性和实践性相统一。"大思政课"既要以彻底的思想理论教育引导说服学生，又要高度重视实践性，在理论和实践的结合中，发挥铸魂育人作用。

（一）坚持思想性和理论性

要旗帜鲜明讲好马克思主义理论，帮助学生掌握系统的马克思主义理论和思想品德知识，深入理解"中国共产党为什么能，中国特色社会主义为什么好，归根到底是因为马克思主义行"。

（二）善用丰富多彩的实践资源

善用丰富的实践资源，可以帮助学生在实践中更好地理解深化理论内容，

拓展学生的视野，增强他们的体验感和实践能力。通过实践教学的方式，学生可以更好地检验和深化所习得的理论，提高运用马克思主义基本原理解决实际问题的能力。

一是善用鲜活的社会实践资源。中国特色社会主义建设的伟大实践，为"大思政课"提供了广阔的天地。善用"大思政课"就要通过组织开展社会调查、生产劳动、志愿服务、参观考察、科技创新等社会实践活动，让学生走进广袤的新时代，切身体会国家和社会的发展变迁，增强"四个自信"和历史自觉。同时，通过充分利用社会实践中的榜样人物、先进事迹、典型案例等，让理论与现实相结合，以生动直观的呈现形式补充和丰富理论知识，增加学生的体验感和获得感，增强教育的感染力和吸引力。

二是善用丰富多彩的校园实践资源，依托学生学团社团把实践活动与校园文化结合起来，开展志愿服务活动、政策宣讲、法律咨询、情景剧创作表演、微电影创作、"三下乡"活动等，增强学生的感悟和体验。

（三）坚持理论性和实践性相统一

要善于将理论与实践相结合，"大思政课"既不能空洞地讲理论，也不能简单地搞实践活动。二者要有机结合，不可偏废。理论教学主要侧重于向学生传授理论知识和学科基础，其目标是帮助学生奠定扎实的理论基础，理解学科的核心概念和理论框架，提高学生的理论思维能力和分析问题的能力。实践教学则是将理论知识应用到实际情境中，让学生亲身参与实际问题的解决和实践活动的实施。其目标是培养学生的实际操作能力、解决问题的能力和创新能力，使学生能够将理论知识应用到实际生活和工作中，提高他们的实践能力和应用能力。理论教学提供了学科知识的基础和框架，为实践教学提供了理论支持和指导；而实践教学则是理论教学的延伸和应用，通过实际操作和实践活动，帮助学生更好地理解和应用理论知识，加深对理论的理解和记忆。二者相辅相成，相互关联，通过它们的有机结合，才能有效促进学生的全面发展和知行合一。

第四节 善用"大思政课"的路径和策略

"大思政课"研究的最终落脚点是善用"之",因而善用"大思政课"的路径和策略是研究的归宿和焦点,而难点是如何在思想政治教育教学中贯彻落实。善用"大思政课"是一项复杂艰巨的系统工程,目前这一系统工程尚未有效形成,突出表现为思政课教师的综合素养与思政课教学需要的大视野存在差距,思政课课程内容供给和学生成长成才需求有一定差距,协同育人"大思政课"体系尚未形成。因此,善用"大思政课"对教育主体、教材内容、课程体系、方法手段、保障机制等方面都提出了新的要求,必须协同推进各方面建设,才能真正做到善用"之",不断增强思政课的思想性、理论性、亲和力和针对性,更好为党育人、为国育才。

一、深化教师改革,提高教师善用"大思政课"的能力和水平

习近平总书记强调:"办好思想政治理论课关键在教师,关键在发挥教师的积极性、主动性、创造性。"善用"大思政课"、讲好"大思政课",从根本上说取决于思政课教师的积极性、主动性、创造性的发挥。相较于传统思政课,"大思政课"对教师队伍素质的要求更高。为切实增强思政课的教学实效性,高职院校要提高教师善用"大思政课"的意识和能力,坚持"引进来"和"走出去"相结合,统筹用好各方面育人力量,打造结构化"大思政课"师资队伍。

(一)持续加强思政课专职教师队伍建设

思政课教师是开展"大思政课"的关键和主力军,要持续加强思政课专职教师队伍建设。思政课教师应该在政治信仰、格局视野、育人情怀、德行学识、历史思维、科学思维等方面树立更高的标准,践行更严格的要求,发挥好

示范引领作用。从而更好地激励学生积极参与思政教育，帮助他们树立正确的世界观、人生观和价值观，培养良好的道德品质和社会责任感。因此，要建立教师学习、培训和交流制度，组织开展个人学习和集体学习，开展定期和不定期的学习和培训，开展教学比赛、督导考核等方式，增强思政教师善用"大思政课"的意识和能力，更好发挥铸魂育人主力军作用，从而使思政课切实发挥育人主渠道和主阵地作用。

（二）要统筹用好各方面师资力量

"大思政课"突破了思政教师单兵作战的困境，强调全体教师干部都有育人责任。高职院校党委书记、院长都要讲思政课，并带头联系思政课教师，支持"大思政课"建设。为了加强高职院校的思想政治教育工作，需要提升专业课教师和公共课教师的课程思政能力，以及班主任辅导员的日常思政工作水平，同时要求干部职工在管理和服务中注重思政教育。各方应该自觉承担起责任，共同努力。高职院校可以积极邀请校外的先进人物、劳动模范、大国工匠、优秀校友和企业指导师等参与学生的思想政治教育工作。他们的经验和成功案例可以为学生提供宝贵的启示和榜样，激发学生的思考和追求卓越的动力。通过统筹各方面的师资力量，帮助学生树立正确的人生观和价值观，培养良好的道德品质和社会责任感，为他们未来的发展奠定坚实的基础。

二、深化教法改革，创新善用"大思政课"的方式方法

"思政课教学之难，难在价值性教育相对知识性教育而言非一朝一夕之事，而需久久为功；难在思政课教学既要坚持理论与现实相统一，又要实现政治性与学理性相统一。"[①] 因此，善用"大思政课"必须深化课堂革命，不断创新教学方式方法。

---

① 杨增崇、赵月：《论思想政治理论课教学实践中的"五对"辩证关系》，《学校党建与思想教育》2021年第15期，第56—60页。

（一）要创新课堂教学方式方法

课堂教学是"大思政课"的主阵地，善用"大思政课"，打造以学生为中心的"金课"，要运用多媒体和现代信息技术，建设智慧课堂，结合职业教育特色，围绕工学结合、校企合作、产教融合等人才培养模式，根据不同专业的特点采用灵活多样的教学方法。例如，可以运用案例分析、问题辨析、情景体验和小组研讨等多种方式进行教学，引入各种活动和互动环节，运用丰富的互联网资源和教育软件，创造丰富多样的学习环境，组织学生参与社会实践活动，营造沉浸式、体验式和互动式的学习氛围，增强学生的参与度和体验感，从而激发学生的学习兴趣和深度思考，使思政课真正入脑入心。

（二）要创新信息化教学手段与方法

借助校园网站、智慧树、蓝墨云等教育平台，建设精品资源共享课、在线开放课程、翻转课堂等线上学习资源，使学生随时随地实现互动交流、自主学习，满足不同时间、不同地点、不同学生个性化学习的要求。实现线上线下、课内课外的有机融合。

（三）要创新丰富实践教学形式

高职院校"大思政课"实践教学，要重视用好课内实践教学，如问题辨析、主题演讲、情景剧表演、模拟活动等。丰富校园实践活动，用好校园文化活动、志愿服务等，拓展社会实践活动，利用好校外实践教育基地、实习实训基地、志愿服务基地等开展思政教育活动。创新虚拟实践活动，利用 VR 教育基地和网络平台开展虚拟实践活动。

三、拓展教学时空，建设善用"大思政课"的平台载体

适应职业教育和时代特点，建设实践育人平台和网络育人平台，形成一个辐射面广、延伸度长的协同育人载体链条。

（一）打造大思政课网络育人平台

促进互联网与高职院校思政教育的深度融合，实现网络思政教育的多方链接和成果共享。使网络思政教育平台成为学习交流的平台、答疑解惑的平台、自主学习自我教育的平台。在网络信息化时代，善用"大思政课"除了共建共享在线开放课程和资源共享课等，还要充分利用新媒体和融媒体，以微信公众号、抖音、QQ等校园融媒体为平台，师生共建共享网络云端社区，共同创造优秀网络文化作品，形成"有态度""有温度""有厚度"的网络育人氛围，打造师生"互通共享"的网络思政平台，让学生在学思感悟中提升自我修养。

（二）建设大思政课实践育人平台

善用"大思政课"要打通实践通道，共建校内和校外实践育人平台。充分利用校内实训基地，加强思政教师与专业教师或企业指导师的协同合作，对学生进行职业道德和职业素养的教育。抓好校园文化建设，丰富校园文化活动，加强与学工部、各系部的协同合作，提高校园文化活动组织与管理的精准化，使校园文化活动切实提高育人实效。校外实践可借鉴专业实习基地，确保实践教学组织实施。加强校、企、社、政协同合作，共同打造爱国主义教育基地、博物馆、展览馆、实习基地等实践教学平台，共享教育资源。创新虚拟实践活动平台，利用互联网媒体搜集材料与汇总，形成研究成果。根据学生需求和专业特点、企业需求、社会行业发展等拓展教学内容，打通实践教学通道，如共建课程思政与思政课程情景剧和微电影、共同组织党史教育活动、共同开展社会热点问题的调研活动等。

学校应加大经费投入，完善校园物质环境建设，如完善图书馆、多媒体设备、体育馆等教学基础设施，为师生学习、工作提供良好的、舒适的校园环境，为教书育人、管理育人、服务育人等创造必要的硬件设施，从而为善用"大思政课"创造良好的环境和条件。积极建设有时代特征和学校特色的校园文化。校园文化是学校精神风貌的重要体现，具有重要的育人功能，也是高校德育一个非常重要的途径和载体。通过良好的校园文化建设，形成奋发向上、朝气蓬勃的学风和校风,从而促进高职学生全面发展。

四、增强实施保障,构建善用"大思政课"的体制机制

善用"大思政课"除了要提高教师素质、创新教学方式方法、拓展育人平台之外,还需要坚实的体制机制保障。善用"大思政课",需要加强党对思政课建设的全面领导,改革完善思政课评价机制,建立有利于用"大思政课"的体制机制。

(一)加强"政府—学校—企业—家庭—社会"协同育人的体制机制建设

政府在思政教育的实施中扮演着重要的角色,是"大思政课"建设的重要组织保障。为了推动"大思政课"的发展,各级党委应该着力解决制约思政课建设的突出问题,并采取切实有效的措施,从工作格局、队伍建设、支持保障等方面,制定相关政策和法规,明确各方责任和义务,提供资源支持和指导,建立协同育人的政策框架和机制。党政机关应积极与就近的高校进行对接,建立思政课教学实践基地,以提高思政课实践教学的能力和水平。

学校要制订完善推动"大思政课"建设的工作制度,积极与政府、企业、家庭和社会各方合作,建立沟通协调机制,制订育人目标和计划,提供优质教育资源和教育服务,确保"大思政课"工作机制在各级的落实。学校要主动对接政府,将思政课与地方经济社会发展有机结合起来,与地方红色历史文化和优秀传统文化结合起来,增强思政课的实效性和针对性。主动对接企业,建立思政课和企业一线的协同机制,开展校企合作项目,为学生提供实践机会和职业指导,促进学生的职业发展和就业能力提升,培养学生的综合素质和适应能力。

社会和家庭要积极支持配合,为善用"大思政课"创造良好的社会环境。家庭应当积极参与子女的教育,关注子女的学习和成长,提供支持和指导,培养良好的家庭教育氛围,与学校和社会共同育人,形成育人合力。社会各界应当关注教育问题,积极参与教育事务,提供教育资源和支持,开展志愿服务和

社会实践活动，为学生提供多样化的成长环境和学习机会。

通过构建"政府—学校—企业—家庭—社会"协同育人体制机制，促进各方之间的协同育人，形成育人合力，为学生提供全方位的教育支持和成长环境，全面提高学生的综合素质和发展能力。

（二）建立师生双维度思政育人评价机制

"大思政课"的评价内容、评价主体、评价方式等问题，是新时代高校思想政治教育的新课题。建立评价体系是"大思政课"教师队伍建设的指挥棒，也是学生德育评价的标尺。客观来说，思政育人效果的考评始终是一个不尽如人意的问题，需要探索创新。

建立教师考核和学生评价双维度评价体系。以教师教书育人考核为激励手段，保障思政育人落到实处，以学生德育评价为标尺，检验育人效果。以日常考核和教学竞赛为主要方式，对教师思政育人的教学设计和教学实施全程考核，以质性评价为主激励教师教书育人的积极性。完善立体多元全程化考评机制，以量性评价为主检验育人成效。多角度设立考核指标，包括课堂学习、实践活动、网络自学、志愿服务、实习实训等成绩。注重多元评价主体：思政课教师、专业课教师、辅导员、企业实习指导师、志愿服务组织单位、团委、学生处、学生自评、学生互评等。形成学生、教师、学校三位一体的"评价和激励合力"。

（三）健全教师队伍管理评价体系

建立健全教师队伍管理评价体系，可以更好地推进教师队伍建设和教育教学质量提升。政府、学校及教育主管部门要协同发力，共同推进。教育主管部门要建立完整的绩效考核和评价体系，确定考核指标，制定评价标准，指导和促进教师队伍的发展。高职院校应该在多个层面上加强教师的管理和评价，确保教师在政治素质、德行学识和业务能力等方面都能够达到高标准。建立重视人才培养成效、注重师德师风建设、追求教学质量和学术贡献的价值体系。同时，评价体系也应该综合考虑教师评价和学生评价、校园评价和社会评价、短期评价和长期评价等因素，避免陷入功利主义，引导教师潜心教书育人。要制订科学的教师职业发展规划，包括晋升、评优、换届等一系列制度。并通过培训、考证等方式提高教师的职业技能和教育教学水平，以满足学生和社会对教育质量的要求。要搭建教师教学交流平台，鼓励教师之间互相借鉴、学习、探讨最佳教学实践，共同描绘出潜心教书育人的校园风景，切实增强大思政育人效果。

第九章 ◀◀◀
构建高职院校"大思政课"实践教学体系

　　思政课实践教学是落实立德树人根本任务的重要环节，2019年3月18日，习近平总书记在学校思想政治理论课教师座谈会上强调，要"重视思政课的实践性，把思政小课堂同社会大课堂结合起来"。之后，中宣部、教育部等部门印发了一系列重要文件，要求思政课所有课程都要加强实践环节，强调将实践教学作为考量课程建设成效的重要标准，明确要求高校思政课实践教学要与劳动教育、创新创业教育相结合，规定专科院校实践教学1个学分。可见，实践教学是"大思政课"的内容向度，搞好思政课实践教学是善用"大思政课"的必然要求。高职院校贯彻落实习近平总书记对思政课的改革创新要求，善用"大思政课"提高协同育人教学实效，必须研究构建"大思政课"实践教学体系。

第一节　"大思政课"实践教学体系的概念

一、实践教学

实践教学是一种重视学生实际操作和实践经验的教学方法和教育活动，通过让学生亲身参与实际操作、实践活动或实际情境中的学习，以提升他们的实际应用能力和实践技能。实践教学旨在将理论知识与实际操作相结合，使学生能够将所学知识应用于实际问题解决和实际工作中，培养学生的综合素质和职业能力。实践教学可以包括实验课、实习、实训、实地考察、项目实践等形式。通过实践教学，学生可以亲自动手进行实际操作和实践活动，积累实际经验，培养解决问题的能力和创新思维。实践教学也可以提供学生与真实情境接触的机会，使他们更好地理解理论知识的实际应用和意义。实践教学有助于培养学生的实践能力、动手能力和团队合作精神。通过实践，学生可以更深入地了解专业领域的实际工作流程和操作技能，提高他们的实际应用水平。同时，实践教学也可以培养学生的观察力、分析能力和解决问题的能力，使他们能够更好地适应社会和职业发展的需求。

"大思政课"实践教学是增强思政课教学实效的重要手段。是以所学的思想政治理论知识为基础，让学生通过亲身参与讨论辩论、情境模拟、社会调查、志愿服务等方式，在实践中运用理论、检验理论、深化理论，不断将理论知识内化于心、外化为行的过程。其具体形式很丰富，可以是课堂实践（讨论、演讲、辩论等）、校内实践（征文、表演、知识竞赛、志愿服务、社团活动等）、社会实践（参观考察、志愿服务、问题调研等）和虚拟网络实践教学等。可以说，只要有利于提升思政课的实效性、有利于提高大学生思想政治素质、有利于实现立德树人根本任务的实践活动，都是"大思政课"实践教学，我们都可以去创新拓展。

二、实践教学体系

体系是"由若干有关事物互相联系、互相制约而构成的一个整体。"① 据辞海解释，教学体系是指为了达到特定的教育教学目的，由多个组成教学活动的要素相互关联、相互作用而构成的一个整体。一般主要包括教学目标、教学内容、教学资源、教学方法、教学评价、教学管理等教学要素。实践教学体系就是由实践教学相关要素相互联系、相互制约而构成的一个整体。主要包括实践教学目标、实践教学内容、实践教学资源、实践教学方法、实践教学管理和实践教学评价等六大要素。实践教学体系是一个复杂的系统工程，也是一个不断发展、更新的动态系统。在构建和运行高职"大思政课"实践教学体系时，要始终坚持以先进的理论为指导，以实证调研为依据，持续更新实践内容，丰富实践资源，创新实践方法，不断完善和优化实践教学体系，以提升教学体系各个要素的作用和功能，并确保它们之间的协调配合，形成协同效应，实现实践教学体系的总体目标，提升教育教学质量。

三、"大思政课"实践教学体系

"大思政课"实践教学是与思政课理论教学、网络教学相互补充、相互成就、彼此依托的一种重要的教学形式。本章研究的高职"大思政课"实践教学体系主要包括实践教学目标体系、实践教学内容体系、实践教学资源体系、实践教学管理体系和实践教学评价体系等五个方面。"大思政课"实践教学体系也可以说是在"大思政课"视域下的实践教学体系，"大思政课"理念蕴涵思政课实践育人的基本遵循。"大思政课"之"大格局""大视野""大情怀""大体系"等彰显了"大思政课"实践教学体系构建的基本遵循。因此，高职院校"大思政课"实践教学体系的构建要坚持历史与

---

① 辞海编辑委员会编：《辞海》，上海辞书出版社 2000 年版，第 274 页。

现实相关照、国内与国际相结合、课上与课下相统一、线上与线下相结合，耦合理论教学与实践教学，从五个方面的要素系统推进，实现科学管理和精准施策，融汇多方力量和多种平台，聚力协同育人，把"思政小课堂"和"社会大课堂"有机结合起来，有效提高实践教学的内涵品质培育和系统化建设，促进高职院校师生共同发展，推进高职院校内涵式发展和"双高校"建设，增强高职院校立德树人实效性，为新时代中国特色社会主义伟大事业培养合格的建设者和接班人。

第二节 高职院校"大思政课"实践教学现状分析

习近平总书记对思政课改革创新提出的"八个相统一"的目标要求，明确指出要坚持"理论性和实践性相统一"。思政课所教育引导的思想理论知识能否内化于心外化于行，是检验育人成效的重要指标。规范科学、系统有效的实践教学是深化理论认知、实现知行合一的重要途径，是实现思政小课堂与社会大课堂有机衔接的关键环节。然而，当前高职思政课实践教学现状差强人意，面临着一些突出问题和困境，严重影响"大思政课"的教学效果。为此，我们在大学城的四所高职院校进行了一次广泛调研，从教师和学生两个主体视角来展开调研，教师层面的调研主要通过同行间的访谈交流来进行，学生层面的调研主要通过问卷调查。通过对调研资料与数据进行科学的整理与分析，掌握高职思政课实践教学的真实现状和学生对思政课实践教学的期待与评价，从而有针对性开展"大思政课"实践教学改革，构建科学系统有效的"大思政课"实践教学体系，切实提高思政课教学质量。

一、问卷调查的基本情况

本次调查的目的是从学生的视角来分析实践教学运行现状，了解学生对高职思政课实践教学的意义、形式、内容、评价、效果等问题的真实看法，了解目前思政课实践教学存在的问题与不足以及学生对实践课的期待，探究增强思政课实践教学实效性的可行路径，从实践内容、实践形式、实践平台、实践资源、实践评价等方面构建善用"大思政课"的实践教学体系，真正发挥实践育人的价值。调查时间为 2022 年 12 月，利用寒假时间，采用问卷星随机抽样调研，调查对象为日照大学城四所高职院校大一至大三学生。调查问卷共 25 道题目，共收到有效问卷 933 份。其中男生 442 人，占比 47.37%，女生 491 人，占比 52.63%；大一 627 人，占比 67.20%，大二 228 人，占比 24.43%，大三 78 人，占比 8.36%。

二、问卷调查的情况分析

（一）高职院校思政课实践教学开展现状

近年来，高职院校对于思政课实践教学环节的重视程度不断提高，实践教学形式不断丰富，实践教学活动组织不断扩展，但实践教学评价还比较单一。我们抽样调查的四所高职院校，都至少有两门思政课程开设了实践教学。72.99%的同学认为"实践教学形式多样，效果很好"，50.38%的同学认为通过实践教学"收获很大"。在"您认为贵校的实践教学内容怎样"一题中，58.41%的同学选择"富有时代性，紧跟时代热点"，7.72%的同学选择"千篇一律，没有个性没有新意"，17.15%的同学选择"有内涵有品质，很有教育意义"，12.43%的同学选择"贴近学生，符合学生发展需求"。思政课的实践教学形式非常多样，包括课堂实践、校内实践和校外社会实践等多种形式。然而，根据我们的调查结果显示，目前高职思政课的实践教学存在一些问题。首先，实践教学形式单一、内容简单，缺乏多样性和深度。其次，实践教学主要集中在课堂内和校内，校外社会实践的频率较低，覆盖面也较窄。在"贵校实践教学主要有哪些形式"一题中，83.6%的同学选择了"以课堂讨论、观看视频、问题辨析等为主要形式的课内实践"，62.59%的同学选择了"以校园文化活动为主要形式的校内实践"，48.98%的同学选择了"学生社团组织的各种实践活动"。在"您认为所在学校实践教学活动是否丰富"一题中，44.91%的学生选择"比较丰富"，34.3%的同学选择"很丰富"。关于"实践教学的组织"，52.63%的同学选择"思政课教师"，22.83%的同学选择"学校团委、宣传部等"，14.79%的同学选择"系部团总支"，还有7.82%的同学选择"学生社团"，可见，"大思政课"实践教学的组织者主要是思政课教师。在问及"您认为贵校实践教学的组织管理怎样"一题中，52.2%的同学选择"管理科学，组织严密"，32.48%的同学认为"指导有力，多部门协同"，8.36%的同学选择"实践活动重复、疲于应付，没有质量"，极少数同学选择了"无人指导，效果差""流于形式，组织管理涣散粗放"。但在问及"您认为影响实践教学效果的因素有哪些"，65.81%的同学选择"实践活动形式单调"，57.98%的同学选择"学生参与积极性不高"，43.94%的同学选择"实践教学流于形式"，33.87%的同学选择"组织手段不当"，29.47%的同学选择"经费不足"，21.33%的同学选择"评价方式不当"。在"实践教学评价形式"一题中，53.7%的同学选择了"由学生之间相互评价"，40.41%的同学选择了"由思政课老师打分"，只有1.93%的同学选择了"只上交，不打分"，3.97%的同学选择了"没有单独计算实践教学成绩"。

实践教学的内容、形式、组织、管理、评价等是开展实践教学活动的重要环节，直接影响着实践教学效果。教学评价更是极为重要的一环，具有诊断、导向、鉴定与激励的功能。由于班级学生数量多，实践过程难以监控所带来的评价难题是制约思政课实践教学发展的重要瓶颈。

（二）高职学生对思政课实践教学的认知

在"您认为最适合课程内容的教学形式是什么"一题中，37.62%的学生选择"理论教学辅以专业实习实训基地等的实践活动"，24.44%的同学选择"理论教学辅以社会调研、志愿服务等实践活动"，16.93%的同学选择"理论教学辅以专题讨论、课堂辩论"，10.4%的同学选择了"传统理论教学"，5.68%的同学选择"理论教学辅以网络实践活动"。在问及"您是否喜欢实践教学活动"时，50.7%的同学选择"比较喜欢"，42.44%的同学选择"很喜欢"。在"您是否认为实践教学活动很有必要"一题中，51.77%的同学认为"很有必要"，40.84%的同学认为"比较重要"，只有6.86%的同学认为"一般"。在"您认为理论教学和实践教学的关系"一题中，65.7%的同学选择"理论教学和实践教学同样重要"，25.94%的同学认为"理论教学更重要"，6.43%的同学认为"实践教学更重要"，还有1.93%的同学认为"无所谓哪个重要"。在"您认为实践教学环节对理论教学的意义有哪些"一题中，只有4.07%的同学认为"没有多大意义"，几乎所有同学认可实践教学对理论教学的意义，79.96%的同学认为实践教学"可以促进学生对理论教学内容的理解"，65.81%的同学认为"可以促进理论与实践的结合"，60.02%的同学认为"可以增加学生学习的兴趣"，49.73%的同学认为"可以使学生走出校门、接触社会、开阔视野"。但当前，相当一部分高职院校在校生超过一万人，在保证安全、有序的情况下组织如此大规模的学生外出社会实践，是极大的挑战。

可见，当前高职院校学生充分认识到了思政课实践教学的重要性，绝大多数学生对于实践教学有渴求、有热情，认为应该把理论教学和实践教学结合起来，希望通过专业实践、课堂实践和社会实践等多种形式的实践教学辅助于理论教学，以提高学习效果。因此，思政课亟须将理论教学和实践教学统一起来，构建"大思政课"实践教学体系，满足学生成长成才的需求。

(三)高职学生对实践教学活动的期待

在思政课实践教学的多种形式中，学生更喜欢的依次是课内实践、校内实践、社会实践。以课堂讨论、观看视频、问题辨析等课内实践活动学生的认可度很高，占比76.1%。紧随其后的是"知识竞赛、辩论演讲、情景剧、志愿服务等校园文化活动"，占比65.06%，通过平时与同学的访谈交流，了解到学生喜欢这种实践活动，更多的是因为这些活动与学生的知识结构、生活阅历、学习能力等比较契合，参与活动的体验感和获得感更多。其次是参观调研等社会实践，其中，院部带队组织的、思政课教师带队组织、学生自行参与的假期社会实践占比相当，都在40%左右。"社团组织的专题实践活动"占比37.19%。"学校组织的主题教育活动"占比33.44%，"专业实习实训基地的实践活动"占比 29.15%，"网络实践活动"占比 23.9%。

对学生最喜欢的课堂实践活动进一步调研，教师组织的"课堂案例讨论、课前五分钟和模拟法庭等课堂实践活动"，35.58%的同学"很感兴趣，愿意积极参与"，30.76%的同学感觉"可以活跃课堂气氛，调动积极性，乐于倾听其他同学的讲解"，29.47%的同学认为"有助于开阔视野，值得提倡"，只有 3.06%的同学认为"不感兴趣，无所谓"。对于"课堂中分组研讨某个课题，最后由小组代表发言或展示学习成果"这种实践形式，同学们高度认可，46.95%的同学认为"可以学习到每位同学的优点，认识自己的不足"，41.69%的同学认为"很感兴趣，可以增进交流"，8.9%的同学认为"能够给自己展示自己的舞台，锻炼口才"，只有 2.47%的同学感觉"非常厌恶"。可见，学生们更喜欢以学生为主体的课堂教学，必须改变单纯的理论说教，课堂实践活动能有效增强教育教学实效性。对于"学校开展的公益活动、社团活动、文体活动、德育主题活动、技能大赛等活动"，59.38%的同学认为"次数很多，形式丰富，充分调动学生热情"，31.08%的同学认为"次数较多，但吸引力不够。"可见，学生期待学校开展形式丰富、富有时代气息的校内实践活动并能参与其中。

这个调研结果，与我们之前的认识有一定的差距，甚至有些方面差距还很大，为了找出存在的问题，解开我们心中的疑惑，利用课间广泛开展了与学生的访谈交流，了解到了一些问卷调研结论外的情况。事实上，学生期待能够走出校门开展调研、考察活动，但由于客观条件的限制，几乎没有机会参加由系部和思政课教师带队的社会调查，更多的是自发的在校内外就近、甚至在网上搜搜，完成社会实践任务，最后上交一份拼凑的社会实践作品，这种社会实践不是他们想要的，真正想要的社会实践又是他们可望而不可即的，所以他们更喜欢实实在在能实现、又能改变枯燥乏味的思政课课堂教学的实践形式。而校内实践活动，还存在着同质化严重、内容浅显、质量差强人意等方面的问题。

建设好"大思政课"，必须立足实践，回应现实。"大思政课"实践教学体系建构具有重要的价值意义，有利于增强立德树人的实效性，有利于促进学生全面成长发展，有利于推动高等教育内涵式发展。因此，思政课实践教学在国家层面受到高度重视，从实践课程设置到具体的课时设定，再到要求社会力量支持等方面做出了明确规定，在全国建立多处实践教学基地，也对思政课教师的实践教学能力组织开展了相应培训，这为高职院校开展思政课实践教学提供了坚实的制度前提和物质保障。然而，当前高职"大思政课"实践教学还存在着一些突出问题，严重影响了思政课实践教学效果，必须深化教学改革，不断完善"大思政课"实践教学体系。

第三节　高职院校"大思政课"实践教学的问题与成因

一、当前高职院校"大思政课"实践教学存在的突出问题

"大思政课"理念为高职院校思政课改革提供了全新的视角，更扩宽了思政课的广度和深度，也为高职院校思政课实践教学拓宽了视野，明确了改革方向。但当前高职院校思政课实践教学中存在着一些突出问题和现实困境。通过对几所高职院校学生的问卷调查，以及与部分高职院校思政课教师的交流访谈，我们发现：90%以上的学生和思政课老师认为开展实践教学很有必要，而且有利于提高思政理论课的效果，但60%左右的教师和学生认为思政课实践教学效果不够理想，突出问题和现实困境主要表现在以下几个方面。

（一）"大思政课"实践教学体系不健全

总体看来，当前高职"大思政课"实践教学体系不健全，系统化不强、缺乏科学性。虽然高职思政课在课时计划中按照国家要求设置了相应的实践学时，但在实践教学方案、要求和考核标准等方面缺乏系统性，教学的开展比较随机。一是教学目标不明确，教学目标没有被明确地规定或者是过于笼统，导

致实践教学的效果难以评估和衡量。二是教学内容不系统,存在教学内容的碎片化和零散性,缺乏系统性的组织和设计。三是教学方法的选择和运用缺乏科学性,没有根据教学目标和学生需求进行科学合理的选择和运用。四是评价体系不完善,缺乏科学的评价指标和评价方法,评价过于主观或者只注重表面性的成果,难以准确评估学生的实践能力和素养,这很大程度上削弱了实践教学的有效性。五是教学组织管理不规范,存在管理流程不清晰、管理机制不健全等问题,尤其是实践教学中的反思总结和延展环节往往被忽视,实践教学可能只是简单的让学生开展讨论或是观看相关视频,缺乏深刻剖析和正确回应,导致学生无法领会实践教学活动中深层次的价值引导,很大程度上消解了实践教学的有效性。①

（二）"大思政课"实践教学内容重合度高、融合度不高

目前,高职院校"大思政课"理论教学与实践教学两者之间尚未有效衔接,实践教学内容存在着重合度高、融合度不高的问题,很难达到预期教学目标。目前高职院校的实践教学工作多数由辅导员策划和指导,各部门、各系部、教师队伍之间缺乏有效协同合作,同一主题或相同目标的实践教学活动,在不同教师、不同部门相继组织开展,致使重合度高,学生疲于应付甚至产生反感。教师队伍的融合度不高、兼容性不强,没有形成协同效应。"大思政课"实践教学体系的构建需要加强各部门、各系部的协同融合,构建结构化育人体系。高职思政课实践教学的有效开展需要加强思政课教师与辅导员、专业教师的深度融合,发挥育人合力。知识化、专业化的"大思政课"实践教学,既需要足够的专业理论支撑和来自社会的实践指导,又需要及时掌握学生思想动态和价值追求,不断优化内容供给。搞好"大思政课"实践教学,思政课教师是关键,但是离不开良好的支持系统。要加强协同育人建设,破除思政课的孤岛现象,为"大思政课"实践教学的开展打下坚实的基础。

---

① 张洪芝:《课程思政视域下高职思政课实践教学困境及进路》,《湖北开放职业技术学院学报》2022年第12期,第101—103页。

（三）教学平台缺乏创新、形式单一

新时代高职院校在思政课教学改革方面不断创新，在"大思政课"实践教学方面也有了进一步的研究探索，课堂实践教学活动日益丰富，比如开展课堂内的问题辨析、演讲朗诵、视频观感、情景剧、角色模拟等形式，打破了传统的理论灌输教学方式，激发了学生的学习兴趣，调动了学生的积极性，取得了一定的教学效果。然而，在审视当前的高职"大思政课"实践教学时，我们发现仍然存在一些问题。首先，实践教学主要停留在课堂内，缺乏走向社会的广阔空间和网络实践教学的开展，赋予时代气息的网络实践教学部分采用的形式也较少，与学校和系部的实践活动未能有效协同。虽然学校有丰富多彩的校园文化活动，丰富拓展了"大思政课"的校内实践教学，但在指导、评价和管理方面难以实现，教学效果不尽如人意。其次，现有的实践教学形式较为传统，缺乏新意，难以满足新时代大学生求新的心理需求，难以回应学生对社会热点、难点问题的关注。这不仅影响学生对思想政治理论的理解和把握，也不利于廓清不良社会现象给大学生带来的思想和行动层面带来的危害。① 因此，要创新引入更多新颖多样的实践教学形式，加强网络实践教学，拓宽实践教学的形式和场域。

（四）可持续性资源供应不足、内涵品质不高

"大思政课"实践教学主要有课堂实践、校园实践和社会实践等三课堂，与之相呼应，实践资源也有课堂实践资源、校园实践资源和校外实践资源之分。作为实践教学活动的"第一课堂"，课堂实践资源质量和数量对思政课教学效果有着直接影响。当前在思政课堂上，虽然专题报告、视频、讨论、演讲、辩论、翻转课堂等多样化的教学形式都是课堂实践的资源，但由于思政课教学内容多、任务重、课时紧张，教师仍然多习惯于传统的理论讲授，偶尔加之以对某个问题的小组讨论或视频观看，实践形式单一，缺乏互动。校园实践

---

① 张洪芝：《课程思政视域下高职思政课实践教学困境及进路》，《湖北开放职业技术学院学报》2022 年第 12 期，第 101—103 页。

资源如各类社团活动、校园文化活动作为重要的"第二课堂",目前基本局限于校团委、学工处、各系部等组织的各种活动,与思政课实践教学关联不大。社会实践资源从数量上来看虽然众多,但是挖掘力度不够,由于经费、地理位置等条件的限制,组织难度很大,实践教学资源更是处于匮乏状况。同时,由于高职"大思政课"实践教学缺乏整体建构、连续性不强,实践内容存在同质化固态化现象。一些实践教学内容滞后于经济社会发展,未能与时俱进地加以调整、丰富,与现实生活有所脱节,让学生觉得枯燥乏味。指导力量不足和理论研究不够也制约了实践教学工作的高质量发展,导致实践教学内涵品质不高,层次性不强,即使新增一些具有强烈时代感的实践教学内容,也难以契合大学生的兴趣点和困惑点,学生的抬头率和参与度不高,使得实践教学流于形式,未能真正抵扣教育对象的内心,很难引发情感共鸣,致使思政课实践教学效果不尽如人意。

(五)实践教学评价单一、管理粗放

目前"大思政课"实践教学评价在评价体系结构面上单一片面。科学合理的教学评价应包括对教师实践教学效果的评价和对学生实践效果的考评,这两方面的评价互为补充、互相印证,是新时代教育评价改革的重要内容。但审视目前高职院校的思政课实践教学评价,对教师进行的实践教学效果的考评,在很多高职院校中,要么没有,要么以是否在规定学时内开展实践教学为依据进行评价,对教师是否指导、组织、管理及实践教学效果等方面缺乏相应的评价。对学生实践教学活动的考评,总体来看,高职院校思政课实践教学基本延续理论教学评价的方法与标准,忽视了对大学生思想道德品质和综合能力素养的评定。从评价方法和标准来看,较为片面单一,往往只关注学生对理论知识的掌握程度,而忽视对学生实践能力、创新能力和综合素质的评估,无法全面反映学生在实践教学中的真实水平和能力。从评价主体来看,缺乏多元性,大多数高职院校的思政课实践教学评价主要由教师进行,缺乏其他相关单位人员的参与,无法全面了解学生在实践教学中的表现和成长。从评价标准来看,目前的评价标准相对模糊,缺乏明确的指导和标

准，导致评价结果的主观性较高，评价效果不够准确和科学，需要进一步完善。重"结果"轻"过程"。更为关注最终的结果，强调访谈实录、调研报告等是否完成及完成的质量，而忽视对参与实践过程的考察，更不能有效评价学生能否真正从中获得知识、能力、素养的增长。实践教学管理粗放，学生的社会实践教学活动基本采取"放羊"的措施，学生自行组队、自行参加实践活动、撰写实践论文，任课教师只对最后的实践报告进行简单的分数批阅，整个实践活动过程由学生自发完成，教师无法也无力进行指导和管理，实践教学活动成绩就是最后的实践报告成绩。对于学生是不是真正参与了社会实践、社会实践过程中是否获得了成长等无法评价，缺乏明确的、规范的针对每一个实践环节的评分标准，没有完善的评价体系，就不能通过多种考核方式加强对学生参与实践教学环节的考核。甚至有"少数学生在思政课实践教学考核中抄袭调查报告、开具虚假实习实训证明、捏造实践调研过程与数据等不良现象。这不仅违背了学术诚信道德，更与思政课立德树人的目标背道而驰。"[①] 评价体系不完善和粗放的教学管理，反过来又加重了学生对思政课实践教学的应付心理，导致学生更加不重视思政课实践教学，从而大大降低了思政课实践教学的实效性。

二、高职院校"大思政课"实践教学问题成因

造成高职院校"大思政课"实践教学问题和困境的原因主要有以下几个方面：

（一）教师实践能力不高、动力不足

习近平总书记指出，办好思政课，关键在教师。教师的问题就是思政课建设的最关键问题，教师的能力与态度是影响"大思政课"实践教学效果最重要的因素。尽管在思政课高度受重视的情况下，思政课教师的能力和积极性大大提升，但是落到实践上，仍然显得有些欠缺，不能够支撑"大思政课"实

---

① 冯刚、陈梦霖：《高校思政课实践教学的内涵、价值及其实现》，《学校党建与思想教育》2021年第18期，第4—9页。

践教学改革的需要。调查显示，1/3 的思政课教师认为自身的实践教学水平有限，绝大多数教师认为需要提高自己的实践教学能力。主要困境是设计什么实践教学活动，怎样开展实践教学，怎样管理和评价实践活动等方面。相比单纯的理论教学，实践教学难度更大，对教师的知识广度、理论深度、组织沟通能力等要求更高，而且牵扯问题太多，不可控因素也多。不仅增加了教师的教学难度，也加大了教师的工作负荷。实践教学的组织是一项既费时又费力的工作，需要教师投入大量的时间精力，甚至有时候还得动用自己的社会关系联络实践基地。一方面思政课教师的教学工作量普遍较重，另一方面学校又缺乏相应的评价激励机制，教师对开展实践教学缺少热情、缺乏动力。进而也会导致实践教学内容乏味、资源不足、方式单一、指导不力等一系列问题，影响"大思政课"实践教学的效果。

(二)学生参与性不强、效度低

教育对象的获得感是高职思政课实践教学效果的重要评价指标，也是教育对象参与实践教学活动的积极性和主动性的重要影响因素。高职学生是"大思政课"实践教学活动的主体，教师通过营造线上线下、课堂内外多场域的各种实践活动教学情境，引导学生自主体验、亲身感受、自由探索，从而提高认识问题、发现问题和解决问题的能力，树立正确的价值观。实践探索的每个环节学生都要积极主动参与其中。但实际上，由于实践教学内容、形式、条件等各方面因素的影响，教育对象在实践教学活动中缺少获得感，影响了其参与教学活动的积极性和主动性。一方面，由于高职思政课实践教学在课程讲授、教学评价等各环节仍存在理论性有余而思想性不足、针对性较强而亲和力较弱，社会力量参与程度不够，实践教学形式较为单一，对学生缺乏吸引力，影响了学生的参与度。另一方面，由于教师能力不足和客观条件限制等因素，实践教学议题的选择并未契合学生的兴趣点和困惑点，让学生感觉实践教学的内容枯燥乏味，参与实践活动没有获得感，因而无法充分调动学生的主动性和积极性，实践活动参与度较低。另外，由于一些客观条件的限制，实践教学的组织形式不能充分让每个学生融入其中，也导致大学生主体参与度并不高。目前，大部分高职思政课实践教学仍采用人数较多的大课形式，即使通过分组开展实践教学，师生之间的交流互动也非常有限。这导致代表发言不能充分体现每个学生的思考和感受，无法满足学生个性化的需求，因此学生的参与度不高，实践教学往往流于形式，未能真正抵扣教育对象的内心，很难引发情感共鸣，致使思政课实践教学效果不尽如人意。[①]

（三）体制机制不健全、协同合力低效

《高校思想政治工作质量提升工程实施纲要》明确提出构建"党委统筹部署、政府扎实推动、社会广泛参与、高校着力实施"的实践育人协同体系。高职"大思政课"实践教学协同体系的构建也应如此。但是目前高职院校"大思政课"校内协同合作保障机制和社会协同运行机制都不完善，导致"大思政课"实践教学运行不畅通，协同合力育人低效。

1. 高职院校内部协同合作机制不完善

高职院校的"大思政课"实践教学涉及教学、管理、科研等多个部门，所有教师都有责任参与实践育人的工作。但由于体制机制不完善，不同职能部门之间的整合和协作不够，导致实践育人的效果受到严重影响。尽管学校已经制定了相关制度文件，但需要进一步改进和完善。从组织领导机制来看，高职"大思政课"实践教学缺乏明确有力的组织领导机构。虽然多数高职院校都已将实践教学纳入教学计划当中，但是并没有形成统一规范的要求[②]，对教学大纲、教学进度、教学评价等均未作具体化的规定，缺乏可操作性方案。不仅缺乏学校层面的领导机构，各系部也缺乏协调组织实践教学的领导机构。必然导致实践教学组织不力、运行不畅、管理不善，甚至使部分高职院校思政课实践教学难以为继。从经费保障机制来看，部分高职院校思政课实践教学专项经费落实不到位，难以进行学生需要而且也喜欢的社会调研、参观走访等教学形式，甚至使校内和课内实践也无法保证质量。从评价考核激励机制来看，高职

---

① 张洪芝：《课程思政视域下高职思政课实践教学困境及进路》，《湖北开放职业技术学院学报》2022年第12期，第101—103页。

② 肖贵清：《论新时代思想政治理论课的制度化建设》，《思想理论教育导刊》2021年第4期，第98—104页。

"大思政课"实践教学的有效性和长效性缺乏科学的考评制度和指标体系，教学效果难以评价，实践教学要融入校园活动和校外活动，存在评价维度多、时间线长、标准难统一、成果难鉴定等问题。导致教师改进实践教学和学生参与实践教学的动力不足、方向不明。因此要以"大思政课"理念为引领，优化评价考核指标体系，健全实践考核激励机制，构建多方评价主体参与、多维指标体系形成的考评制度，促进教师、学生、职能部门成员等多方力量协同推动，共同实现对思政课实践教学中学生知识、能力、价值的全面考核和综合评价，充分发挥全员育人的育人合力。

2. 高职思政课实践教学社会协同运行机制不完善

高职院校在落实"大思政课"理念时，需要将思政小课堂与社会大课堂有机融合，而实践教学社会协同机制是实现这一目标的重要教学组织方式。因此，高职院校开展"大思政课"实践教学，关键是要树立协同意识，构建高职院校与社会元素共同参与的思政课实践教学协同机制，广泛发动社会力量与资源支持高职院校的实践教学活动，并将校内教学要素与社会各种教育元素相融合，实现思政理论课、实践课、社会实践课和专业课等的有机结合。然而，目前这种协同机制尚未形成。从家庭教育、学校教育和社会教育这三种基本教育形式来看，它们都具有共同的育人目标。然而，由于缺乏思政课实践教学社会协同机制，这三者之间并没有形成应有的育人合力。作为办好思政课的主体，高职院校上联家庭，下联社会，承担着主要责任，有责任也有条件把家庭、社会的力量和资源融入思政课实践教学中，形成育人合力。因此，高职院校需要与家庭和社会建立紧密联系，促进思政课实践教学的有效开展。从育人的角度看，高职大学生、教师和社会导师三个群体之间存在着紧密的互动关系。从教育教学看，思政课与专业课和通识课、理论课与实践课、第一课堂与其他课堂等的课程内容互通互融互构，但没有完善的高职思政课实践教学社会协同机制，就无法实现这些育人要素的协同效应。

第四节　高职院校"大思政课"实践
教学体系构建的基本遵循

"大思政课"实践教学体系的构建既要坚持实践教学体系构建的一般性原则，更要坚持"大思政课"理念蕴涵思政课实践育人的基本遵循。综合"大思政课"和"实践教学体系"的特点和功能，主要有以下五个方面的基本遵循。

一、坚持整体性原则

实践教学体系是一个有机的系统，系统各要素是相互关联、相互影响、相互作用的，因此，在高职院校"大思政课"实践教学体系的构建中，必须把各要素作为一个整体来统筹规划，以实现要素间的协同联动和相辅相成，从而使思政课实践教学发挥最佳效果。首先，需要从高职院校人才培养目标出发，根据高职教育特色和学生特点，确定"低、中、高"层次化实践教学目标体系，以此确定"大思政课"实践教学的内容和方法。在选择实践教学资源、创新实践教学方法、拓展实践教学平台、加强实践教学管理和完善实践教学评价方面，都应围绕着这一目标进行。在实践教学过程中，需要考虑各要素的特征以及它们之间的相互关联，教学目标应具有层次性，教学内容应具备结构性，教学方法应多样化，教学管理应智能化，教学评价应科学化。通过这样的考虑，思政课实践教学才能切实达到预期的育人目标。

二、坚持全面性原则

全面性原则是指在构建大思政实践教学体系时，要全面考虑学科内容、学生需求、社会需求等多个方面的因素，构建一个综合、多元、与时俱进的大思政实践教学体系，确保教学内容的全面性和综合性，为学生的综合素质和能力培养提供全面的支持和指导。在构建实践教学体系时，需要遵循以下几个方面的全面性原则：首先，实践教学体系的功能要全面。大思政实践教学体系应该关注学生的个体差异和需求，充分发挥每个学生的潜能和特长。高职院校的思政课实践教学体系应将培养学生的职业能力和职业素质放在突出的位置，但同时也不能忽视学生全面发展的素质要求。其次，实践教学体系的构建要全面。实践教学体系包括目标体系、设计体系、资源体系、管理体系和评价体系等各个子体系，每个子体系都是实践教学体系中不可或缺的环节。这些子体系相互关联、相互支持，共同构成了一个完整的实践教学体系。再次，大思政实践教学涉及的学科内容与问题要全面，应该覆盖多个学科领域，如政治学、经济学、法学、伦理学等，涉及多个层面和领域的问题，包括社会问题、伦理问题、政治问题、经济问题等。让学生通过跨学科的学习和实践，培养综合思维和跨学科的能力，通过引导学生思考和解决这些问题，全面了解和分析社会政治、经济、文化等方面的问题，培养他们的问题解决能力和综合素质。此外，在实践教学体系的构建过程中，还需要注意全面性原则的体现。例如，在确定实践教学的目标时，要综合考虑学生的专业能力和综合素质的培养；在设计实践教学的活动和任务时，要涵盖不同层次和类型的实践内容；在配置实践教学的资源时，要充分考虑各种资源的多样性和充足性；在管理和评价实践教学过程时，要确保全方位的管理和科学的评价手段的应用。

三、坚持问题导向原则

习近平总书记在全国高校思想政治工作会议上的讲话中提出："做好高校思想政治工作，要因事而化、因时而进、因势而新"[①]。"三因"理念基于鲜明的问题导向，体现了思政课实践教学的特点与遵循。"因事而化"要求高职"大思政课"实践教学立足社会发展的重大历史事实，围绕党和国家发展的重

---

① 习近平：《习近平谈治国理政》第二卷，外文出版社 2017 年版，第 378 页。

大事件，聚焦学生关切的社会难点、热点、疑点问题，用事实来说话，回应学生的现实关切，化出马克思主义理论的真理力量和逻辑魅力。"因时而进"要求"大思政课"实践教学紧跟时代和世界发展大势，在实践内容和形式上与时俱进，用鲜活而丰富的生动实践，鼓舞学生在逐梦路上把青春和奋斗书写在祖国大地上。"因势而新"要求思政课实践教学把握国内外发展大势，顺应教育技术变革趋势，开发实践教学新资源、运用实践教学新手段，打造虚实结合、线上线下相结合的实践育人新格局。切实增进思政课实践育人的深度、温度与广度。

四、坚持目标导向原则

"大思政课"实践教学旨在通过组织构建各种实践活动，营造有利于思政教育的全员全时空的实践育人环境，让学生在学思践悟中，深化理论认知、增进理论认同，强化价值引领。"在理论和实践的结合中，教育引导学生把人生抱负落实到脚踏实地的实际行动中来，把学习奋斗的具体目标同民族复兴的伟大目标结合起来，立鸿鹄志，做奋斗者。"①。为了实现这一目标，高职"大思政课"实践教学要与理论教学紧密结合，建立素材与理论之间的逻辑关联，以素材的鲜活生动性展示理论的内在逻辑性。② 根据理论教学设计实践教学目标、教学计划、教学过程，不能脱离理论教学内容。积极利用多元教学场域和教育资源，充分挖掘其中的思想政治教育元素，构建多维教学载体和平台，通过科学合理的实践设计，提高教学的生动性，引导学生理解反思理论教学内容，并最终促使学生能够回归社会和生活，提高运用马克思主义认识、分析和解决实际问题的能力，更好实现人生价值。

---

① 习近平:《思政课是落实立德树人根本任务的关键课程》,人民出版社 2020 年版,第 20—21 页。

② 任瑞姣:《"大思政课"视域下加强思政课实践育人探析》,《思想理论教育导刊》2022 年第 4 期,第 135—140 页。

五、坚持适用性原则

高职"大思政课"实践教学体系的构建必须坚持适用性原则,既要合乎规律性又要合乎目的性。所谓合规律性是指高职院校"大思政课"实践教学必须遵循"思想政治教育工作规律、教书育人规律、学生成长规律"三大规律。从学生的认知特点和学习需求出发,始终遵循学生思想品德、价值观念养成的基本规律。合目的性是指高职"大思政课"实践教学要符合教育主体的目的。既要反映教师的教学目的,又要满足学生的价值需要。即要实现高职院校立德树人的根本任务,实现高职院校的人才培养目标,又让学生觉得有必要学,学了有用,有真正的获得感。只有坚持合规律性与合目的性的辩证统一,高职"大思政课"实践教学体系的构建才是科学合理的,才具有适用性,才会真正取得育人实效。

第五节 高职院校"大思政课"
实践教学体系的构建

中共中央宣传部、教育部印发的《新时代学校思想政治理论课改革创新实施方案》要求:各高校要规范实践教学,把思想政治教育有机融入社会实践、志愿服务、实习实训等活动中,切实提高实践教学实效。① 建设"大思政课"实践教学体系需要将思政课实践教学视为一门独立的课程,类似于理论教学那样。根据思政课各门课程的教学重点、难点,以及学生的困惑点和热点问题,构建相应的实践教学课程体系。这一体系应该被纳入专业人才培养方案,制定教学大纲,并对课时要求进行严格规范,同时编写教学手册。

高职院校"大思政课"实践教学体系是由相互关联、相互作用、相互影

---

① 中宣部、教育部:《新时代学校思想政治理论课改革创新实施方案》,http://www.moe.gov.cn/srcsite/A26/jcj_kcjcgh/202012/t20201231_508361.html。

响的不同要素组成的。这些要素主要包括目标体系、内容体系、管理体系、评价体系和资源体系等，同时还包括教学平台和教学方法等。目标体系是整个实践教学体系的驱动力和指导方向。其他要素的设计和实施都应围绕实践教学的目标展开。内容体系是目标体系的具体体现，应与目标体系相一致，以达到预期的教学效果。管理体系在实践教学体系中起到调控和协调的作用。评价体系用于对学生的实践教学成果进行评估和反馈，可以帮助了解学生的学习情况，发现问题并及时进行调整和改进。资源体系为实践教学提供必要的支持和保障。教学平台和方法是实践教学的具体手段和方式，包括教学环境、教学技术和教学策略等。它们应与目标体系和内容体系相匹配，以促进学生的主动参与和实践能力的培养。只有当这些要素完善并形成一个协调、相互影响的系统整体时，才能达到最佳的教学效果。

一、构建多层次实践教学目标体系

目标体系既是实践教学的出发点，也是落脚点。高职"大思政课"实践教学体系的构建首先要明确目标体系，这主要是由人才培养总目标以及各校各专业培养目标来确定。高职思政课教学以立德树人为根本目标，引导学生理解掌握马克思主义中国化时代化理论成果，深刻领会习近平新时代中国特色社会主义思想，自觉践行社会主义核心价值观，尊法治、修美德。培养学生运用马克思主义立场观点方法分析和解决问题的能力，重点培养学生的职业道德和职业精神，增强学生的使命担当，使之努力成为德智体美劳全面发展的社会主义建设者和接班人。高职"大思政课"实践教学目标体系就是围绕这个总目标，根据高职院校人才培养目标，确定各专业具体的实践教学目标，通过思政课实践教学，在学思践悟中，深化高职学生的政治认同、理论认同、情感认同和价值认同。使学生掌握与所从事职业相关的知识、能力和素质，形成科学的世界观和方法论。

高职院校各个专业的培养目标是基于人才培养总目标，并根据专业特色、市场需求、师资和实训条件以及学生特点等因素，由专家和教师共同研讨制订的，保证充分利用各方的智慧和经验，确保培养目标的科学性和实用性。这些目标包括该专业的人才培养规格、专业岗位职责、职业资格和能力要求等方面的要求。针对高职院校生源多样、水平不一、专业不同，尊重个性，因材施教。重视实践教学的针对性，根据学生的实际情况和实际需要，确定"高、中、低"多层次实践教学目标体系，分类培养，分层组织实施，促进学生人人出彩，个个成才。

二、构建结构化实践教学内容体系

针对思政课实践教学不系统、重合度高、融合度不高等问题，从学生发展需求出发，对接学校宣传部、学生处、教务处、各系部思政教育活动安排，融通思政课程、专业课程、劳动教育课程、创新创业课程，构建结构化内容体系。横向融通"校、系、课、生"四维需求，纵向从"低—中—高"三阶逐级提升。针对不同生源、不同专业的特点，在每个教学单元，都根据不同的教学目标设置多个实践教学活动内容，让学生任选其一，采取对应的实践教学形式，完成对应的实践作业，达成应有的教学目标。

"大思政课"实践教学内容体系主要包括课内外讨论、辩论赛、演讲赛；专题报告；微视频或微电影制作；视频观感；社会实践基地参观考察；社会问题调研；志愿服务等等。各门课程根据不同的教学专题，设计具体的教学内容、教学形式和教学模式。由任课老师负责课内实践教学，校内实践和社会实践要注重协同育人。校内实践由思政部牵头，与学生处、宣传部、团委及各系部合作，依托学生社团和校园文化活动开展校园实践教学，充分发掘学生的潜力，培养学生的兴趣爱好，增进学生情感，提升学生素质。校外社会实践，与学校相关部门、政府部门、企业、社会团体等机构合作，结合理论教学内容选取社会实践基地、教学联系点等实践场所，开展参观考察、志愿服务、社会调研等活动，让学生走出校门、走进社会，直接体验并感悟理论，启迪思考，厚植情怀，乐于奉献。

高职学生良好的思想政治和道德品质，单靠思政课理论说教是很难培养的，也不是立即就能形成的，需要在日常生活和专业实践的帮助下，通过深化理解、积极探索和不断内化而形成，因此，"大思政课"实践教学内容体系的构建，一要积极与专业教育相结合。将思想政治理论知识与专业知识相结合，协同构建课程思政，让高职学生在专业学习中提升思想政治理论认知与素质，其教学效果会相当明显。二要注重与生活实际相结合。积极寻找一些和高职学生现实生活密切相关的生活事例，在生活教育实践中，帮助学生养成良好的生活习惯，树立正确的人生观、价值观，使教学效果达到最佳化。

三、构建信息化实践教学管理体系

针对思政课实践教学流于形式、指导不力、管理粗放问题，利用信息技术实施信息化管理，全过程全方位跟踪管理评价。"大思政课"实践教学涉及三个学年、三门课程、校内校外、线上线下、课上课下，多个部门，具有全课程、全覆盖、场域大，风险多、责任大等特点，必须建立一套行之有效的教学领导与管理体系，借助信息化平台支撑和数据互联，实施"精准高效"实践教学信息化管理模式。促进实践教学便捷高效和规范管理，严格过程管理，强化过程管理责任，解决校内和社会实践活动无法实时跟踪痛点和管理粗放问题。完善组织制度保障，强化全程服务，将实践教学真正落到实处。建议学校成立思政课实践教学指导委员会，由学校领导主抓，党委宣传部、教务处、学工部、思政部、教研室分工协作，各负其责。

四、构建立体化实践教学评价体系

高职"大思政课"实践教学评价考核是教师改进实践教学和学生参与实践学习的外部动力和重要向导，科学的评价体系对于实践教学活动和人才培养质量具有重要的监督和导向作用。构建"大思政课"理念引领下的考核评价机制，完善在评价内容、评价指标、评价主体等方面的评价考核，有助于形成对"大思政课"实践育人实效性和长效性的激励和保障机制。首先，优化评价考核指标体系以激励和保障思政课实践教学。完善多维考核指标，形成对学生知识、能力、价值的全面考核和综合评价。构建多方参与的评价主体结构以激励和保障思政课实践教学。学校作为思政课实践育人的组织单位，要促进教师、学生、职能部门成员等多方力量协同推动，合理评定不同类别成员在评价中所占的比重，以此激励和引导思政课实践育人的有序开展，充分发挥全员育人的育人合力。真正让"大思政课"实践教学目标落地、落细、落小，确保思政课实践教学内容入耳、入脑、入心，让高职大学生对当代中国的马克思主义做到真懂、真信、真用。

五、构建多元化实践教学资源体系

针对思政课实践教学可持续性资源供应不足、内涵品质不高等问题，协同建设实践教学资源，创新多种实践教学形式，打造实践教学品牌。

思想政治教育实质上是一个价值熏陶、品质塑造、理念认同的过程，这个过程并不是简单地把基本原理和理论知识体系"灌输"到学生的头脑，而是需要借助学生所喜欢和接受的载体搭建起知识传授、价值塑造和能力养成的桥梁，这其中最有效的载体就是实践载体，而"大思政课"之大格局、大视野、大场域，要求把历史与现实、国内与国外、校内与校外、线上与线下相结合，挖掘精选丰富的思政课实践教学资源，创新实践教学平台，如榜样力量的引领、历史叙事的思辨、时代之问的解析、时代精神的感悟、文化融通的滋养、虚实场景的体验、专业思政的深化，等等。

（一）榜样力量的引领

新时代高职学生的价值塑造，就是要以马克思主义世界观方法论为切入点，引领学生爱党、爱国、爱人民、爱社会主义，以坚定的人民立场和为共产主义奋斗之精神激励青年奋进新时代。如观看青年习近平的有关视频或讲故事，讲述青年毛泽东是如何读大学的，如何一心为民的，挖掘、展现青年榜样身上蕴含的崇高的人格品质和价值追求，触动学生心灵，引发积极情感共鸣，培养学生的爱国情和报国行。

（二）历史叙事的思辨

历史是"最好的教科书"，"大思政课"要树立大历史观和正确的党史观，通过开展实践教学，挖掘盘活历史资源，以纪念重大历史事件、历史人物诞辰为契机，精心设计参观、宣讲、辩论等实践教学活动。讲好"四史"故事，尤其是党史故事，设计情景剧制作、短视频比赛、讲党史故事比赛、微党课比赛等实践活动，使学生在切身感悟鲜活的历史故事、历史人物和历史变迁中，在与历史的心灵对话中，增强历史辨别力和历史思维能力，增强"四个自信"，坚定跟党走、听党话，自觉以史为鉴、开创美好未来。

（三）时代之问的解析

社会生活是学生成长成才的实践沃土，要在社会生活中讲思政课，关注社会现实与时代发展，用不同领域的热点、重点、难点问题和不断涌现的多种社会思潮，开展问题辨析、新闻播报等实践教学活动，引导学生关注国内外时政大势，切实回应中国特色社会主义事业发展的重大时代之问，不断增强马克思主义理论的现实阐释力，深化对中国共产党执政规律、社会主义建设规律和人类社会发展规律的认识，厚植高职学生的爱国主义和家国情怀。

（四）时代精神的感悟

新时代中国特色社会主义的鲜活实践蕴含的时代精神是高职学生成长成才的能量和力量。如组织师生共话脱贫攻坚精神、把思政课讲到脱贫攻坚一线，让学生把脱贫攻坚精神理解得更加深刻更加透彻。如组织抗疫一线的鲜活课、身边最美逆行者的实践奉献课，学习领悟伟大的抗疫精神。组织社会调查和参观，感悟中国共产党的人民立场和为民情怀。使学生明确社会责任担当、淬炼思想、升华境界。

（五）文化融通的滋养

习近平总书记强调指出"对历史文化特别是先人传承下来的价值理念和

道德规范，要坚持古为今用、推陈出新，有鉴别地加以对待，有扬弃地予以继承……本着科学的态度，继承和弘扬中华优秀传统文化，努力用中华民族创造的一切精神财富来以文化人、以文育人。"① 中华优秀传统文化为高职院校思政课实践教学提供教与学的共通桥梁和相融语境。"大思政课"实践教学可以通过精心设计国学经典实践教学活动，组织开展畅谈国学经典读书会，开展以弘扬优秀传统文化为主题的社团活动，举办大学生文化艺术节、论坛讲座等活动，推进中华优秀传统文化进校园、进课堂、进头脑，使学生得到生命情感的感悟和优秀文化的滋养，坚定文化自信，推进中华文化创造性转化和创新性发展。

（六）虚实场景的体验

"大思政课"在于开展思政育人的场域之大，要求运用可能的每一个真实或虚拟的场域渗透思政元素，营造全方位育人的环境，实现全方位育人的效果。充分挖掘地方历史场馆资源和红色文化资源的育人优势，建构参观考察等实境体验式教学活动，进行爱国主义教育、赓续党的优良传统，弘扬中国精神、工匠精神和劳模精神等。依托校内校外的实习实训基地和劳动教育基地，设计"职场体验报告""劳动体验交流""行业职业能力和职业素质要求调研"等实践活动，培养学生良好的职业道德，激励学生掌握过硬的职业技能，在劳动中体会劳动光荣、砥砺意志品质。顺应新时代数字技术和融媒体的广泛发展，依据高职学生的认知特点和学习习惯，建设思政课 VR（虚拟现实）教育基地，建构虚拟情景体验、虚实混合场域的实践活动。以故事体验、交互拓展等方式、通过互动式、体验式、沉浸式教学，具化理论知识，打破时空界限，多维心灵启迪，让学生有更多的获得感。

---

① 《习近平关于社会主义文化建设论述摘编》，中央文献出版社 2017 年版，第 140 页。

第十章 ◀◀◀
高职院校思政课"问题辨析法"
教法改革研究

2022年4月25日，习近平总书记在中国人民大学考察时指出：思政课的本质是讲道理，要注重方式方法。办好思政课，就要推进思政课方式方法改革创新，把道理讲深、讲透、讲活，使思政课更有亲和力和感染力、更有针对性和实效性，达到沟通心灵、启智润心、激扬斗志。

教学方法对教学环节、教学内容和教学效果具有重要的影响力和作用力，教学方法的选择和教学手段的运用，直接关系到高职院校思政课教学质量的提升。教法研究要解决的问题就是如何提高学生的学习兴趣和学习效果。而学习兴趣更是首先要解决的，如果没有学习兴趣，任何提高学习效果的办法都是很难见效的。解决当前高职院校思政课教学中存在的突出问题，必须推进教法改革，深化教法改革研究。

第一节　研究背景及意义

一、研究背景

习近平总书记高度重视并非常关心思政课建设，党的十八大以来，特别是习近平总书记亲自主持召开学校思想政治理论课教师座谈会以来，思政课在党中央治国理政战略全局中的地位日益凸显，发展环境和整体生态发生根本性转变。[①] 高职院校思政课建设、课程思政建设全面推进，取得了显著成效，教学方法不断创新，教师队伍规模和素质稳步提升，教师职业幸福感有了很大提升，但当前高职院校思政课教学还存在一些现实问题亟待解决：教材内容还不够鲜活，针对性、可读性、实效性有待增强；教学方法和手段有待创新，等等。

习近平总书记强调，思想政治理论课要用好课堂教学这个主渠道，坚持在改进中加强，要推动思想政治理论课改革创新，不断增强思政课的思想性、理论性和亲和力、针对性，满足学生成长发展需求和期待。2019年，中共中央办公厅、国务院办公厅发布了《关于深化新时代学校思想政治理论课改革创新的若干意见》，2022年，教育部等十部门印发《全面推进"大思政课"建设的工作方案》，要求各大高校全面贯彻教育方针，坚持不懈用习近平新时代中国特色社会主义思想铸魂育人，努力培养担当民族复兴大任的时代新人。这不仅为高职院校深化思想政治理论课的改革提供了机遇，也为高职院校思政课改革创新提供了指导。

办好思政课意义很大。当前，我国正处于"两个大局"同步交织、相互激荡的关键历史时期。我们党立志于中华民族千秋伟业，必须培养一代又

---

① 教育部等十部门：《全面推进"大思政课"建设的工作方案》，http://www.moe.gov.cn/srcsite/A13/moe_772/202208/t20220818_653672.html。

一代拥护中国共产党领导和我国社会主义制度、立志为中国特色社会主义事业奋斗终身的有用人才。这是教育的历史责任，更是高职院校思政课的历史责任。随着我国日益扩大开放、日益走近世界舞台中央，我国同世界的联系更趋紧密、相互影响更趋深刻，意识形态领域面临的形势和斗争也更加复杂。不同思想文化观点交流交融交锋，特别是随着互联网等新的信息传播渠道的迅速发展，高职思政课面临着许多新的挑战，高职院校不是象牙塔，也不是世外桃源，必须推进思政课改革创新，理直气壮讲思政课。办好思政课，就是要开展马克思主义理论教育，用新时代中国特色社会主义思想铸魂育人，引导学生增强中国特色社会主义道路自信、理论自信、制度自信、文化自信，厚植爱国主义情怀，把爱国情、强国志、报国行自觉融入坚持和发展中国特色社会主义、建设社会主义现代化强国、实现中华民族伟大复兴的奋斗之中。

增强思政课教学实效要向改革创新要活力，教法改革成为提高思想政治理论课教学效果的基本途径。如何推动改革、讲好道理？习近平总书记在全国学校思想政治理论课教师座谈会的讲话中提出，办好思政课要坚持"八个相统一"，坚持政治性和学理性相统一，坚持价值性和知识性相统一，坚持建设性和批判性相统一，坚持理论性和实践性相统一，坚持统一性和多样性相统一，坚持主导性和主体性相统一，坚持灌输性和启发性相统一，坚持显性教育和隐性教育相统一。"八个辩证统一"是思政课改革创新的基本原则，也是思政课教法改革的基本原则，为思政课讲道理指明了方向。

二、研究意义

党的十八大以来，学界关于"高职思政课教学改革"的研究进入了一个新的丰硕阶段。在万方智搜关键词"高职思政课教学改革"5857篇，搜关键词"高职思政课教法改革"只有6篇，搜关键词"高职思政课问题教学法"93篇，关键词"高职思政课问题辨析法"没有信息。从研究成果分析，对思政课教法的研究重点集中在某种教法在高校某一门具体课程的应用，教法改革的研究还很不够，对"问题辨析法"教法改革的研究更是匮乏。而"问题辨析法"对于高职思政课"讲深讲透讲活"道理是极为有效的，需要深入研究探讨。

贯彻落实习近平总书记对思政课的改革创新要求，必须重视思政课的教法改革，注重方式方法，把道理讲清楚。习近平总书记指出："讲好思政课要注重启发性教育，引导学生发现问题、分析问题、思考问题，在不断启发中让学生水到渠成得出结论。"这一重要论述，为新时代高校思政课建设改革指明了方向。"问题辨析法"既契合了思政课"八个辩证统一"要求，又符合高职学生特点，是讲好思政课的有效途径和重要方法，研究高职院校思政课"问题辨析法"教法改革具有重要意义。

（一）理论意义

"问题辨析法"教法，注重在教学中渗透和融入学生所关注的重大理论与现实问题，以解决受教育者的思想困惑和所关注的问题为中心而进行交流、互动和对话等辨析活动，使受教育者在理解的基础上接受与认可教学内容，并内化为受教育者的思想政治素质和道德品质。是对传统思政课灌输式教育教学方式的重要超越和发展，也是新时代高职思政课教育教学的改革创新和优化发展，它能够兼容各种各样传统的、现代的教学方法，并对它们进行合理的分解和重新组合，交互灵活运用，从而获得任何单一教学方法都难以比拟的教学效果，是增强高职思政课教学实效性的有效方法。研究"问题辨析法"教法能有效推动思政课教学理论研究。

推进"问题辨析法"理论研究与"问题辨析法"教法改革研究，厘清"问题辨析法"教法的基本内涵和要求，探究"问题辨析法"教法的实施原则和策略，能够为高职院校讲好思政课提供理论指导，深化教法改革和"三教"改革理论研究。"问题辨析法"教法改革研究，能够促进教师马克思主义理论的研究和应用，深化教师对教材体系向教学体系转变的研究，有效促进教师改革和教材建设研究。

（二）实践意义

任何社会任何时期都会有各种问题存在，思政课就是要讲道理，回答时代之问。苏霍姆林斯基曾指出"在学生的学习任务中，首先不是背书，而是让学生思考"。思政课教师要善于提出问题并引导学生发现思考问题，教育引导学生正确看待、辩证认识、理性分析现实问题，以透彻的学理分析回应学生的问题及困惑，以彻底的思想理论说服学生，用真理的强大力量引导学生。

"问题辨析法"教法以学生问题为出发点，拟解决三个关键问题（如图10-1）。通过了解高职学生问题困惑，把握高职学生思想脉搏，增强高职思政课教学的学理性，解决高职思政课理论性强，枯燥乏味，学生"不愿学"的问题。"问题辨析法"教法以问题辨析活动为着力点，通过精心设计组织"辨析活动"，在价值塑造的过程中提高学生分析、解决问题的能力，增强高职思政课教学的思想性。解决高职思政课亲和力不够，学生对马克思主义理论认识不深、理解不透，"不会学"的问题。"问题辨析法"教法以解答学生的思想困惑为落脚点，注重解疑释惑、启发引导，廓清学生错误认识，提升学生获得感，解决高职思政课针对性不强、不知道"学什么"的问题。

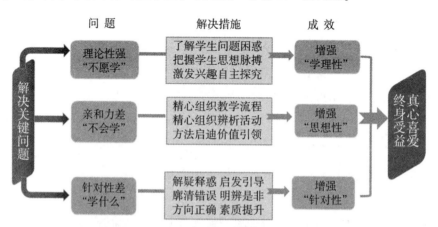

图 10-1　思政课"问题辨析法"教法改革拟解决的关键问题

这三个关键问题的解决，能够真正发挥教师的主导作用和学生的主体作用，增强思政课思想性、针对性和亲和力，有效激发学生的问题意识，培养缜密连贯的逻辑思维能力，在师生的双向互动中有效实现方法启迪和价值引领，促进师生共同成长，有效解决"培养什么样的人、如何培养人以及为谁培养人"这个根本问题，提升高职院校思政课教学实效。

"问题辨析法"符合高职学生特点和办学特色，教学效果好。高职学生思维活跃，但是理论不扎实，分析问题解决问题能力不够，容易分辨不清是非。因此，问题辨析法非常适合。结合学生困惑和专业设置问题，能够提高吸引力和参与度，有效提高育人效果。打造让学生真心喜爱、终身受益的思政金课，真正使思政课"入脑""入心"，使学生"真学""真懂"，进而推动教师成长和教材建设，切实增强高职思政课教学实效，提高育人质量。

第二节 高职院校思政课"问题辨析法" 教法改革的相关概念

高职院校思政课教学总是与"问题"紧密地联系在一起的。厘清"问题""问题逻辑""问题意识"，是开展思政课"问题辨析法"教法改革必须要搞清楚的。

一、什么是"问题"

关于"问题"，有很多不同的定义和说法，马克思曾经指出："问题就是公开的、无畏的、左右一切个人的时代声音。问题就是时代的口号，是它表现自己精神状态的最实际的呼声。"[1] 毛泽东同志也强调：问题就是事物的矛盾。哪里有没有解决的矛盾，哪里就有问题。[2] 在日常使用中，问题至少有两种含

---

[1] 马克思、恩格斯：《马克思恩格斯全集》第四十卷，人民出版社 1982 年版，第 289—290 页。
[2] 《毛泽东选集》第三卷，人民出版社 1991 年版，第 839 页。

义：一种是指"疑问"，涉及的是人们对未知世界的探索；一种是指"缺陷或不足"，涉及的是对已发生事情的反思。① 思政课"问题辨析法"所指的"问题"与上面对问题的解释是一致的。

上海大学社会科学学院教授、博士生导师王天恩认为就其内容方面而言，问题是已知信息在人脑中构成的指向未知信息的疑问，这种疑问具有希图得到答案的性质。这实质上体现了问题的三个要素和特征：已知（起始）——思维活动——未知（目标），在问题的内部结构中，已知信息（知识）是问题产生的基础，未知信息是问题要求的答案或目标，中间是解答问题的思维活动。任何一个要素都不可或缺。因而，问题有三个最基本特征：一是问题的必答性，凡是问题，必定要求答应；二是应答的非给定性；三是答案的非确定性。问题就在已知和未知、确定和非确定之间，因而问题具有重要的认识功能。思想政治理论课的一个重要任务就在于面对问题，在现实问题与理论问题之间设疑引思，答疑释惑。真正有效的教学不仅是一个从已有知识得到更多新知识的过程，更是一个通过问题让学生知道怎样由已知信息得到新信息的过程。

二、什么是"问题逻辑"

"问题逻辑"可以追溯到亚里士多德，他在讨论命题间的关系时涉及问题与回答之间的联系。问题逻辑是研究问题及其解答的逻辑属性的理论，也可以理解为问题域，包含问域和答域，主要描述人们应该如何提出和回答问题，或者说，一个理性的人是如何询问和应答的②；其中心任务是揭示和回答提出问题和解答问题这个范围内所产生的各种问题的逻辑性质和关系③。

问题逻辑从问题内容方面来说，没有知识就没有问题，知识点之间缺乏逻辑关联，也会没有问题。一般来说，知识越多，问题越多，如同说一个人越学

---

① 但柳松：《浅析教师的问题意识》，《教育探索》2008年第3期，第85—86页。
② 宋文淦：《问题逻辑》，北京师范大学出版社1998年版，第19页。
③ 李梁：《问域和答域：基于问题逻辑的思想政治理论课教学研究》，《思想理论教育》2011年第7期，第47—50页。

习越觉得自己无知,越无知的人反而会觉得自己懂的很多。但问题的量与知识不是绝对的正相关。问题的质与知识更不是正相关。问题的质不仅取决于一定的知识量,更取决于已有信息的有序度。问题的数量越多,由已知指向未知的范围越广,而问题的质量越高,已知和未知之间的张力就越大。[①] 问题具有特定的内在逻辑结构,问题与其解答密切相关,问和答之间是有逻辑关系的,问题之间也具有重要逻辑关联。

问题的逻辑结构不仅可以使学习更有效,而且可以将教学变成一个发现新信息的有趣的过程。而问题之间的逻辑关联则可以使学习更系统、更有效、更有深度。因而,基于问题逻辑的"问题辨析法"教学,像一个路标那样指示着我们更好地提出问题和创新问题解答的方式方法和方向,它对于增强高职院校思政课教学的亲和力和针对性,提高思想性和实效性,培养学生的创新性,具有重要的指导意义和强大的推动作用。

三、什么是"问题意识"

马克思主义哲学倡导的问题意识是认识主体对问题对象的敏锐感知和能动性反应。直面和敏感于时代的呼声,进而准确辨识、强烈专注、科学解读就表现为问题意识[②]。问题意识是一种思维的问题性心理,是人们对事物所存在问题做出的能动性、探索性和前瞻性反应。可以说,问题意识就是发现问题并解决问题的能力,主要体现在发现问题的敏锐、正视问题的清醒、解决问题的自觉等。基于日常生活中两种不同的"问题"含义,问题意识相应地也有两种含义:一是发现自己认识上的问题,意识到问题的存在,产生一种疑问或困惑,从而主动去思考、探究的一种心理状态。二是发现自己学习、工作或生活等方面存在思想和行为方面的不足,进而分析问题、解决问题的一种思维能力倾向。高职思政课的"问题意识"主要是指教师在教学

---

①　王天恩:《问题逻辑与思想政治理论课教学》,《思想理论教育》2011年第7期,第38—42页。

②　蒋国林:《马克思主义中国化中的问题意识演进》,《求实》2013年第1期,第4—5页。

过程中洞察时代问题、聚焦热点难点、回应学生思想困惑和真实需求，引导大学生自觉运用马克思主义的立场、观点和方法去分析问题和解决问题。增强其马克思主义理论素养，加深对理论的理解认同，同时养成理论结合实际的思维品质及开拓创新的精神面貌。

进入信息化时代，人工智能技术得到了广泛应用，尤其是最近 ChatGPT 的出现，将会对未来教育产生很大的影响，人类不需再忙于积累知识和计算数据。寻找问题、思考问题显得尤为重要，可以说，准确地发现和提出问题就等于问题解决了一半。被称为"现代科学之父"的爱因斯坦曾指出："提出一个问题往往比解决一个问题更重要，因为解决一个问题也许仅是一个数学上的或是实验上的技能而已，而提出新的问题、新的可能性，从新的角度去看旧的问题，却需要有创造性的想象力，而且标志着科学的真正进步。"因而，高职思政课也必须要在培养问题意识上下功夫。

第三节　高职院校思政课"问题辨析法"教法改革的运用原则

高职思政课"问题辨析法"是一种指向问题提出及其解答的教学方法和工具。"问题辨析法"教法改革，要遵循思想政治工作规律，遵循教书育人规律，遵循学生成长规律，基于问题逻辑，关注问题及其解答的思维过程。把握课程问题设置和问题体系构建的原则，创新问题设置及其解答的方式方法与评价，重点要把握好三个方面的原则。

一、问题设置原则

马克思指出："主要的困难不是答案，而是问题。"① 实施"问题辨析法"教

---

① 马克思、恩格斯:《马克思恩格斯全集》第一卷,人民出版社 1995 年版,第 203 页。

学的前提和关键是问题，教师在进行问题设置时要在注重思想性、科学性、阶梯性、兴趣性的基础上，重点把握针对性、应用性、典型性三原则，通过问题辨析，沟通心灵、启智润心、激扬斗志，使思政课程"受用""能用""管用"。（如图10-2）

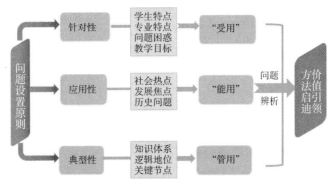

图 10-2　思政课"问题辨析法问题设置"三原则

（一）问题设置要坚持针对性原则

抓住问题就是抓住高职思政课教学的根本，也就是要抓住社会热点难点问题和学生疑惑的思想理论问题。高职思政课的教育对象是活生生"现实的人"，因此，在教学过程中，教师要根据教学目标和要求，关注学生思想困惑及真实需求，在此基础上对两方面问题进行逻辑关联，有针对性地以问题逻辑的方式确定该如何提出和回答问题。依据学生特点、专业特点、困惑点和教学目标，有针对性地确定符合学生接受能力、认知特征、心理需要的具体辨析主题，设置问题情境，使抽象的理论和鲜活的现实问题有机结合在一起，最大程度地契合学生实际，因材施教，因势利导，满足学生成长成才的发展需求与期待。引导学生积极思考探究，学会自主分析、解决问题，激发探索创新的激情与动力，启迪学生思维，实现价值认同，切实增强思想政治教育的针对性和亲和力，让学生感觉思政课很"受用"。

（二）问题设置要坚持应用性原则

政治引导是思政课的基本功能。无论设置什么问题？无论以什么方式设置问题，都要体现思政课的政治引导功能。"要以透彻的学理分析回应学生，以彻底的思想理论说服学生，用真理的强大力量引导学生。"① 因此，对于来自受教育者的多种多样、杂乱无章的问题，教师要进行分类梳理，注意选取学生关注的社会热点问题、发展焦点问题和重大历史问题，并与学生需要掌握的理论问题和重点难点问题进行逻辑关联。通过设置问题辨析活动，从学理层面分析回应学生的关切，在理论和社会现实的结合中，让学生感悟马克思主义的真理魅力和伟大力量。正如马克思所说：理论只要彻底，就能说服人。这不仅有利于培养学生对马克思主义的科学信仰，还有助于培养学生运用马克思主义的立场观点和方法来认识、分析和解决问题的能力。让学生感到思政课"能用"。

（三）问题设置要坚持典型性原则

问题有很多，且往往看似杂乱无章的，因此，要以问题逻辑的思路对学生关注的、有疑惑的问题进行分类，如思政课教材内容中的重点难点问题、学生在自身发展过程中遇到的思想政治方面的问题、现实社会的热点问题、人生价值方面的问题、现实生活中的各种困惑等等，按问题的内容进行分层梳理，坚持典型性原则，选取整个知识体系中起重要作用的关节点问题。"要把这些问题掰开了、揉碎了，深入研究解答，把事实和道理一条条讲清楚。实际上，有时候不一定讲得那么高大全，从一个问题切入，把一个问题讲深，最后触类旁通，可以带动很多关联问题，有可能是一通百通，提纲挈领。"②，通过对典型问题的辨析，使学生感觉学习思政课"管用"。

马克思主义因切入现实问题而被接纳，其思想理论因认识和解决现实问题而被解读和阐释。思政课教师要以教材为教学基本遵循，在教材体系向教学体系转化上下功夫。按照以上三个重要原则，从不同层次的教学需要出发，提出基础知识性问题、具有分析和启发意识的思考性问题、体现学科前沿的具有研究性的新问题。依据思想政治理论课教材内容和教学目标，以核心问题为顶层问题，层层深入细化，建立起一门课程的问题体系。基于问题

---

① 习近平：《思政课是落实立德树人根本任务的关键课程》，人民出版社 2020 年版，第 18 页。
② 习近平：《思政课是落实立德树人根本任务的关键课程》，人民出版社 2020 年版，第 20 页。

逻辑开展"问题辨析法"教学,把理论问题和学生的思想生活与社会问题联系起来,通过问题反馈不断为学生释疑解惑,可以大大提高思想政治理论课的教学效果。①

二、坚持"导"与"学"紧密结合

思政课"问题辨析法"教学,要坚持教师的"导"与学生的"学"紧密结合,教师和学生是一个学习共同体,要增强互动性。注重发挥教师在政治方向和价值引领的主导作用,及时廓清错误思想,避免放任自流。

(一)注重发挥教师"导"的主导作用

"问题辨析法"教学,要发挥好教师"导"的主导作用。具体说来,教师要在深耕教材、把握教材重点难点、了解学生思想困惑的基础上,构建课程问题体系,实现由教材体系到教学体系的转变;要在紧扣问题辨析主题、引导学生辨析方向、回应疑点困惑的基础上,实现知识传授、价值引领和能力培养的有机结合,发挥好政治方向和价值引领的导向作用。在"问题辨析法"教学过程中,教师的角色不再主要是传授知识、灌输理论的传授者,而是帮助学生探索知识和掌握理论的组织者、指导者、帮助者和促进者,是去引导和激发学生而非塑造他们。不再主要是传授知识,而是引导和帮助学生探求知识和掌握知识。也就是说,在思想政治理论课教学中,教师的角色要从一个知识理论的传授者、灌输者转变为学生探索知识和发现理论的组织者、指导者、帮助者和促进者,由"如何施教"转变为"怎样导学"或"怎样助学",注重在基础知识的一些关键点上引导学生,把握学生关心与关注的热点难点问题,激发他们探究的兴趣,进而激活学生的创新思维和批判性思考。

---

① 王永斌、李建丽:《基于问题导向的高校思想政治理论课研究性教学》,《西北成人教育学院学报》2015年第3期,第51—53页。

（二）注重发挥学生"学"的主体地位

"问题辨析法"教学，要发挥好学生"学"的主体地位。教师要引导学生积极主动的"学"，使他们作为教育的主体，通过自主思考、合作探究、课堂展示、追问反思等环节，充分参与问题辨析的全过程，从而在问题辨析的思维训练中实现理论认同、情感认同和价值认同。首先，教师要布置好课前问题研讨探究选题，让学生在分组的基础上自主选择，合作探究，满足学生多样化和个性化需求。每个班选择一个助教，小组数量和各组人数根据课堂容量来安排，每个小组要选择一名组长，各小组在助教引导带领下开展交流合作，研讨问题解决之道。之后小组完成研究成果并在课上汇报，检验学习成效，在评价考核中不断反思、深化、升华。

三、注重问题辨析过程中每一个环节的考核评价

高职思政课"问题辨析法"教法要用好考核评价这个"指挥棒"，注重每一个环节的考核评价，使之在落实课程目标和引导学生成长成才方面，发挥督促管理和引导驱动作用，避免流于形式，只求创新。在课前问题任务布置方面，以翻转课堂发布的知识准备和学习经验值等对学生的学习参与度进行考评；在合作探究环节，重视助教和组长对学生表现做出的反馈和评分；在课中学习方面，根据学生成果汇报情况，由教师和学生共同进行点评，并设置与教学内容相关的随堂测试，全面测评学生对教学目标的达成度，提高学生课堂教学参与度，教师要及时点评、补充和总结，鼓励先进，激励后进，廓清错误认识，引领正确方向；课后拓展方面，教师要在总结后，布置探究性作业，引导学生以论文的形式对辨析问题的整个过程加以梳理和总结，提炼观点和结论，检验学生深度思考的成果。

通过多环节、全方位的过程性考评赋分，引导学生真学、真听、真感受，促进学生在深度参与思政课的教学环节中，树立正确的理想信念，学会正确的思维方法。

第四节　高职院校思政课"问题辨析法"
教法改革的实施策略

"问题辨析法"教法，目的是以学生关切的问题为导向，引导学生课上课下、线上线下积极思考，合作探究，深度参与，提高课堂教学质量，增强思政课育人实效。要完整设计并实施好各环节，组织好课前、课中和课后各个阶段的学习过程，才能达到预期的教学效果和教学目标。（如图10-3）

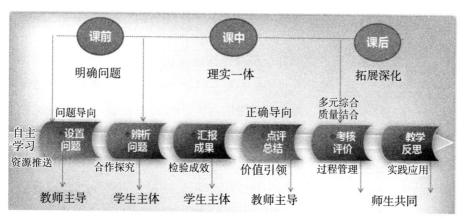

图 10-3　"问题辨析法"实施流程与策略

第一步，课前设置问题，布置问题辨析。

以学生困惑为出发点，教师根据教学目标与教学内容，本着针对性、应用性和典型性原则，设置难易适中、富有启发意义的问题，创设问题情境，借助信息化教学平台，发布问题辨析任务，引发学生积极思考。这一环节，为了避免学生通过互联网等渠道随意搜索资料，获取到或肤浅或片面或偏激的资料观点，使学生在解决问题的过程中有据可循，不至于偏离教学目标和方向，教师要结合以往教学经历与学情调研，依据需要辨析的问题和学生的思想水平、认知能力、接受程度引入更加丰富的教学资源，补充相关文献材料，借助信息化教学平台，进行资源推送，供学生参考阅读，作为其自主思考、合作探究的辅助资料。学生自主学习和思考是联结教师讲授和学生合作探究的重要纽带。①在这一环节，把需要向学生传授的知识和价值目标，变成学生去解决自己想要解决的疑惑和对问题进行的深层追问和反思，这是以学生为中心，发挥教师主导作用的重要环节。当学生发现自己原有的知识和理论不能解决问题和困惑时，就会产生对思政课中新知识和理论学习的需求，尤其是对马克思主义科学真理的追求，这也就增强了思政课的理论性学习。

第二步，课外合作探究，深化辨析活动。

合作探究活动是问题辨析的关键一步。问题提出后，教师作为课堂教学的组织者和引导者，要注意调动最大多数学生参与问题讨论，让不同性格、不同水平、不同态度的同学参与并实现最优组合，在辨析活动中学会分析问题、解决问题，得到方法启迪和价值引领，有助于增强思政课的思想性。因此，"问题辨析法"教法要注重并组织好小组合作探究，在班长和教学助理的协助下，组成不同的学习小组，尤其是对于一些复杂问题的辨析探究。教师要帮助学生建立一个良好的小组氛围，并为学生提供一些合作探究的具体的学习意见和措施，让学生能够积极地参与各种问题研讨，提出自身的观点和意见，在相互碰撞中实现自我反思与成长，锻炼成员之间的合作精神和思维的严谨性。在深化辨析活动中，学会用小组成员集体智慧解决问题，将小组中不同思想进行最优化整合，形成最终的小组研究成果。只有这样才能够实现班级学生的全面、可持续、和谐发展，确保每个学生都能够获得更多的情感、价值、能力等多方面的提升，提高思政课课堂效率和质量。

第三步，课堂汇报成果，检验辨析成效。

讲道理，不仅教师讲，还要组织学生自己讲。成果汇报是将小组合作探究的问题辨析结果讲解给教师和学生的过程，是学生在分析问题、解决问题过程中发挥主体性的重要环节。在汇报活动开展前，小组成员要通力合作，设计好讲解的方式和内容，负责展示的同学要认真熟悉成果内容，明确辨析思路，阐释辨析观点。展示过程中，其他组的同学可以提出问题或不同意

---

① 李江静：《问题辨析是思政课讲道理的重要方式》，《思想理论教育导刊》2022年第8期，第125—132页。

见，小组其他成员可以进行回答或补充。这一环节不仅能够检验学生自主学习以及合作探究的成效，而且能够锻炼学生的话语表达和逻辑思维等方面的能力，深化对理论问题和现实问题的认知。同时，通过成果汇报环节，可以帮助教师把握学生真正感兴趣的、有思想困惑的点，增强思政课讲道理的针对性。①

第四步，课堂点评总结，实现价值引领。

在汇报活动结束后，要及时进行点评总结，实现价值引领。这个环节是师生共同进行。要引导学生对成果展示进行自评和互评，并且每个小组要对成果展示进行评分。这一环节的互动是希望有效避免每个小组成员只关注本组需要辨析的问题而忽视对其他小组问题的思考，最大程度调动全班学生的课堂参与度。这一环节，教师一定要发挥好主导作用，紧扣辨析主题，对于不同观点和意见要及时剖析、点评、补充、总结，对于触及原则、底线的问题要及时纠偏，尽可能做出准确、精炼而又系统的理论结论，把一些敏感问题和涉及深层次理论和实践的问题讲透彻，以扎实的理论功底强化思想引导和价值引领。教师要抓住学生的闪光点给予适时、适度的鼓励，让学生从辨析活动中获得成就感，增强学生的自信和学习乐趣。同时也能让学生从教师的点评总结中学到分析问题的思路和方法，提高学生运用科学思维方法解决问题的能力与水平。

第五步，课后考核评价，实现过程管理。

科学合理的考核评价制度是整个教学过程顺利实施和取得良好教学效果的重要保障。教师要制定多元综合、质量结合的考核评价体系，使考核公正合理、细致严密，真正能发挥在落实教学设计和实现教学目标方面的作用。这一环节，根据考核要求，落实辨析活动每一个环节的考核，注重过程管理。课前自主学习合作探究阶段，主要由组长和助理给同学评价打分，课中由师生共同评价打分，同时，还要设置与教学内容相关的随堂测试，通过信息化教学平台直接计入学生平时成绩。在这一环节，教学助理要对小组整个辨析活动的考核

---

① 李江静:《问题辨析是思政课讲道理的重要方式》,《思想理论教育导刊》2022 年第 8 期,第125—132 页。

评价进行核算总结，并上传教学平台，教师也要把各小组的评分上传到教学平台，利用信息技术直接分配到每一个同学。通过多环节、全方位的过程性考核评价，引导学生真学、真听、入脑、入心，促进学生深度参与思政课教学，学会科学的思维方法，树立正确的理想信念，不断成长成才。

第六步，课下教学反思，促进实践应用。

美国心理学家波斯纳提出了教师成长的公式：成长＝经验＋反思，这个成长公式同样也适合学生的成长。课下师生双方进行教学反思是问题辨析教学的一个基本而重要的环节。一方面，教师要引导学生以小论文的形式对辨析问题的整个过程加以梳理和总结，提炼观点和结论，发现优点和不足，对问题和需要掌握的理论进行回溯和再认识，不断提高思想认识和辨析能力。另一方面，教师要对自己教的行为和学生学的行为进行认真反思。反思教学生成过程是否合理？问题设置是否精准？情境设置是否合适？教学效果是否完成？等等。通过教学反思，不断提高教学内容的把控设计能力，不断改进教学方法和手段，不断提高课堂驾驭能力。教师的经验值不断增加，教学能力才能不断提升，并对后继教学产生积极影响，不断增强教学实效。

第五节 高职院校思政课"问题辨析法"教法改革的有效路径

一、提高教师运用"问题辨析法"的意识和能力

"问题辨析法"教法改革就是要提高教师运用"问题辨析法"的意识，增强教师创设问题的能力、掌控辨析活动的能力和解疑释惑的能力。（如图10-4）

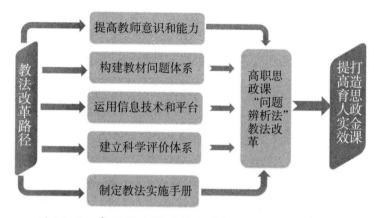

图 10-4 高职思政课"问题辨析法"教法改革路径

（一）提高教师运用"问题辨析法"的意识

提高思政课教师运用"问题辨析法"的意识，首先要提高教师的问题意识。思政课教师是否具有强烈的问题意识，是其能否有效培养学生的问题意识并积极有效开展"问题辨析法"教法改革的一个基本条件。要着力从三个方面来增强教师的问题意识。

一是让教师充分认识问题意识和问题教学的重要意义。"问题辨析法"教法，有利于充分调动学生学习兴趣，提高学生参与度，提高思政课教学的吸引力、感染力和阐释力，有助于培养学生的科学思维，提高学生运用马克思主义立场、观点、方法研究、分析、解决问题的能力，在问题辨析活动的互动探讨中使师生双方的能力、素质和水平得到发展和提高。

二是思政课教师要信仰坚定、学识渊博、理论功底深厚。政治要强，在大是大非面前时刻保持政治清醒；思维要新，要有创新思维和辩证思维；视野要广，要不断增加知识的储备量，除了具有马克思主义理论功底之外，还要广泛涉猎其他哲学社会科学以及自然科学的知识，要有宽广的国际视野和历史视野，善于把握新情况及其发展趋势，跟上时代发展的步伐，才能对问题有敏锐的洞察、直视的底气和科学的解读。

三是教师要深入把握学生的思想动态，重视学生关切的问题，将现实的世界和现实的人的问题与教材内容结合起来，才能敏于发现问题，增强问题意识。

（二）提高教师运用"问题辨析法"的能力

提高教师运用"问题辨析法"的能力主要是增强教师创设问题的能力、掌控辨析活动的能力和解疑释惑的能力。

首先要增强教师创设问题的能力。思政课教师要结合教学内容的重点难点问题挖掘学生容易产生误解、困惑、质疑的地方，在学生思想困惑和教材重点难点问题基础上把握学生思想脉搏，将其整合、提炼、创设为具体问题，激发学生求知欲。同时要注意避开自己知识储备相对不足的领域，避免无法及时回应学生提出的尖锐问题，不能有效引导问题辨析，甚至不能及时纠错，给学生造成不良影响。

其次，要增强教师掌控辨析活动的能力。在辨析活动的各个环节，能够随机应变，及时地穿针引线、组织协调、调动气氛、掌控节奏，一步步把问题探讨引向深入，并能够作画龙点睛般地点评或总结，聚集正能量，化解负效应，实现对学生问题辨析方法的引导、思维能力的培养以及贯穿其中的价值引领。相对于传统讲授式教学法，"问题辨析法"教法对于教师各方面素质提出了更高的要求，教师除了要具备广博的专业与非专业知识，还要提高处理突发事件的能力，还要提高课堂教学方式方法运用的灵活度，以及对学生知识背景和爱好的掌握度，等等。

最后，要增强教师解疑释惑的能力。习近平强调："要注重启发式教育，引导学生发现问题、分析问题、思考问题，在不断启发中让学生水到渠成得出结论。"[①]"问题辨析法"教法是一种积极应用启发式教育来解疑释惑的教学方式，在这一教学过程中，教师要通过精心设计的"问题"，帮助激发学生探究问题的兴趣、引导思考问题的方向，组织辨析成果的展示，最后教师再通过课堂点评总结击破遗留问题和重点难点，并通过作业考评环节实现问题的回溯。使学生原来的困惑和疑点逐步澄清，使学生的思想认识从"似是而非"到

---

① 习近平：《思政课是落实立德树人根本任务的关键课程》，人民出版社 2020 年版，第 22 页。

"豁然开朗",真正提升课程获得感。

二、构建课程问题体系

习近平指出,思政课教师在教学中要把统编教材作为依据,确保教学的规范性、科学性、权威性,同时,又指出教材给出的是教学的基本结论和简要论述,要让不同类型的学生都爱听爱学、听懂学会,需要做很多创造性工作。[①]因此,高职思政课教师要深耕教材内容,明确把握教学目标和各章节的重点难点,把握内容体系的内在逻辑,形成系统、完整、有机的知识结构体系。同时,以学生问题困惑为出发点,全面了解学生的思想动态以及他们关注的热点难点问题,以核心问题为顶层问题,层层细化,把教学内容转化为有意义并具有逻辑蕴涵的问题,建立起一门课程的问题体系,实现由教材体系向教学体系的转换。

首先,要从宏观上把握课程的核心问题,构建以核心问题为主导的特定结构的问题体系,它在整个教学内容体系中具有基础性、核心的地位和作用,对整个教学内容起统领作用。比如高职院校《毛泽东思想和中国特色社会主义理论体系概论》(以下简称"概论")核心问题可以理解为三个:马克思主义为什么行?中国共产党为什么能?中国特色社会主义为什么好?而这三个核心问题又具有相互联系、层层深化的内在逻辑关系,实践证明,中国共产党为什么能,中国特色社会主义为什么好,归根到底是因为马克思主义行!由于高职院校不开设《马克思主义基本原理》课,思政课教师必须要在导论中首先讲好马克思主义是什么,为什么行?在此基础上全面准确把握核心问题,设置宏观的课程内容问题主线。把握课程核心问题后,在导论课中,教师要以问题导向,提出三个层层递进的问题:"这门课是讲什么的?为什么要学这门课?怎样学好这门课?帮助学生首先明白学什么、为什么学和怎样学,激发学生的求知欲与学习兴趣,提高学习主动性和积极性。讲清楚贯穿这门课的一条主线

---

① 习近平:《思政课是落实立德树人根本任务的关键课程》,人民出版社 2020 年版,第 21 页。

（马克思主义中国化时代化）、两大理论体系、三条学习方法（掌握基本理论；培养理论思维；坚持理论联系实际）、四大学习要求。帮助学生宏观把握"概论"课的整体框架与主体脉络，从而使刚接触"概论"课的学生们真正了解、爱上这门课。

其次，拓展凝练基于核心问题的问题域（问题逻辑），逐步构建起课程的问题逻辑体系。"任何一个理论体系本质上都是通过问题域这种存在方式来构建自身的。在这个意义上可以说，一个理论体系本质上也就是一个问题域，而一个问题域也就是指某一理论体系可能提出的那些问题的总和。问题域不等于在实际研究过程中已经提出的那些问题的总和，而是指逻辑上可能提出的全部问题的总和。"① 以"概论"课为例，每一个"为什么"核心问题的背后都承载着一个具体的知识板块，教师从一个问题转移至另一个问题，就是将学生从一个知识板块引申至另一个知识板块的过程。② 各个不同的知识板块围绕教学内容和目标凝练形成相互联系、层层深化、互为表里的教学问题逻辑体系，从而帮助学生形成系统、完整、有机的知识结构体系。例如，围绕"概论"课的总问题——三个为什么，可以拓展出一系列问题域。这些环环相扣、层层递进的问题链形成了相互联系、层层深化的问题簇群。③ 问题与问题间、问题与答案间、问题内部各要素间有着清晰的内在逻辑关系。这既有利于帮助学生在头脑中形成一个较为系统、完整、科学的"概论"课教学内容的知识网络和内在逻辑，也可以在学生思考、回答问题簇群的过程中培养其问题意识与思考能力。

最后，深入了解、准确把握学生问题困惑，以核心问题为顶层问题，层层细化章节问题，把教学内容转化为有意义并具有逻辑蕴涵的问题，建立起一门课程的问题教学体系。

---

① 俞吾金：《问题域的转换——对马克思和黑格尔关系的当代解读》，人民出版社2007年版，第48页。

② 高攀、刘圣兰：《问题教学法：开解"纲要"课困境的钥匙》，《扬州大学学报》（高教研究版）2021年第3期，第114—118页。

③ 高攀、刘圣兰：《问题教学法：开解"纲要"课困境的钥匙》，《扬州大学学报》（高教研究版）2021年第3期，第114—118页。

　　学生的问题困惑多种多样，很多是为人们所不熟悉的新问题，也有一些是体现为新的表现形式的老问题。教师对学生问题的研究把握要有总体性的全局观念，善于透过现象把握问题的本质，坚持联系地、辩证地综合分析问题，在调查研究中发现问题产生的根源和发展趋向，将问题意识转换为研究和解决问题的方法。思政课教师要借助座谈会、问卷调查、大数据等手段，全面了解授课对象的思想动态以及他们关注的热点难点问题，弄清他们希望通过课程能够回答的问题，分析把握学生对教学内容困惑的问题所在，最终完成有效问题与重点问题的提炼，构建精准"问题库"和问题体系。只有找到学生的问题困惑与教材重点难点的交汇点，适量适中的设置问题，以多样化教学方式创设问题情境，"问题辨析法"才能让教学取得事半功倍的效果。

　　例如"概论"课问题辨析法教法改革，我们根据教学内容、教学目标以及课程重、难点要求，以核心问题为主线，构建章节问题逻辑，结合学生问题困惑，建设精准问题库，开展问题辨析教学活动。问题在精不在多，要少而精，每个章节设计 1—3 个问题辨析，留给学生足够的思考和讨论时间。根据学情和课时安排，师生可以进行自主选择，教学活动主要围绕这些具体的问题展开。（表1："概论"课问题教学体系）

附表1："概论"课问题教学体系

核心问题	章节问题逻辑		精准问题库
马克思主义为什么行？（中国共产党为什么能？中国特色社会主义为什么好？）	导论	1. 什么是马克思主义？	1. 辨析：马克思主义作为一种理论已经过时，没有价值了。（问题呈现：马克思主义已经诞生170多年了，资本主义的生命力依旧旺盛。当今世界发达的都是资本主义国家，而马克思说的社会主义将替代资本主义并未实现，反而出现了（接下页）
		2. 马克思主义如何传入中国？在众多的主义中，中国为什么最终选择了马克思主义？	
		3. 马克思主义中国化时代化是怎么提出来的？作为救国救民的真理，马克思主义为什么要中国化时代化？	

附表 1（续）

核心问题	章节问题逻辑		精准问题库
马克思主义为什么行？（中国共产党为什么能？中国特色社会主义为什么好？）	导论	4. 什么是马克思主义中国化时代化？其实质如何把握？马克思主义中国化与马克思主义时代化是什么关系？	苏联解体，东欧剧变，社会主义阵营反而缩小。所以有学者认为马克思主义作为一种理论已经过时，没有价值了。）
		5. 马克思主义中国化时代化经历了哪些历史阶段？马克思主义是如何改变和影响中国的？马克思主义中国化时代化的成功说明了什么？	
		6. 马克思主义中国化时代化的理论成果有哪些？如何理解马克思主义中国化时代化的理论成果之间的关系？	
		7. 如何学习中国化时代化的马克思主义？	
中国共产党为什么能？（马克思主义为什么行？中国特色社会主义为什么好？）	第一章 毛泽东思想及其历史地位	1. 毛泽东思想是如何产生的？解决了什么问题？主要内容有哪些？活的灵魂是什么？	1. 辨析：如何正确评价毛泽东和毛泽东思想？（案例1：《邓小平接受法拉奇采访》："以后你们还会保留毛主席像吗？"；案例2：不要以轻薄的态度来评论毛主席。1980 年黄克诚指出：丑化、歪曲毛主席，就是丑化我们的党和国家，丢掉毛泽东思想，我们的社会主义国家就可能变质。）2. 毛泽东思想这个旗帜丢不得。
		2. 党和人民为什么选择毛泽东作为自己的领袖？	
		3. 中国共产党为什么选择毛泽东思想作为自己的指导思想？	
		4. 如何科学评价毛泽东和毛泽东思想？	
		5. 毛泽东思想和毛泽东的思想有什么区别？	

附表 1（续）

核心问题	章节问题逻辑		精准问题库
中国共产党为什么能？ （马克思主义为什么行？中国特色社会主义为什么好？）	第二章 新民主主义革命理论	1. 新民主主义革命理论是如何形成的？主要内容是什么？	1. 辨析：中国共产党为什么能领导建立新中国？（中国共产党为什么能从小到大，由弱到强？为什么能不断从胜利走向胜利？为什么能彻底完成反帝反封建的历史任务，走向全国执政？）
		2. 新民主主义革命是一场怎样的革命？这场革命是怎样取得胜利的？	
		3. 历史和人民为什么选择中国共产党？历史和人民是怎样选择的？	
		4. 中国共产党为人民做了什么？为什么说没有共产党就没有新中国？	
	第三章 社会主义改造理论	1. 什么是社会主义改造？	1. 20世纪50年代，我们进行了社会主义改造，消灭了私有制，1978年后我们又进行社会主义改革，鼓励允许多种所有制经济共同发展。于是有人提出"早知今日，何必当初"，对此，你怎么看？
		2. 为什么要进行社会主义改造？为什么要在50年代进行社会主义改造？为什么能取得社会主义改造的胜利？	
		3. 如何进行社会主义改造？有哪些历史经验？	
		4. 社会主义改造的意义是什么？	
	第四章 社会主义建设道路初步探索的理论成果	1. 初步探索取得了哪些重要的理论成果？如何看待这些成果？	1. 辨析：社会主义建设道路的初步探索走过一些弯路，遭遇了重大挫折，因此说是失败的，没有意义的。 2. 如何正确看待改革开放前后两个历史时期？
		2. 初步探索的意义何在？	
		3. 初步探索有哪些经验教训？	

附表 1（续）

核心问题	章节问题逻辑		精准问题库
中国特色社会主义为什么好？（马克思主义为什么行？中国共产党为什么能？）	第五章 邓小平理论	1. 当代中国为什么能发生历史性巨变？	1. 辨析：否定或诋毁改革开放的四种主要观点（选一）。 2. 辨析：共同富裕的社会主义根本目标能否实现？ 3. 辨析：社会主义本质和社会主义的外在特征、发展手段的区别（案例1：20世纪80年代末90年代初关于市场经济的争论；案例2：经济发展与苏联巨变）
		2. 改革开放如何改变了中国又影响了世界？	
		3. 邓小平理论是如何形成的？经历了哪些过程？	
		4. 邓小平理论解决了什么基本问题？主要内容有哪些？	
		5. 如何评价邓小平和邓小平理论的历史地位？	
	第七章 "三个代表"重要思想	1. 世纪交替、国际局势风云变幻，中国如何坚持与时俱进，迎难而上？如何大力推进改革开放？如何推进党的建设新的伟大工程？	1. 辨析："三个代表"重要思想是衡量执政党指导思想正确与否的一把标尺。（案例1：执政党的指导思想关系到国家的兴亡——从苏联解体看"三个代表"重要思想的意义 2. 辨析：中国共产党作为执政党，面临的最根本的课题，是能不能始终代表最广大人民的根本利益。（案例：江泽民论群众路线：对腐败问题，不仅要从经济上看，而且要从政治上看。）
		2. "三个代表"重要思想是怎么形成的？	
		3. "三个代表"重要思想的核心观点和主要内容是什么？如何理解把握？	
		4. 如何理解"三个代表"重要思想的历史地位？	

附表1（续）

核心问题	章节问题逻辑		精准问题库
中国特色社会主义为什么好？（马克思主义为什么行？中国共产党为什么能？）	第八章科学发展观	1. 什么是科学发展观？	1. 辨析：科学发展观与党的十八大提出的"五位一体"总体布局、五大发展理念的关系。 2. 辨析：发达国家走过的发展道路，我们也一定会走。 3. 辨析：科学发展观只是党对社会发展规律的认识成果，不是党对社会主义建设规律和共产党执政规律的认识成果。
		2. 科学发展观是怎么形成的？	
		3. 科学发展观的科学内涵是什么？	
		4. 科学发展观的主要内容有哪些？	
		5. 如何看待科学发展观的历史地位？	

三、建设信息化教学资源

建设信息化教学资源是"问题辨析法"教法改革的必然要求，"问题辨析法"绝不单是一种教学方法的运用，它是在创设问题情境、发现和提出问题的基础上，把各种各样传统的、现代的教学方法包容进来，对它们进行合理的分解和重新组合，从而获得运用任何单一教学方法都难以比拟的教学效果。"问题辨析法"教法改革在教学目标、教学方法、学生主体地位和教师角色等方面都体现了与传统教学不同的特点。强调培养学生的问题意识、思辨能力和解决问题的能力，注重学生的参与和互动，注重发掘学生的个性特点和潜能，尊重学生的主体性，激发学生的学习动力和自主性。使得传统的"以教师为中心"的教学结构发生了根本性转变，转变为一种既能充分发挥教师主导作用，又能突出体现学生主体地位的"以学生为中心"的教学结构。在整个教学活动中，思政课教师从纯粹的知识传授者逐渐转变为学生学习的资源供给者、组织者、指导者、合作者、促进者；学生从知识的被动接受者变成自主学习者和合作探究者；教学内容从单一教材变为立体化教学资源，温暖而接地气；教学方法手段也更加丰富多样。而这一"教学结构"的重构，离不开信息化教学资源的支持。也就是说，教学中教师要发挥好主导作用，要充分运用信息化教学资源，引导学生在智能化的学习环境下自主探索、合作学习，从而更好地实现预设的思政课教学目标。

"问题辨析法"教学在确定辨析点后，教师需要调动学生的兴趣，仅以教学问题的形式呈现辨析点难以提升学生的积极性，为了将辨析点引入教学过程，教师要精创问题情境，以案例、视频、PPT 等多种方式呈现辨析问题。而学生为了完成这个辨析任务，必须具备相应的教材知识基础和一些拓展辅助资料。因此，教师在课前布置问题辨析任务时，要依托翻转课堂，借助 PPT、文档、视频文件等，提前将学习任务单、拓展性资料上传至信息化教学平台，创设问题情境，布置问题辨析任务、供学生自主学习、合作探究，在云端社区师生平等交流、传播正能量，引导学生不断提升自我。同时，要结合高职院校学生特点，依托现代教育技术手段和信息化平台，建设思政课资源共享课和在线开放课程，实施线上线下混合式教学，对于教材中的基础知识和一些拓展性知识，可以开展线上教学，学生通过观看学习教师制作的微视频和一些图像、音频、视频资源，自主学习掌握。这既拓展了教学时空，满足学生随时随地个性化自主学习，又能够使核心问题在课堂上得到有效解决。可以说，只有建设丰富的信息化教学资源，"问题辨析法"才能与其他教学方法灵活兼容，最大限度提高课堂 45 分钟的教学效率，"向上，进一步做理论上的提升，努力提升教学的思想高度与理论深度；向下，进一步贴近学生和社会实际，努力增强教学的针对性和实效性"[①]，从而实现立德树人的根本目标。

四、培养学生的问题意识

习近平总书记在党的二十大报告中指出："我们要增强问题意识，聚焦实

---

① 冯秀军：《聚焦问题深耕教材，着眼需求读懂学生——以主题教学模式推进思想政治理论课综合改革与创新》，《北京教育》2016 年第 1 期，第 52 页。

践遇到的新问题、改革发展稳定存在的深层次问题、人民群众急难愁盼问题、国际变局中的重大问题、党的建设面临的突出问题，不断提出真正解决问题的新理念新思路新办法。"① 这既是对全党的要求，也是对我们思政课教师和学生的要求。每个时代都有特定的问题，我们要以强烈的问题意识观察时代，在对问题的分析和解答中加深对时代的理解，更好地实现自己的人生价值，担负起党和国家赋予的时代责任。

美国学者鲁巴克提出："最精湛的教学艺术，遵循的最高准则就是让学生自己发问。"问题是思维的推动力，也是创新的源泉。在思政课教学中，教师不仅要带着一系列问题走进课堂，更要在遵循认知规律的前提下，唤起学生的探究兴趣，激发学生的思维活动，培养学生的问题意识，提高学生的创新思维和解决实际问题的能力。所谓学生的问题意识，指的是学生对于社会、学习和个人生活中存在的问题的敏感性和认识能力。包括学生对问题的觉察、理解和思考，以及对问题解决的主动性和积极性。这种心理状态驱使学生积极思维，不断提出问题和解决问题，是思维的一种问题性心理品质。② 培养学生的问题意识是强化价值引领、促进自我教育、培养创新精神，增强思政课教学有效性的重要途径。

首先，要营造民主平等和谐的教学氛围，优化培养问题意识的心理环境，让学生自觉敞开心扉，愿意提问、敢于提问、乐于提问。一方面，教师要有亲和力，用贴近学生的语言讲课，拉近与学生的距离，以尊重、包容、谦虚的态度给予学生充分的信任感，使学生心情放松，从而愿意提出问题并发表见解。并告诫学生要尊重他人、学会倾听、理解与自身相异的观点，防止个别同学因"回答错误被嘲笑、被批评"的现象。另一方面，教师要鼓励并引导学生发现并提出问题。对于学生提出的合理的、高水平问题，教师一定要及时点名表扬和鼓励，并计入平时成绩，这样不仅有助于学生树立自信和获得成功体验，而且还能激发其他学生进一步表现自我的欲望和寻求问题的激情。对于不合理、

---

① 习近平:《高举中国特色社会主义伟大旗帜　为全面建设社会主义现代化国家而团结奋斗——在中国共产党第二十次全国代表大会上的报告》，人民出版社 2022 年版，第 20 页。

② 姚本先:《论学生问题意识的培养》，《教育研究》1995 年第 10 期，第 40—43 页。

低水平的提问，教师也不能轻易否定，应赞扬其动脑筋发问的精神，并顺势进行引导。同时，教师要鼓励引导学生主动去探究问题、解决问题。对学生回答问题、解决问题的表现，应以表扬为主。对于全面、有见地的回答应及时表扬鼓励，对于片面、甚至错误的回答要耐心引导，帮助其得到正确认识和解决之道。这样可以有效发挥学生的主体作用，促使其勇于并善于提出问题，主动思考并解决问题，实现教学的双向互动，提升思政课的教学实效性。

其次，要善于运用信息化技术和网络资源，丰富培养问题意识的媒介和载体。高职思政课教师要充分利用网络教学资源，向学生推送最新的时政内容，让他们有素材可阅读、有问题可思考，或者通过组织课前5分钟的"开讲天下"活动，培养提升他们对时政问题的敏感度和辨识度，强化学生的问题意识。教师要发挥信息时代的有利条件，畅通师生交流互动的渠道，通过QQ、微信、微博、公众号，以及翻转课堂等方式，随时答疑释惑，把对学生问题意识的培养从课内延伸到课外，从线下拓展到线上。信息工具的匿名交流还可使学生减少顾虑和戒备之心，从而更自由地表达内心的想法。

再次，要紧密联系社会现实和学生实际，培植问题意识的生长点。对于知识基础较为薄弱的高职学生来说，思想性理论性强的思政课着实让他们感觉"高大上"，学习起来具有一定的挑战性，传统教学以教师为主的知识讲授灌输，势必让学生感觉枯燥无味甚至反感，严重影响教学效果。必须对教材内容进行加工创造，实现教学内容向生活化、实际化的转化，培养学生的问题意识。社会现实和生活实际是问题的源泉，思政课要充满生机和吸引力，思想理论必须"接地气"，必须要紧密联系社会现实和高职学生的生活实际，站在时代前沿观察和思考问题，把社会热点、难点、焦点问题有效融入课程内容体系和教学过程之中，创设真实具体的问题情境，让学生去体会理论的深刻性与朴素的思想认知的差异，捕捉知识习得与现实复杂性的矛盾，感受主流价值观的培育与多元价值难以辨别的困惑，以此来培植学生问题意识的生长点，让学生觉得思政课就是关乎自身问题的一门课，进而主动开展研究性学习，提高课程参与度，增强思政课教学有效性。

最后，还要引导学生掌握问题意识的方法论原则，培养学生问题意识能力。由于高职学生本身基础知识、理论思维相对较弱，又不开设《马克思主义基本原理》课程，所以，需要在每一个问题辨析活动中，注重问题辨析的方法指导。引导学生树立新时代中国特色社会主义思想的世界观和方法论，学会运用贯穿其中的立场观点方法。"要善于通过历史看现实、透过现象看本质，把握好全局和局部、当前和长远、宏观和微观、主要矛盾和次要矛盾、特殊和一般的关系，不断提高战略思维、历史思维、辩证思维、系统思维、创新思维、法治思维、底线思维能力"①。为学生全面、系统、辩证地认识分析问题提供科学思想方法，有效增强学生分析问题、解决问题的能力。

五、构建师生双维度教学考评体系

2020 年，中共中央、国务院印发《深化新时代教育评价改革总体方案》，强调新时代教育评价"要保障学生平等权益、引领教师专业发展、提升教育教学水平。"② 评价考核是推动思政课改革创新、提升教学效果、提高育人质量的重要手段。科学合理的考评机制能够激发师生改革创新的积极性，从而凝聚起推动思政课改革创新的深层力量。"问题辨析法"教法改革必然要求考评方式方法的改变，构建以思政课育人效果为导向的师生双维度考评体系。以教师业务考核为激励手段，保障教师改革创新落到实处，以学生德育评价为标尺，检验育人效果，教师考核与学生评价双结合两促进，切实保障思政课育人效果与质量。

制订教师考核办法，构建多元立体考核体系，运用日常考核和教学竞赛等方式，以质性考核方法为主，激励教师改革创新、讲好思政课的积极性。一是确立结构合理的多元考核评价主体。可以将高职院校思政课教师考核评价主体确定为分管领导、学校相关部门、同事同行和学生等四类。综合权衡考虑各类

---

① 习近平：《高举中国特色社会主义伟大旗帜　为全面建设社会主义现代化国家而团结奋斗——在中国共产党第二十次全国代表大会上的报告》，人民出版社 2022 年版，第 21 页。

② 中共中央、国务院：《深化新时代教育评价改革总体方案》，http://www.gov.cn/gongbao/content/2020/content_5554488.htm。

主体的评价意见，对高职思政课教师进行考核。这种多元化的主体评价有助于教师在教学过程中不断反思，不断提高教学质量；二是构建多维平衡的立体考核评价指标体系。制订涵盖教学工作量、教学能力、教学效果、教学贡献和标志性的科研成果或代表作等多维的考核评价指标体系，并合理确定各项指标所占比重，使质性评价与量性考核平衡统一，从而端正思政课教师的教学科研倾向，使其安于教、精于研，以教促研。此外，还要制订公正合理的考核评价程序，保证考核过程和考核结果客观真实、公正合理。真正使考核结果成为思政课教师不断改革创新的强大动力。

制订学生思想政治教育评价办法，建立多元立体全过程评价制度，以量性评价为主，对学生学习过程和学习效果建立一个客观、公正、系统、科学的评价体系，提高思政教学的实效性，促进学生思想道德素养全面提升。一是确立结构合理的多元评价主体，由思政课教师、教学助理、组长、同学、辅导员、专业课教师、企业指导师等共同参与评价，综合平衡各评价主体对教学各环节的评价。二是明确评价指标与标准，制订涵盖学生知识应用、能力提高、态度改变、教学互动、行为实践等方面的多维考核评价指标体系，侧重对学生语言组织力、表达力、思辨力、团队精神、参与度等方面的考核，并及时给予学生反馈，帮助他们了解自己的优势和不足，并提供改进的建议和指导，促进其思想政治素养的全面提升。三是运用多种评价方法和工具，包括问卷调查、小组讨论、个人陈述、项目报告等，以全面了解学生的思想政治表现。四是评价制度应该贯穿整个学习过程，包括课前表现、课堂表现、课后作业等方面，落实"问题辨析"所有环节的考评，更加注重平时、过程性的考评。以便及时发现学生的问题和进步，为他们提供针对性的指导和支持。通过完善教育评价体系，使学生的学习态度更加积极，学习方法更加科学，保证"问题辨析法"教法改革的长效性和实效性，从而能够更好地促进学生理论素养与综合能力的全面提升。

高职思政课与其他学科的教学有所不同，它承担了对大学生进行马克思主义理论系统教育的重要任务。在高职思政课的评价中，除了注重学生的知识掌握和能力水平，还应该关注学生的情感体验、态度倾向和价值观形成。但仅仅依靠量化评价结果来衡量学生的学习成果,难以有效地促进学生情感、态度和价值观的形成,只有采用多样化的评价方式,才能更全面地了解学生的思想动态和对马克思主义理论的理解与应用能力。此外,评价语言的选择也非常重要,因此要重视多样化评价语言的重要性。教师要善于发掘不同学生的闪光点,用恰当的语言及时、客观、准确地对学生的表现做出评价,让学生感受到来自老师的认可和赞赏,同时也要指出他们的不足之处,并给予积极的建议和指导,为学生持续深度学习增强动力。多样化的评价方式和恰当的评价语言可以更好地促进学生的全面发展和思想成长。

参考文献 ◀◀

一、文献著作类

1. 《马克思恩格斯选集》第 1—4 卷, 人民出版社 1995 年版。

2. 《马克思恩格斯全集》第 40、42 卷, 人民出版社 1982 年版。

3. 《马克思恩格斯文集》第 9 卷, 人民出版社 2009 年版。

4. 《列宁选集》第 1 卷, 人民出版社 1995 年版。

5. 《毛泽东选集》第 1—4 卷, 人民出版社 1991 年版。

6. 《邓小平文选》第 1—3 卷, 人民出版社 1993 年、1994 年版。

7. 《习近平谈治国理政》第 1—2 卷, 外文出版社 2017 年、2018 年版。

8. 中共中央文献研究室:《习近平关于社会主义文化建设论述摘编》, 中央文献出版社 2017 年版。

9. 中共中央文献研究室:《十八大以来重要文献选编》(上, 中, 下), 中央文献出版社 2014 年、2016 年、2018 年版。

10. 张耀灿主编:《中国共产党思想政治工作史论》, 高等教育出版社出版 2008 年版。

11. 王树荫:《中国共产党思想政治教育史》, 中国人民大学出版社 2016 年版。

12. 刘建军:《中国共产党思想政治教育的理论与实践》,中国人民大学出版社2008年版。

13. 高等学校社会科学发展研究中心组:《交叉学科视野下的高校德育创新发展研究》,高等教育出版社2012年版。

14. 思想政治工作司组编:《加强和改进大学生思想政治教育重要文献选编(1978—2014)》,知识产权出版社2014年版。

15. 党的十八大以来高校思想政治教育工作相关文件汇编(2012—2019)。

16. 周之良:《思想政治教育探微》,中国人民大学出版社2017年版。

17. 施良方:《课程理论》,教育科学出版社2004年版。

18. 张耀灿:《思想政治教育学科建设研究》,中国人民大学出版社2018年版。

19. 陈劲:《协同创新》,浙江大学出版社2012年版。

20. 陈万柏、张耀灿:《思想政治教育学原理》,高等教育出版社2015年版。

21. 郑永廷:《思想政治教育方法论》,高等教育出版社2010年版。

22. 吴长锦:《思想政治教育协同创新研究》,中央编译出版社2019年版。

23. 辞海编辑委员会编:《辞海》,上海辞书出版社2000年版。

24. 宋文淦:《问题逻辑》,北京师范大学出版社1998年版。

25. 王玄武:《政治观教育通论》,高等教育出版社1999年版。

26. 沈壮海:《思想政治教育有效性研究》,武汉大学出版社2019年版。

27. [法]拉罗什福科:《道德箴言录》,何怀宏译,生活·读书·新知三联书店1987年版。

28. 苏共中央直属社会科学院心理学和教育学教研组编:《党的工作中的社会心理学和教育学》,史民德、何德霖译,广西人民出版社1986年版。

29. 瞿葆奎:《教育学文集·教学》上册,人民教育出版社1989年版。

30. [美]拉尔夫·泰勒:《课程与教学的基本原理》,施良方译,人民教育出版社1994年版。

31. 成有信等:《教育政治学》,江苏教育出版社1993年版。

32. 王玄武等:《思想政治教育方法论》,高等教育出版社1992年版。

33. [美]威廉·F. 斯通:《政治心理学》,胡杰译,黑龙江人民出版社1997年版。

34. ［英］帕特丽夏·怀特:《公民品德与公民教育》,朱红文译,科学教育出版社 1998 年版。

35. ［德］赫尔曼·哈肯:《协同学》,凌复华译,上海译文出版社 1995 年版。

36. 叶琳:《协同创新视域下高校人才培养研究》,中国水利水电出版社 2018 年版。

37. 俞吾金:《问题域的转换——对马克思和黑格尔关系的当代解读》,人民出版社 2007 年版。

二、期刊论文类

1. 杨金土:《20 世纪我国高职发展历程回顾》,《中国职业技术教育》2017 年第 9 期,第 5—17 页。

2. 曾庆琪:《改革开放以来我国高职教育发展回顾与展望》,《职业技术教育》2014 年第 19 期,第 22—26 页。

3. 唐德海等:《"课程思政"三问:本质、界域和实践》,《现代教育管理》2020 年第 10 期,第 52—58 页。

4. 杨祥等:《课程思政是方法不是"加法"——金课、一流课程及课程教材的认识和实践》,《中国高等教育》2020 年第 8 期,第 4—5 页。

5. 吴月齐:《试论高校推进"课程思政"的三个着力点》,《学校党建与思想教育》2018 年第 1 期,第 67—69 页。

6. 史巍:《论以"课程思政"实现协同育人的关键点位及有效落实》,《学术论坛》2018 年第 4 期,第 168—173 页。

7. 方黎:《"课程思政"为什么受青年学生喜爱——基于青年文化选择的学理分析》,《广西社会科学》2019 年第 4 期,第 182—183 页。

8. 韩宪洲:《深化"课程思政"建设需要着力把握的几个关键问题》,《北京联合大学学报》(人文社会科学版)2019 年第 2 期,第 1-6+15 页。

9. 石书臣:《正确把握"课程思政"与思政课程的关系》,《思想理论教育》2018 年第 11 期,第 57—61 页。

10. 杨勇兵等:《高职院校思政课教学实效性的影响因素与提升路径》,《教育与职业》2022年第7期,第92—96页。

11. 罗珍颖:《课程思政视角下残疾大学生的素质能力培养研究》,《时代教育》2018年第10期,第57页。

12. 邱秋云:《脱贫攻坚背景下高职涉农专业课程思政的实现路径》,《高教探索》2020年第12期,第93—97页。

13. 高德毅等:《课程思政:有效发挥课堂育人主渠道作用的必然选择》,《思想理论教育导刊》2017年第1期,第31—34页。

14. 高燕:《课程思政建设的关键问题与解决路径》,《中国高等教育》2017年第15期,第11—14页。

15. 赵鸣歧:《高校专业类课程推进"课程思政"建设的基本原则、任务与标准》,《思想政治课研究》2018年第5期,第87页。

16. 王学俭等:《新时代课程思政的内涵、特点、难点及应对策略》,《新疆师范大学学报》(哲学社会科学版)2020年第2期,第50—58页。

17. 敖祖辉等:《高校"课程思政"的价值内核及其实践路径选择研究》,《黑龙江高教研究》2019年第3期,第128—132页。

18. 刘鹤等:《课程思政建设的理性内涵与实施路径》,《中国大学教学》2019年第3期,第59—62页。

19. 欧平:《高职高专课程思政:价值意蕴、基本特征与生成路径》,《中国高等教育》2019年第20期,第59—61页。

20. 杨国斌等:《课程思政的价值与建设方向》,《中国高等教育》2019年第23期,第15—17页。

21. 韩宪洲:《以课程思政推动立德树人的实践创新》,《中国高等教育》2019年第23期,第12—14页。

22. 毛锐:《应用型本科院校推进课程思政建设的师资队伍保障策略》,《职业技术教育》2019年第5期,第68—71页。

23. 王秀阁:《关于"课程思政"的几个基本问题:基于体育"课程思政"的思考》,《天津体育学院学报》2019年第3期,第188—190页。

24. 李晓培等:《新时代高校课程思政的话语表达与当代意义》,《思想教育研究》2021 年第 1 期,第 100—104 页。

25. 成桂英等:《课程思政是提高高校教师思想政治工作实效性的有力抓手》,《思想理论教育导刊》2019 年第 8 期,第 142—146 页。

26. 董勇:《论从思政课程到课程思政的价值内涵》,《思想政治教育研究》2018 年第 5 期,第 90—92 页。

27. 陈敏生等:《高等院校推进课程思政改革的若干思考》,《高教探索》2020 年第 8 期,第 77—80 页。

28. 沈壮海:《在思想政治工作体系中理解和推进课程思政》,《教育研究》2020 年第 9 期,第 19—23 页。

29. 张宏:《高校课程思政协同育人效应的困境、要素与路径》,《国家教育行政学院学报》2020 年第 10 期,第 31—36 页。

30. 肖香龙等:《"大思政"格局下课程思政的探索与实践》,《思想政治教育研究》2018 年第 10 期,第 133—135 页。

31. 武群堂:《试论思想政治理论课教师在学校教师队伍中的引领作用——基于课程思政的视角》,《学校党建与思想教育》2018 年第 6 期,第 70—71 页。

32. 杨守金等:《"课程思政"建设的几个关键问题》,《思想政治教育研究》2019 年第 5 期,第 98—101 页。

33. 朱强等:《财务管理专业"课程思政"的理论认识与实践路径》,《学校党建与思想教育》2019 年第 6 期,第 67—70 页。

34. 程舒通:《职业教育中的课程思政:诉求、价值和途径》,《中国专业技术教育》2019 年第 5 期,第 79—83 页。

35. 成桂英等:《教师"课程思政"绩效考核的原则和关注点》,《思想理论教育》2019 年第 1 期,第 79—83 页。

36. 陆道坤:《课程思政推行中若干核心问题及解决思路》,《思想理论教育》2018 年第 3 期,第 68 页。

37. 刘建军:《论高校思想政治工作的育人格局》,《思想理论教育》2017 年第 3 期,第 15—20 页。

38. 张智:《"传道"是第一位的——学习习近平总书记关于教师责任和使命的重要论述》,《思想理论教育导刊》2016 年第 2 期,第 40 页。

39. 李慧玲等:《课程思政:回归"铸魂育人"价值本源》,《理论导刊》2020 年第 10 期,第 114—119 页。

40. 万力:《"课程思政"研究的三重逻辑综述》,《天津市教科院学报》2019 年第 4 期,第 36—41 页。

41. 寇光涛等:《新形势下高校"立德树人"和"三全育人"的发展路径研究》,《教育探索》2018 年第 4 期,第 84—88 页。

42. 杜丹玉:《高校思想政治工作"三全育人"机制研究》,《长春师范大学学报》2018 年第 3 期,第 171—173 页。

43. 郑永廷:《把高校思想政治工作贯穿教育教学全过程的若干思考——学习习近平总书记在全国高校思想政治工作会议上的讲话》,《思想理论教育》2017 年第 1 期,第 4—9 页。

44. 胡斌武:《学校德育制度十年:问题与走向》,《学校党建与思想教育》2006 年第 3 期,第 16—19 页。

45. 杨增崟等:《善用"大思政课":深刻内涵、时代价值与建设理路》,《学校党建与思想教育》2022 年第 5 期,第 19—23 页。

46. 沈壮海等:《论新时代思想政治教育的高质量发展》,《思想理论教育》2021 年第 3 期,第 4—10 页。

47. 杨增崟等:《论思想政治理论课教学实践中的"五对"辩证关系》,《学校党建与思想教育》2021 年第 15 期,第 56—60 页。

48. 冯刚等:《高校思政课实践教学的内涵、价值及其实现》,《学校党建与思想教育》2021 年第 18 期,第 4—9 页。

49. 肖贵清:《论新时代思想政治理论课的制度化建设》,《思想理论教育导刊》2021 年第 4 期,第 98—104 页。

50. 任瑞姣:《"大思政课"视域下加强思政课实践育人探析》,《思想理论教育导刊》2022 年第 4 期,第 135—140 页。

51. 但柳松:《浅析教师的问题意识》,《教育探索》2008 年第 3 期,第 85—86 页。

52. 李梁:《问域和答域:基于问题逻辑的思想政治理论课教学研究》,《思想理论教育》2011 年第 7 期,第 47—50 页。

53. 王天恩:《问题逻辑与思想政治理论课教学》,《思想理论教育》2011 年第 7 期,第 38—42 页。

54. 蒋国林:《马克思主义中国化中的问题意识演进》,《求实》2013 年第 1 期,第 4—5 页。

55. 王永斌等:《基于问题导向的高校思想政治理论课研究性教学》,《西北成人教育学院学报》2015 年第 3 期,第 51—53 页。

56. 李江静:《问题辨析是思政课讲道理的重要方式》,《思想理论教育导刊》2022 年第 8 期,第 125—132 页。

57. 高攀等:《问题教学法:开解"纲要"课困境的钥匙》,《扬州大学学报》(高教研究版)2021 年第 3 期,第 114—118 页。

58. 冯秀军:《聚焦问题深耕教材,着眼需求读懂学生——以主题教学模式推进思想政治理论课综合改革与创新》,《北京教育》2016 年第 1 期,第 52 页。

59. 姚本先:《论学生问题意识的培养》,《教育研究》1995 年第 10 期,第 40—43 页。

60. 臧峰宇:《坚持问题导向的时代内涵与方法论原则》,《中国高校社会科学》2023 年第 1 期,第 24—31 页。

61. 徐稳等:《论思想政治教育亲和力提升的四重维度》,《思想政治教育研究》2021 年第 1 期,第 106—110 页。

62. 杨晓慧:《以"大思政"理念创新思政育人格局》,《思想教育研究》2020 年第 9 期,第 6—8 页。

63. 燕连福:《"大思政课"建设的基本内涵、历史回顾与未来着力点》,《高校马克思主义理论研究》2021 年第 3 期,第 119—130 页。

64. 阮博等:《"大思政课"研究:回顾与展望》,《思想政治课研究》2022 年第 3 期,第 99—109 页。

三、学位论文类

1. 张茜:《"大思政"视阈下高校"十大"育人体系整体建构研究》,华中师范大学硕士学位论文,2019年5月。

2. 于天奇:《立德树人视阈下高校"三全育人"的创新路径研究》,河北科技大学硕士学位论文,2019年12月。

3. 李雪荣:《"大思政"视域下大学生思想政治教育研究》,陕西科教大学硕士学位论文,2021年5月。

4. 杨娇娇:《高校专业课教师在课程思政实践中存在的问题及对策研究》,湖南大学硕士学位论文,2019年4月。

5. 袁文君:《高校"课程思政"与思政课程协同育人研究》,吉首大学硕士学位论文,2020年5月。

6. 姜雪:《高校"三全育人":内涵、路径与机制研究》,河北师范大学硕士学位论文,2021年3月。

7. 郭亚亭:《高校"思政课程"与"课程思政"协同育人对策研究》,郑州大学硕士学位论文,2021年5月。

8. 武娜娜:《高校思想政治教育"三全育人"研究》,河北师范大学硕士学位论文,2019年3月。

9. 刘露:《课程思政的实现路径与保障机制研究》,中国石油大学硕士学位论文,2019年6月。

10. 于天奇:《立德树人视阈下高校"三全育人"的创新路径研究》,河北师范大学硕士学位论文,2019年12月。

11. 韩露莹:《新时代大学生思想政治教育协同创新研究》,闽南师范大学硕士学位论文,2021年6月。

12. 屈海龙:《高职院校大学生隐性思想政治教育存在的问题及对策研究》,西南大学硕士学位论文,2018年4月。

13. 刘江月:《高职院校思想政治教育亲和力提升及其实现路径研究》,西安科技大学硕士学位论文,2019 年 6 月。

14. 路涵旭:《课程思政视域下专业教师与思政教师协同育人路径研究》,河北师范大学硕士学位论文,2020 年 6 月。

四、报纸媒体类

1. 《习近平在全国高校思想政治工作会议上的讲话》,《光明日报》2016 年 12 月 9 日。

2. 《习近平在全国高校思想政治工作会议上强调:把思想政治工作贯穿教育教学全过程开创我国高等教育事业发展新局面》,《人民日报》2016 年 12 月 9 日。

3. 中共中央国务院印发:《关于加强和改进新形势下高校思想政治工作的意见》,《人民日报》2017 年 2 月 28 日。

4. 《习近平在北京大学考察时强调:抓住培养社会主义建设者和接班人根本任务努力建设中国特色世界一流大学》,《人民日报》2018 年 5 月 3 日。

5. 《习近平主持召开学校思想政治理论课教师座谈会强调:用新时代中国特色社会主义思想铸魂育人 贯彻党的教育方针 落实立德树人根本任务》,《人民日报》2019 年 3 月 19 日。

6. 《习近平在清华大学考察时强调:坚持中国特色世界一流大学建设目标方向 为服务国家富强民族复兴人民幸福贡献力量》,《人民日报》2021 年 4 月 20 日。

7. 《习近平在庆祝中国共产党成立 100 周年大会上的讲话》,《人民日报》2021 年 7 月 2 日。

8. 习近平:《高举中国特色社会主义伟大旗帜　为全面建设社会主义现代化国家而团结奋斗——在中国共产党第二十次全国代表大会上的报告》,《人民日报》2022 年 10 月 17 日。

9. 新华社、中共中央国务院印发:《深化新时代教育评价改革总体方案》,《中华人民共和国教育部公报》2020 年 11 月。

10. 李忠军、钟启东:《落实立德树人根本任务,必须抓住理想信念铸魂这个关键》,《人民日报》2018 年 5 月 31 日。

11. 韩宪洲:《不断增强高校思政课的思想性理论性》,《经济日报》2020 年 5 月 5 日。

12. 李国忠:《善用"大思政课"铸魂育人》,《广西日报》2021 年 4 月 8 日。

13. 邱开金:《从思政课程到课程思政,路该怎样走》,《中国教育报》2017 年 3 月 21 日。

14. 《"大思政课"我们要善用之》,《人民日报》2021 年 3 月 7 日。

15. 中共教育部党组:《高校思想政治工作质量提升工程实施纲要》,http://www. moe. gov. cn/srcsite/A12/s7060/201712/t20171206_320698. html。

16. 《中宣部教育部关于进一步加强高等学校思想政治理论课教师队伍建设的意见》,http://www. moe. gov. cn/srcsite/A13/moe_772/200809/t20080925_80380. html。

17. 中共中央国务院印发:《关于新时代加强和改进思想政治工作的意见》,http://www. gov. cn/zhengce/2021-07/12/content_5624392. htm。

18. 中共中央办公厅 国务院办公厅印发:《关于深化新时代学校思想政治理论课改革创新的若干意见》,http://www. xinhuanet. com/politics/2019-08/14/c_1124876294. htm。

19. 中共中央宣传部、教育部:《新时代学校思想政治理论课改革创新实施方案》,http://www. moe. gov. cn/srcsite/A26/jcj_kcjcgh/202012/t20201231_508361. html。

后　记 ◀◀◀

　　这本书,是我在高职院校从事多年思想政治理论课教学和科研的基础上积累而成的。

　　1991 年,我从山东师范大学政治系毕业,成为一名中学政治课教师,教过初中政治课,也教过高中政治课。为提高专业理论水平和工作能力,2004 年,我又考取了山东师范大学政法学院马克思主义基本原理专业的硕士研究生。重回母校,我倍加珍惜来之不易的学习生活,在导师张福记等老师和同学们的帮助和关爱下,2006 年,我提前一年顺利毕业,来到了日照职业技术学院,成为一名思政课专任教师。

　　从 2006 年开始,我教过高职院校的《思想道德修养与法律基础》《毛泽东思想和中国特色社会主义理论体系概论》《形势与政策》《军事理论》《习近平新时代中国特色社会主义思想概论》等课程。多年来,我潜心教学和科研,不断推动教学改革创新。这本书,是我对新时代高职学生思想政治教育应用对策的思考和研究,也是对我这些年的教学成果、教改项目的一个初步总结。

　　高校思想政治工作关系高校培养什么样的人、如何培养人以及为谁培养人这些根本问题,事关党和人民事业后继有人这个根本大计。进入新时代,大学生的思想观念面临着西方意识形态的全面渗透和前所未有的冲击,思想政治教育面临许多新问题和新挑战。习近平总书记高度重视高校思想政治教育问题,并为上好思政课、搞好思想政治教育做出了一系列重要指示。全面贯彻党的教育方针,深入落实党和国家关于高校思想政治教育的重要指示精神,势在必行、意义重大。

高职院校肩负着培养高素质技术技能人才、促进就业创业的重要职责,必须以提高人才培养质量为重点,着力加强思想政治教育工作,实现高质量发展。作为一名高职院校的专职思政课教师,我倍感使命光荣、责任重大。

在教学过程中,通过深入学习习近平新时代中国特色社会主义思想,认真研读党和国家关于高校思想政治教育的重要文件精神,尤其是关于思政课教师和思想政治理论课教学的重要指导思想,不断提高政治素养和理论水平,在精耕教材的基础上积极探索教学改革,推进课程建设,不断增强育人能力和育人效果。2021年,我的"课程思政教育理念在高职院校'三教'改革中的路径探索与实践"获得山东省职业教育教改项目立项;在研究高职院校协同育人、推进高职院校思政课程与课程思政协同育人的过程中,不断促进教师改革、教材改革和教学改革,探索形成了"高职会计专业群'三课堂六维度八素养'思政育人模式",获得了2022年山东省省级教学成果二等奖。为推进"大思政"和"大思政课"建设,"高职院校'大思政课'实践教学体系构建研究"获得2022年院系教改项目立项,旨在探索如何促进"大思政课"实践教学的内涵品质培育和系统化建设,提升思政课育人实效。贯彻落实习近平总书记对思政课的改革创新要求,必须注重方式方法,把道理讲清楚。结合高职学生特点,"问题辨析法"是讲好思政课的有效途径和重要方法,因此,我又开始了"高职思政课'问题辨析法'教法改革研究",这一课题于2023年获得山东省教育厅思政教改专项课题立项。

正是以上在教学过程中取得的成果和开展的教改项目,形成了这本书的主要内容,也是我对新时代高职学生思想政治教育应用对策的积极思考与探索。17年高职教学工作的时光里,我时时得到众多师友们的关爱和支持,尤其是张福记导师一直以来的指导、帮助和鼓励。可以这样说,没有他们的帮助和鼓励,就没有这本书的面世。本书初稿完成之后,又幸得日照职业技术学院党委副书记邵长胜教授的亲切指导和鼓励,并予以作序,在此一并致以衷心的感谢。

由于学识有限、能力不足,本书不足与错谬之处还很多,恳请各位专家、学者、同行批评指正。

最后,再次感谢一直鼓励、支持和帮助我的老师和朋友们,还要感谢我的家人,尤其要感谢爱人和儿子对我的爱护和鼓励,谢谢你们!

卢翠亭

2023 年 5 月